论德国职业教育本质特征
及其发展动力

陈　莹◎著

上海三联书店

目 录

导　言

　　教育的组成器官无论在什么时代"都密切联系着社会体中的其他制度、习俗和信仰，以及重大的思想运动"。

——涂尔干(É. Durkheim)

　　比较教育首先要求理解形成教育的无形的、不可捉摸的精神和文化力量，这些校外的力量和因素比校内事务更重要。因此，教育的比较研究必须建立在对学校所反映的社会和政治理想的分析之上，因为学校在传递与发展中集中体现了这些理想，为了理解、体会和评价一个国家教育制度的真正意义，有必要了解该国的历史与传统，统治其社会组织的力量与态度，决定其发展的政治与经济条件。

——康德尔(I. L. Kandel)

第一节　研究背景

　　我对职业教育的比较研究有着浓厚的兴趣。因为，职业教育的比较研究能够提供不一样的视角，能够带来诸多灵感和启示。正如萨德勒(M. Sadler)在他的著名演说《我们从对别国教育制度研究中究竟能学到什么有实际价值的东西?》所提到的:

"以一种正确的精神和严谨的治学态度研究国外教育制度的作用,其实际价值就在于,它将促使我们更好地研究和理解我们的教育制度。"①

那么,如何"以一种正确的精神和严谨的治学态度去研究国外教育制度"呢?我认为,对本国职业教育现实问题的关注,始终是研究他国职业教育的出发点和立足点。能够为本国职业教育现实问题提供理想方案,是职业教育比较研究的原始动力和终极目标。我国职业教育突出的现实问题是什么呢?

一、我国职业教育的发展困境

对我国而言,职业教育的重要性不言而喻,因此政府呼吁大力发展职业教育。早在2002年,国务院就下发了《关于大力发展职业教育的决定》,2005年又重申这一要求。《决定》中提到,我国目前在生产一线的劳动者素质偏低和技能型人才紧缺的问题十分突出。现有技术工人只占全部工人的1/3左右,而且多数是初级工,技师和高级技师仅占40%。因此,要"以服务社会主义现代化建设为宗旨,培养数以亿计的高素质劳动者和数以千万计的高技能专门人才"。原因在于,"没有这样一支高技能、专业化的劳动大军,再先进的科学技术和机器设备也很难转化为现实生产力"。

《国家中长期教育改革和发展规划纲要(2010—2020年)》也提出,职业教育要面向人人、面向社会,着力培养学生的职业道德、职业技能和就业创业能力。到2020年,形成适应经济发展方式转变和产业结构调整要求、体现终身教育理念、中等和高

---

① 转引自:王承绪主编.比较教育学史[M].北京:人民教育出版社,1998:66。

等职业教育协调发展的现代职业教育体系，满足人民群众接受职业教育的需求，满足经济社会对高素质劳动者和技能型人才的需要。

　　然而，国家的意志并没有获得民众的认同，并没有转化为社会的行动意识。职校毕业生职业选择空间小，找到的工作大多报酬低下，社会地位低下。因此，如果有其他的教育选择，人们是不会选职业教育的。也就是说，极少有人主动放弃其他的教育途径，而去主动选择职业教育。职业教育社会认可度极其低下，是不折不扣的最末等的教育选择。那么，原因何在呢？

　　职业教育社会认可度低，一个重要的原因是职业教育质量低下！职业学校毕业生就业形势差，并非是我国不需要职业教育人才。相反，从政府的倡导中就可以看出，我们国家迫切需要专业化技能型人才。职业学校毕业生就业形势差，一个不可否认的原因在于职业教育办学质量低下。而职业教育办学质量低下的最根本的原因是企业在职业教育中的缺位。"企业和行业在职业教育中理应占有重要地位。我国职业教育发展呼唤企业、行业的主体地位。这不仅是职业教育制度改革不可回避的命题，更是职业教育发展本质内涵的具体体现。"①但是，"我国的企业、行业在职业教育发展中主体地位缺失，至今的《决定》仍旧停留在鼓励或者倡导企业参与职业教育发展的一般性号召要求上"②。企业作为营利机构，最根本的经营目的是利益的最大化。职业教育固然能为企业带来优质的人力资源，然而，企业办职业教育是有风险的。最大的风险就是人才的外流。换句话

---

① 马庆发,唐林伟.中国职业教育研究新进展(2006)［M］.上海:华东师范大学出版社,2008:2。

② 同上。

说,企业花费不少精力开展职业教育,说不定倒是为竞争对手培养了优质的人力资源。因此,企业办职业教育的成本和收益是没有保障的。在这种情况下,政府的一般性鼓励和倡导就只能局限于发挥舆论导向的功能,对于企业深度参与职业教育的促进意义不大。

　　职业教育社会认可度低,另外一个重要的原因就是民众的教育价值观。首先,在我国的传统文化中,历来主张"君子不器",也就是说,掌握职业技能并非是有社会地位的"君子"所为。"从孔子开始,中国教育就希望教养出一批所谓的'君子',让他们成为社会的领袖。""进一步说,中国教育的目的主要是培养一批可以服务政府的官员。他们应该学习官定的教育内容,训练日后当官的历练。"①因此,以儒家文化为代表的传统文化的核心是"修身、齐家、治国、平天下"。可以说,传统文化对现代意义上的职业教育造成了长期的负面影响。其次,长期以来,我国职业技术教育与人文精神严重割裂,职业教育的工具性价值被无限放大,职业教育的育人功能日渐式微。在职业教育中,人的价值和尊严被忽略,这更加损害了职业教育的社会形象。

二、借鉴德国职业教育成功经验的困境

　　相比较而言,德国职业教育办学质量高,职业教育毕业生就业率和就业质量高。根本原因在于,德国企业有着联合培养劳动力的传统。企业不仅视之为一种责任,更视之为一种权力,即对职业教育的自治(Selbstverwaltung)权力。正是企业的积极参与,才从根本上保证了"双元制"的有效运行。另外,职业教育

---

① 李弘祺.中国传统教育的特色与反省[J].北京大学教育评论,2012(4):120 - 139。

在德国享受着崇高的社会声望。职业教育和普通教育完全是等值的两种教育类型。因此,对于引导企业积极参与职业教育,提高职业教育的社会声望,德国模式似乎为我们提供了现成的答案!

相比较其他国家而言,德国职业教育模式在我国有着最为深刻的影响。"尽管这几年来我们也介绍并尝试了加拿大、英国、澳大利亚、瑞士、韩国和日本等职业教育教学的模式,但是,这些模式在我国的影响,在历史沿革、政策规定、办学体系、教学实践,乃至评估标准等方面都难以与德国的'双元制'相提并论。'双元制'似乎成了讨论或者指责中国职业教育发展中诸多问题的工具和主要参照系。"①也就是说,德国职业教育模式似乎为我们提供了解决职业教育问题的万能良药。按照德国职业教育模式开展职业教育,似乎成了我国职业教育发展的理想愿景和终极目标。

正是在这样的思想观念引导下,我国在 20 世纪 80 年代曾花大力气引进德国"双元制"职业教育模式。全国各地建立了不少"双元制"职业教育模式的试点。"自从第一个中德职教合作项目——南京建筑学校于 1983 年成立后,德国共援助中国 36个合作项目,并且成立了 3 个研究所。"②从实践的情况来看,取得了一些成果,然而也碰到了巨大的困难。"双元制"职业教育模式的引进,并没有人们想象中的顺利。

这些试点项目,尽管在局部取得了一定的成就,开拓了一定

---

① 刘邦祥,程方平.中国职业教育与中德职教合作的发展趋势[DB/OL]. http://www.cnier.ac.cn/snxx/xsjl/snxx_20070109150507_1896.html,2007 - 01 - 09。

② 欧美同学会.中德国际职业教育研讨会. http://www.wrsa.net/36/2010/07/28/34@8942.htm,2010.07.28。

的培训市场和就业市场。然而,这与人们所期待的能够通过试点项目,由点及面,深层次地、大范围地提高我国职业教育质量的目标,尚有很大的落差。"双元制"项目所针对的市场极其有限,影响力不大。所培养的人才,仅仅局限于项目所设定的目标市场,未能形成一种辐射效应。另外,它和现有教育体制的融合度也差强人意。在现有的职业教育体系中,寻找不到明显的"双元制"特征。并且,这些"双元制"职业教育项目,因为维持其运转需要昂贵的费用,而更让人们怀疑其存在的合理性。

可以说,德国职业教育"双元制"引入中国的试点项目,其成功度与期望值还有很大的差距。德国职教的成功模式,在我国本土化过程中遭遇了困难。中德合作职教项目的实施效果和理想目标之间差距甚远。"只要是先进的,就是好的、值得推行的",这样的思维,被现实无情地否定了。现实的偏差,引导我们思索这样一个问题:在引入国外职业教育成功经验的时候,是否出现了逻辑思维的错误呢? 我们试着来剖析这样的逻辑思维。

一方面,我们肯定,职业教育模式是不能简单移植的。不同的国家有着不同的国情,他国的职业教育目标、计划和方法无法简单照搬。正如萨德勒所否定的那样:"我们不能随意地漫步在世界教育制度之林,就像小孩子逛花园一样,从一堆灌木丛中摘一朵花,再从另一堆中采一些叶子,然后指望将这些采集的东西移植到家里的土壤中便会拥有一棵有生命的植物。"[1]对于职业教育模式是有民族特性的、不能简单照搬的观点,人们早已达成共识。正是基于这样的认识,我们提出"本土化"的概念,倡导结合我国实际情况来借鉴国外经验。在建立"双元制"职业教育模

---

① 转引自:王承绪主编.比较教育学史[M].北京:人民教育出版社,1998:66.

式试点的过程中,也反复强调这一点。

另一方面,我们还是在遵循简单移植的逻辑思维!开发德国职业教育"双元制"的试点项目,并且试图通过这样的试点项目,来进行大规模的职业教育改革,从根本上说,就是一种简单移植的思维的产物。那么,为何会出现这样的悖论?应该说,这还是源于对"双元制"的认知不够彻底。试问,我们对"双元制"本质特征的认知是否深刻?对"双元制"生存环境的认知是否全面?如果对一种制度的本质及其所需环境都认知不足,本土化又从何谈起呢?而本土化的进程一旦受阻,就会出现职业教育制度简单照搬的问题。

三、职业教育系统的视角

国外职业教育制度的本土化面临重重困难,固然有许多现实原因,然而,理论研究的薄弱难辞其咎。显然,在职业教育比较研究中,对国外经验缺乏深入分析。这里的深入分析,指的是从系统的视角入手,来明晰职业教育系统的核心理念,并且界定出职业教育系统所依赖的生存环境。只有在这些基础性的研究工作完成以后,我们才能进一步解决如何科学地借鉴国外先进职业教育经验的问题。

职业教育系统所包含的核心理念,在德语文献中,也称为"发展逻辑"(Entwicklungslogik),它是理解各国职业教育的一把钥匙。因此,对发展逻辑的剖析是职业教育比较研究的关键问题。从方法论上讲,这对我们职业教育比较研究提出了新的挑战。在职业教育比较研究中,我们关注的并不应当仅仅局限于职业教育目标和内容以及运行模式,更重要的是要采用系统的视角,剖析职业教育的发展逻辑。同时,它为职业教育比较研究提供了可靠的路径。在弄清各个国家职业教育发展逻辑之后，我们才可以进行科学和有效的借鉴。

（一）职业教育"发展逻辑"的提出

在经济发展水平极其相似的情况下，欧洲各国却有着截然不同的职业教育模式。这一现象使得职业教育研究者的目光开始聚焦于社会文化这一层面，并提出了职业教育"发展逻辑"的概念。

职业教育"发展逻辑"概念，首先出自德国学者格奥格（W. Georg）的文章《文化传统和职业教育》。① 格奥格提出，职业教育的发展是一个复杂的历史过程，有着独特的发展逻辑。这样的发展逻辑决定了它所采取的行为。因此，职业教育系统的特征，并不是或者说并不仅仅是有意识的计划和政策所能左右的。也就是说，在处理职业教育问题时，并不一定能采用最理想的问题解决方案。采用何种方案，是由职业教育的发展逻辑所决定的。职业教育的发展逻辑决定了它所采取的行为。

发展逻辑是带有特殊社会和文化印记的，是对一系列的具体历史问题作出特定反应而形成的结果。也就是说，职业教育的发展逻辑深受社会文化的影响。社会文化为职业教育发展提供了源头动力，是决定职业教育发展的最根本因素。正是在独特的社会文化的作用下，形成了独特的职业教育发展逻辑。

在德语文献中，职业教育"本质特征"的概念和职业教育"发

---

① Georg, W. Kulturelle Tradition und berufliche Bildung. Zur Problematik des internationalen Vergleichs [A]. In Greinert, W.-D. et al. (Hrsg.). *Vierzig Jahre Berufsbildungszusammenarbeit mit Ländern der dritten Welt* [C]. Baden-Baden: Nomos Verl.-Ges., 1997:65 – 93.

展逻辑"的概念紧密相连。职业教育本质特征依附于特定的历史背景,是一个静态的概念。而职业教育的发展逻辑则反映了职业教育本质特征的内涵,并且描述了职业教育本质特征在不同历史条件下的发展和变化。职业教育的发展逻辑作为一个动态的概念,勾勒出了职业教育的历史轨迹,也预示着职业教育未来的发展方向。因此,解读这两个概念,我们首先必须回答这个问题,即什么是职业教育的本质特征。

(二)职业教育"本质特征"的提出

按照《辞海》的解释,"本质"(essence)在哲学上与"现象"(phenomenon)相对,组成辩证法的一对范畴。"本质"是事物的内部联系。它由事物的内在矛盾所规定,是事物的比较深刻的一贯的和稳定的方面。与之相对应,"现象"则是"本质"在各方面的外部表现,是事物的比较表面的零散的和多变的方面。① 而所谓"特征",就是可以作为标志的显著特点,或者说一事物异于他事物的特点。② 不同专业领域对同一客体的众多特性侧重有所不同。在某个专业领域,反映客体根本特性的特征,称为"本质特征"(wesentliche Merkmale)。因此,"本质特征"是因概念所属专业领域而异的,反映了不同专业领域的不同侧重点。③

职业教育的"本质特征"也就是应用于职业教育领域,反映职业教育根本特性的概念。可以说,本质特征包含了现实特征,然而又超越了现实特征。那么,它是如何超越现实特征的呢?职业教育的本质特征是对职业教育现实特征进行深入分析和极

---

① 辞海[Z].上海:上海辞书出版社,1989:1403。
② 特征[DB/OL]. http://baike. baidu. com/view/1069886. htm。
③ 同上。

端化处理,所提炼出来的清晰、纯粹的特征。

职业教育本质特征是相对于现实特征而言的。现实特征是依据现实型的职业教育类型标准进行判断的结果,而本质特征则是按照理想型的职业教育类型标准分析得出的结论。现实型的职业教育类型,也称为职业教育实然类型,"指的是对职业教育现实特征进行分析后所作出的一种描述"。理想型的职业教育类型,也称为职业教育应然类型,分类依据是"对职业教育的现实特征进行深入分析,并且经过极端化处理,形成的清晰、纯粹的特征"[①]。

一般来说,研究者在对职业教育类型进行归纳的时候,采用的都是职业教育实然类型的思路。比如,认为按照计划和市场的程度不同来划分,可以分为职业教育计划模式,职业教育市场模式,职业教育计划和市场相结合的模式;认为按照办学主体的不同,可以分为市场模式,学校—官僚模式,双元模式。[②]

而对于欧洲范围内的职业教育,格赖纳特(W. D. Greinert)提出有三种传统的职业教育模式:即以英国为代表的自由市场模式(Marktmodell);以法国为代表的学校官僚模式(Schulmodell/Bürokratische Modell);以德国为代表的双元模式(duales Modell)。[③]

---

① Deißinger, T. Das Konzept der Qualifizierungsstile als Kategoriale Basis idealtypischer Ordnungsschemata zur Charakterisierung und Unterscheidung von Berufsbildugnssystemen [J]. *Zeitschrift für Berufs-und Wirtschaftspädagogik*, 91. Band. Heft 4. Stuttgart: Franz Steiner Verlag Wiesbaden GmbH, 1995:88.

② 转引自:孙玫璐. 职业教育制度分析[D]. 华东师范大学博士论文,2008:63。

③ Greinert, W.-D. Berufsbildungsforschung ohne historische Orientierung — statt eines Nachrufes [A]. In Wuttke, E. & Beck, K. (Hrsg.). *Was heisst und zu welchem Ende studieren wir die Geschichte der Berufserziehung?* [C]. Opladen & Farmington Hills: Budrich UniPress Ltd, 2010:115 - 129.

如果要描述职业教育的"本质特征",采用这样的职业教育类型标准无法达到目的。因此,德国学者戴辛阿(T. Deißinger)首次舍弃了实然类型标准,而将应然类型引入职业教育类型,并且提出,"职业教育可以分为三种类型:功能导向(funktionsorientiert);科学导向(wissenschaftsorientiert);职业导向(berufsorientiert)"①。

在《"职业性"作为组织原则》一书中,他对于将"双元制"作为德国职业教育基本特征进行了批判。他认为,从劳动力市场的分化,劳动力资质化的情况,以及劳动力在劳动市场上流动的特点来看,职业导向的特征是极其明显的。而职业对职业教育的组织功能,主要是通过行会功能的发挥和教育职业的实施来实现的。职业导向同样也体现在微观教学领域中。② 因此,在这部著作中,他详细论证了德国职业教育具有职业导向方式的观点。综合其他文献,也可以说,这是德国职业教育学术界的主流观点。另外,德语文献中相关概念的表达较为多样,语义也较为混乱。综合比较之下,"职业性"(Beruflichkeit)是最为贴切的概念,因此下文统一采用"职业性"来指称德国职业教育的本质特征。依照前文所述的本质特征和发展逻辑的联系和区别,我们可以得出结论,"职业性"的基本内涵以及它在不同历史条件下的发展和变化,构成了德国职业教育的发展逻辑。

---

① Deißinger, T. *Beruflichkeit als „ Organisierendes Prinzip " der deutschen Berufsausbildung* [M]. Markt Schwaben: Eusl-Verlagsgesellschaft mbH, 1998:126.

② 参见:Deißinger, T. *Beruflichkeit als „ Organisierendes Prinzip " der deutschen Berufsausbildung* [M]. Markt Schwaben: Eusl-Verlagsgesellschaft mbH, 1998:81 - 132.

（三）职业教育发展动力的提出

我们要弄清楚的问题是：职业教育的发展逻辑缘何而来？正如格奥格所说，职业教育的发展逻辑深受社会文化的影响。相关社会文化为职业教育发展提供了源头动力，是决定职业教育发展的最根本因素，构成了职业教育的发展动力。发展动力指的是职业教育系统的环境或者说外系统。职业教育系统的环境对职业教育系统影响重大。正是在独特的发展动力的作用下，形成了独特的发展逻辑。

对职业教育发展动力的研究，指的是直接用发展动力的概念来概括影响职业教育发展的因素。这类研究为数不多，主要包括两个方面。一是从理论的视角出发论述发展动力与职业教育本质特征之间的决定性关系。二是从经验的角度对职业教育的发展动力进行概括。

德国学者查贝克（J. Zabeck）首次将康德的系统理论引入到职业教育系统的研究中，以此界定出发展动力概念的基本内涵。按照康德的理论，人的理性分为纯粹理性（reine Vernunft）和实践理性（praktische Vernunft），而纯粹理性如果能作用于实践理性，那么，就变成了一种调节或平衡系统的思想（regulative Idee），即系统思想。① 对于职业教育而言，职业教育的系统思想是职业教育本质特征的概括。一方面，纯粹理性勾勒出职业教育本质特征的雏形，另一方面，实践理性制约着职业教育本质特征的发展。职业教育本质特征的生成、发展和革新，与

---

① 转引自：Zabeck, J. Über den rechten Umgang der berufs-und wirtschaft-spädagogischen Historiographie mit der Theorie der Beruflichen Bildung [A]. Ingrid Lisop（Hrsg.）. *Vom Handlungsgehilfen zur Managerin-Ein Jahrhundert der kaufmännischen Professionalisierung in Wissenschaft und Praxis am Beispiel Frankfurt am Main* [C]. Frankfurt am Main：G. A. F. B.-Verlag, 2001：136.

职业教育实践中的多种影响因素有关。职业教育实践中的多种影响因素，构成了职业教育的发展动力，是实践理性的体现。

从方法论上来说，查贝克认为，剖析职业教育发展动力，必须避免简单思维。职业教育本质特征和发展动力之间并非是一一对应的线性关系。社会需求、政治需求和文化需求随着时代的变化而变化，并不总是遵循着系统思想所规定的路线前进。在某些情况下，职业教育发展动力甚至表现出与职业教育本质特征背道而驰的态势。两者之间的关系具有隐晦、曲折的特征。

那么，如何剖析职业教育发展动力的具体内容，我们首先应当审视职业教育实践活动的主要内容。查贝克认为，职业教育实践活动最主要的内容就是职业教育机构化（Institutionalisierung）。"机构作为社会单元，设置的目的是解决特定的社会需要，而将个人组织起来构成特定的群体。"职业教育机构设置的目的，就是为了培养新生劳动力，将职业教育资源组织起来，从而构成了企业和学校这两大主要的职业教育机构。然而，"在社会需要和实践模式之间，没有单一的线性的因果关系"①。因为对于职业教育机构的生成而言，还有几个方面具有深刻的影响力：劳动力市场、人才招聘制度、职业教育运行机制、职业教育价值观。

在此，虽然查贝克并没有直接将影响职业教育机构的几个

---

① 参见：Zabeck，J. Die Institutionalisierung der Berufserziehung als Gegenstand kritischer Geschichtsschreibung［A］. In Wuttke，E. & Beck，K.（Hrsg.）. *Was heisst und zu welchem Ende studieren wir die Geschichte der Berufserziehung*？［C］. Opladen & Farmington Hills：Budrich UniPress Ltd.，2010：204－205.

方面定义为职业教育发展动力,但是,他清晰地界定出从根本上决定德国职业教育实践的因素。他的上述观点为德国职业教育学术界多次引用,成为经典论述。也为后文界定德国职业教育发展动力提供了有力的理论参考。

此外,有不少文献从各个方面来阐述影响职业教育实践的因素。比如对职业教育社会需求的研究、对政治现象的研究和对文化因素的研究。这一类研究虽然没有在职业教育发展动力的概念框架下进行,然而从本质上说,是对职业教育发展动力研究的具体展开。

综上所述,对德国职业教育"发展逻辑"、"本质特征"和"发展动力"的理解,并且在此基础上探讨如何科学借鉴德国职业教育的成功经验,就成了本书撰写的初衷。在广泛阅读文献的基础上,发现在特定的语境中,"发展逻辑"和"本质特征"是同义的。因此,本书拟解决的问题可以作出如下表述:

1. 德国职业教育的"本质特征"是什么?

2. 支撑德国职业教育"本质特征"的"发展动力"是什么?

3. "发展动力"作用下的"本质特征"呈现什么样的历史发展轨迹?

4. 借鉴德国职业教育成功经验有什么样的局限性和可能性?

第二节 研究设计

一、研究框架

围绕整个课题研究的总目标,主要选择若干逻辑上紧密关联的议题,分别进行深入探讨:

第一章,从系统论的视角出发,论证职业教育"本质特征"和"发展动力"对于职业教育系统的意义和作用。然后结合对职业教育实然类型划分和应然类型划分的分析,界定出德国职业教育"本质特征",即"职业性"。从系统的结构功能角度,界定出职业教育"发展动力",即社会需求、政治需求和文化需求。这是整个课题研究的理论基础和逻辑前提。

在介绍和论证德国职业教育本质特征"职业性"的基础上,引出本书的分析模式。这一分析模式围绕三个核心问题:1."职业性"是如何体现社会需求的;2."职业性"是如何体现政治需求的;3."职业性"是如何体现文化需求的。

在不同的历史阶段,"职业性"表现出不同的历史内涵。因此,对于典型历史阶段的选取成为本书的关键问题。

比较教育学家埃德蒙·金(Edmund J. King)根据技术的发展将社会划分为前工业社会、工业社会和后工业社会,并且提出了三种与之相适应的教育语言。在前工业社会,社会上大多数人从事农业和手工业劳动,教育为地主、权贵和专家子弟所垄断。在工业社会,科学技术有了更大的发展,社会生产力的提高需要更多受过教育和培训的人。职业技术教育兴旺发达,高等技术教育应运而生。后工业社会以信息技术的发展为标志,人们更换工作的可能性和必然性剧增。教育的原则和出发点是承认未来的不确定性。[①] 纵览德国的职业教育历史,同样明显地呈现出前工业社会、工业社会和后工业社会这三阶段的特征。

而格赖纳特对德国职业教育也提出一个三阶段论:德国职

---

① 王承绪.比较教育学史[M].北京:人民教育出版社,1999:134-135。

业教育的生成（1870—1920）、巩固（1920—1970）和变革
（1970—）。① 格赖纳特将职业教育发展历史划分为这样三个阶
段，是有前提的。他所谓的职业教育指的是现代职业教育，也就
是"双元制"职业教育体系。因此，格赖纳特的三阶段论，更加确
切的表述是"双元制"职业教育的生成、巩固和变革。而在本书
中，将职业教育置于更加广阔的历史空间中，并不仅仅局限于探
讨"双元制"职业教育。因此，本书根据论证的需要，加入中世纪
传统职业教育阶段，并将之单独列为一章，描述"职业性"的产
生。且将格赖纳特阶段划分中的"双元制"职业教育的生成和巩
固合并为一章，并将之概括为"职业性"的嬗变。这在逻辑上是
完全可行的。

根据德国职业教育的特征，根据工业化的进程，我们可以对
"职业性"的三个典型的历史阶段采用如下表述："职业性"的生
成阶段（中世纪—19 世纪末）、嬗变阶段（19 世纪末—20 世纪 60
年代末）以及升华阶段（20 世纪 60 年代末—）。

第二章，深入分析德国职业教育"职业性"形成时期的特点。
主要问题是：1. 德国职业的产生呈现什么样的历史轨迹，职业的
产生对个体提出什么样的能力要求，德国职业教育的"职业性"
特征的形成和职业的产生，这两者之间有着什么联系；2. 行会的
产生和职业教育的关系，合作主义的表现形式；3. 马丁·路德如
何阐述职业概念，启蒙主义理论家如何阐述职业教育的教育性，
新人文主义者如何理解职业教育和普通教育的关系。

第三章，深入分析德国职业教育"职业性"嬗变时期的特

---

① Greinert, Wolf-Dietrich. *Erwerbsqualifizierung jenseits der Industrialismus. Zu Geschichte und Reform des deutschen Systems der Berufsausbildung* [M]. Frankfurt. a. M.; G. A. F. B.-Verlag, 2006.

点。行会组织功能强大,职业与教育关系和谐,教育职业符合工作世界实际要求,是这一时期的特点。主要问题是:1.德国工业化的特点,德国工业经济和手工业经济的关系,工业职业的能力要求;2.手工业行会如何承担工业劳动力培养重任,工商行会如何与手工业行会竞争和妥协;3.企业教育如何克服狭隘性来达到工业标准化的要求,理论界如何分析职业和教育的关系。

第四章,深入分析德国职业教育"职业性"升华时期的特点。随着知识经济的兴起,服务行业的发展,职业形式发生了变更。灵活的就业方式冲击着职业原则。在这一时期,教育职业和工作世界实际要求脱节,职业与教育的矛盾凸显。教育职业的存废成为中心议题。职业教育贬值,普通教育受到青睐。行会影响力大为削弱。主要问题是:1.德国劳动力市场呈现什么样的新变化,个性化职业有哪些特征和能力要求;2.在劳动力市场和职业教育市场远离供求平衡关系的时候,在无法实现人职匹配的时候,如何实现民主、平等原则,在企业追求盈利而不愿意承担职业教育重任的情况下,职业教育机构呈现出什么新变化,欧洲统一化进程如何影响德国职业教育,德国职业资质化标准如何和欧盟标准衔接;3.如何克服单面性工作的特点,发挥教育作用,在职业特征模糊多变的情况下,如何理解职业标准,在职业标准不确定的情况下如何实现人格发展的目标。

第五章,在第二、三、四章分析的基础上,论述德国职业教育模式及其发展动力的特点并得出结论。结合我国借鉴德国职业教育双元制的实际,论述借鉴德国职业教育成功经验的局限性。

第六章,进一步提出,要借鉴德国职业教育成功经验,凭借制度的抄袭是完全行不通的。我们要学习的是德国职业教育制

度的理念,而不是照搬它的模式。通过对职业教育现代化模式
的解读,论述德国职业教育成功经验给我们的启示。

二、技术路线

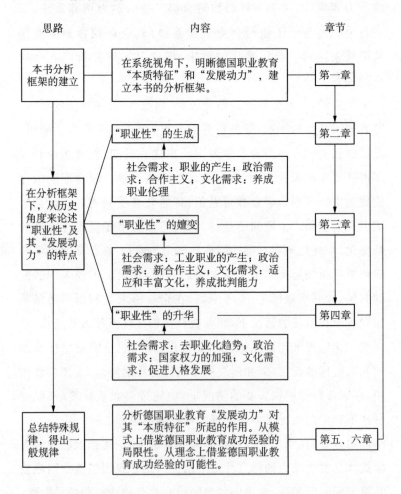

三、研究方法

著名德国哲学家莱布尼茨(G. W. Leibniz)曾经指出,数学

的本质不在于它的对象,而在于它的方法。那么,在科学的作用已经渗透到人类活动一切领域的今天,或许也可以断言,科学的本质不在于它的对象,而在于它的方法。^① 研究方法是否得当,直接关系到研究的成败。

由于各国职教系统十分复杂、差别巨大,人们无法建立对职教系统进行全面比较的统一标准,甚至很难对各国职教系统作出准确的界定,因此也无法进行深入的分析。本书由此舍弃了中德两国全面比较的研究方法。并将重点设为剖析德国职业教育系统"本质特征"及其"发展动力",以其达到一定的深度。在本书中,采用以下方法:

1. 国际—社会比较(international-gesellschaftlich)研究。

国际—社会比较研究方法是格鲁廷斯(P. Grootings)提出来的。它是相对于国别(cross-national)比较研究法而言的。"国别比较的历史较为悠久,在 20 世纪五六十年代广为流行。""它的研究目的在于,验证个别经验是否能普遍化,是否能移植到更为广阔的地域环境中,是否适用于别的国家和别的文化。"换言之,"个别国家的成功经验是否能为别国提供借鉴?""对于机构建设和法律的制定来说,这类研究尤其显得颇有价值。"但是,"这类研究有一个特点,就是文化缺位(Kulturfreiheit)"^②。

格鲁廷斯认为,在职业教育理论研究中,宏观层面和微观层面的互动关系应当是研究的重点。尽管"在社会学中,也将研究

---

① 转引自:刘大椿. 比较方法论[J]. 中国文化书院内刊,1987:2。

② Maurice, M. Methodologische Aspekte internationaler Vergleiche：Zum Ansatz des gesellschaftlichen Effekts [A]. In Martin Heidenreich, Gert Schmidt (Hrsg.). *International vergleichende Organisationsforschung — Fragestellungen, Methoden und Ergebnisse ausgewählter Untersuchungen* [C]. Opladen：Westdeutscher Verlag, 1991：83.

工作归结到宏观和微观两个层面,然而,对于这两个层面之间的关系的研究不够深入"。从某种程度上说,"宏观层面和微观层面被简单地对应起来"①。宏观层面所蕴含的社会文化因素,对于微观层面而言,仅仅是一个空泛的背景。对于宏观层面所蕴含的社会文化因素,人们仅作简单化的描述,并且将这样的描述和微观层面生硬地联系起来。因此,格鲁廷斯于 1986 年提出国际比较研究的方法。按照格鲁廷斯的国际—社会比较方法,宏观层面和微观层面并非是一种简单的对应关系。社会文化因素的影响已经内化在具体的行为中,并为之打上了不可磨灭的烙印。因此,两者之间是一种交错、融合的关系。对于这一关系进行重新解剖,具有重要的意义。②

毛里斯(M. Maurice)将这样的研究方法进行了进一步的解读,并且和职业教育联系了起来:和直接、单一的因果联系相比较,对于社会相关因素之间互动关系的描述和对于过程的分析更为重要。并且,这样的分析应该在宏观层面以及微观层面上同时展开。比如说分析职业教育的"本质特征",一方面,我们应该研究资质的获取和资质的社会化,另一方面,我们应该研究社会分工和职业形态。并且,这两个方面无法直接联系,只有在作出足够的透彻的历史全景式的分析之后,我们才能找到发展的逻辑,而这样的逻辑能够把这两方面串联起来。③

---

① Maurice, M. Methodologische Aspekte internationaler Vergleiche: Zum Ansatz des gesellschaftlichen Effekts [A]. In Martin Heidenreich, Gert Schmidt (Hrsg.). *International vergleichende Organisationsforschung — Fragestellungen, Methoden und Ergebnisse ausgewählter Untersuchungen* [C]. Opladen: Westdeutscher Verlag, 1991:84.

② 同上。

③ 参见:同上:89。

2. 系统结构功能(struktuell-funktional)分析法。

对于职业教育"发展动力"的范围鉴定,采用系统功能分析方法,不失为一种科学的做法。功能分析是社会学经典的分析方法,以功能为中心来考察各种社会系统。功能理论认为,人类社会是一种结构均衡的有机体,各系统的各个部分相互依存、相互制约,任何一个部分的变化都会影响其他部分,从而影响整个社会系统,而各个不同的部分都有自己独特的功能,没有功能的东西是不存在的。因此,按照这样的逻辑,理解某个国家的职业教育制度,只有把特定制度放入特定的社会背景中加以解释,才能明确其存在理由(合理性)。本书从社会需求、政治需求和文化需求的角度对职业教育的"发展动力"进行剖析,顺应了功能分析的方法论。

3. 历史分析法。

历史分析法是比较教育的传统研究方法。汉斯(N. Hans)在他的《比较教育:教育的因素和传统研究》中指出,比较教育的目的,即"从历史的角度分析研究(形成教育制度的)因素,比较各国解决由这些因素产生的问题的方法,这就是比较教育的主要目的"①。

分析德国现代职业教育"职业性"特征的生成、嬗变和升华,必须采用历史发展的视角。也就是说,对于德国职业教育"职业性"特征,进行历史化的解读,把"职业性"的变迁视为一个依存于时间的复杂演进和选择过程。这使得我们在对德国职业教育"本质特征"的把握方面,达到一定的深度。

4. 描述和解释的方法。

20世纪60年代以来,"科学的"比较方法成为比较教育研

---

① 转引自:王承绪主编.比较教育学史[M].北京:人民教育出版社,1998:86。

究的主流。但是,许多学者认识到,教育是一种十分复杂的社会现象,"科学方法"(特别是定量方法)只适用于比较教育的某些方面,而对其他一些教育现象进行比较研究,"科学方法"则表现出一定的局限性。① 对于中德两国职业教育的比较研究而言,因劳动力市场、职业形态、政治诉求和职业教育价值观等方面的巨大差异,无法进行量化比较。因此,采用描述和解释的方法是较为科学的。

另外,本书的关键概念"职业性"本身就是一个诠释性的概念,因此,采用描述和解释的方法是较为合适的。

5. 访谈法。通过与国内外教授的面谈和写信交流等,对于本书的关键问题进行探讨。这一领域的权威专家,对于某些问题有着高屋建瓴式的见解。与他们交流,对本书把握正确的理论方向是极为有利的。鉴于本人对德语能够熟练运用,对德国文化有着较为深入的了解,使得访谈法成为行之有效的研究手段。

四、研究目的

关于比较教育研究的目的,主要有两种不同的观点。一种观点认为,比较教育研究应该是一种理论研究,比较的目的在于追求知识。贝雷迪(G. Z. F. Bereday)认为:"像其他一些比较研究一样,比较教育的主要存在理由是其知识特性。我们研究外国教育制度只是因为我们想获得知识,因为人类总是受好奇心的驱使而追求知识……获取知识,是比较教育证明自己有价值与其他学术领域共存的唯一理由。"② 另一种观点认为,比较教

---

① 蒋凯. 比较教育研究方法的相关问题分析[J]. 教育研究,2007(4):37。
② 转引自:蒋凯. 比较教育研究方法的相关问题分析[J]. 教育研究,2007(4):37。

育研究的特点在于其实践性和应用性，主要是为教育决策和教育实践提供依据。埃德蒙·金（Edmund J. King）指出，比较教育研究是"政策的助手"①，"自有比较教育起，我们就以某种方式关心它的用途……在（20 世纪）60 年代，我们所有工作的内在目的都是有益于学校制度的改善，并因此有益于人类社会的改善"②。

　　本书的研究目的，总的来说，是一种理论研究。在实践性和应用性方面，它能为教育决策和教育实践提供一些间接的依据。具体而言，可以归结为三个方面。首先，从系统视角解读德国职业教育的"本质特征"。正如列宁所言，人们对事物的认识过程是"从现象到本质，从不甚深刻的本质到更深刻的本质的深化的无限过程"③。本书的研究目的就在于透过现象揭示本质，以达到正确认识德国职业教育的目的。其次，借鉴德国职业教育"双元制"的做法，是值得商榷的。本书对此从学理上进行了论证。如果我们从系统的视角看待德国职业教育，就会发现，职业教育系统深受其外部环境的影响，并且在历史长河中形成了独特的发展逻辑。因此，无论是制度、课程还是教学，都是无法简单借鉴的。本书的撰写目的，是对借鉴德国职业教育的成功经验作出一种冷静思考。再次，引入职业教育系统的视角，引入职业教育"本质特征"及其"发展动力"的概念，能为职业教育实践提供一种思维，指引一个前进的方向。我们应当从深层次上吸纳德国职业教育现代化的理念，参照其实践模式，走出一条有中国特

---

① 转引自：蒋凯.比较教育研究方法的相关问题分析[J].教育研究，2007（4）：37。
② 同上。
③ 转引自：辞海[Z].上海：上海辞书出版社，1989：1403。

色的职业教育现代化道路。

第三节 小 结

在我国职业教育所面临的问题中,职业教育企业行业主体地位的缺失、社会认可度低下,可谓是两大最为致命的问题。而德国职业教育在这两方面都是一个典范。然而,在我们借鉴德国职业教育的实践过程中,却碰到了"橘生淮南则为橘,生于淮北则为枳"的尴尬。因此,从系统角度分析德国职业教育的"本质特征",并从社会需求、政治需求、文化需求角度探究其支撑因素,就成为研究缘起。

研究设计的主要依据是"职业性"这一核心概念。"职业性"是从系统视角对德国职业教育本质特征的归纳,并有着社会需求、政治需求和文化需求三方面的动力支撑。相关论述构成了第一章。"职业性"特征发展的三个典型历史阶段是:"职业性"的生成阶段、嬗变阶段以及升华阶段。对这三个阶段的论述分别构成第二、三、四章。在此基础上,分析借鉴德国职业教育成功经验的局限性和可能性,则构成第五、六章。研究方法主要采用国际—社会比较(international-gesellschaftlich)研究、系统结构功能(struktuell-funktional)分析法、历史分析法、描述和解释的方法、访谈法。研究目的在于通过理论研究,为教育决策和教育实践提供一些间接的依据。

第一章 职业教育"本质特征"及其"发展动力"之概述

只有在系统思想的引领下,人们才能理解具体事物和其他事物之间的关系,才能从根本上理解具体事物的本质。

——康德(Immanuel Kant)

第一节 职业教育系统的视角

一、职业教育系统的特点

1947 年,美籍奥地利生物学家贝塔朗菲(L. V. Bertalanfy)的《一般系统论》,宣告了系统论的诞生。系统论纷繁复杂,有着众多的流派。总的来说,系统论的原理就是把所研究和处理的对象当作一个系统,分析系统的结构和功能,研究系统、要素、环境三者的相互关系和变动的规律性。

对于系统,有着多种定义。一般来说,系统指的是由"相互作用和相互依赖的若干组成部分结合成的具有特定功能的整体"①。

---

① 钱学森,许志国,王寿云.组织管理的技术——系统工程[N].文汇报,1978.09.27。

系统有三层含义：1. 系统是具有一定结构的元素所组成的整合，一切与系统有关联的其他元素的合集组成系统的环境（也称外系统）。2. 系统是以整合的方式与环境相互作用的，系统通过与环境的作用（以输入和输出的方式）表现其功能。3. 作为整合的系统在不同程度上具有稳定性、动态性和适应性的特征。①

相应地，职业教育系统可以定义为：由相互作用和相互依赖并与职业教育环境发生一定关系的若干职业教育要素所组成的具有特定功能的整体。

对于职业教育系统的含义，本书主要从下面两个方面来分析。

首先是职业教育系统的内在和谐——理念分析。这主要指的是职业教育系统的结构分析。职业教育系统的结构就是职业教育系统的要素及其相互关系的总和。结构具有完整、统一的特点。贝塔朗菲曾经指出："当我们讲到'系统'，我们指的是'整体'或者'统一体'。"②而系统的完整和统一的特点集中表现为系统理念。正是在系统理念的引领下，系统的诸要素处于一种和谐的状态中。

而职业教育"本质特征"就是系统理念的反映。剖析职业教育"本质特征"的过程，就是追寻职业教育系统理念的过程。从某种程度上说，系统理念和"本质特征"是等同的。正是系统具有内在和谐的特点，才使得我们对系统理念的追寻有了可能。

探寻职业教育系统理念，有着重大的意义。康德认为，系统思想对于人的认知（Erkenntnis）有着极其重要的意义。只有在系统思想的引领下，人们才能理解具体事物和其他事物之间的

---

① 柏贵喜. 文化系统论[J]. 恩施职业技术学院学报，2002(2)：31。
② L. 贝塔朗菲. 一般系统论[M]. 北京：清华出版社，1987：15。

关系,才能从根本上理解具体事物的本质。①

其次是职业教育系统的外部适应——功能分析。

职业教育与其他社会子系统密切相关,这意味着职业教育系统在进行内部调适的过程中,还要不断调适自己与外部环境的关系。尤其当外部环境发生变化时,这种调适显得尤其重要。调适的理想结果,就是适应。关于适应,按照系统论的一般解释,就是"系统为响应其环境变化而具有的学习能力和改变内部机制运行的能力"②。职业教育系统在外部适应的过程中,调整着自己功能的发挥。

职业教育系统作为社会子系统,受到其他相关的社会子系统的影响。职业教育作为社会的子系统,是不能孤立起来研究的。其他相关子系统对职业教育系统的外部框架条件、目标设置以及结构特征具有深远影响。"对于职业教育机构的生成而言,有几个方面是具有深刻影响力的:劳动力市场、人才招聘制度、职业教育运行机制、职业教育价值观"③,它们从根本上影响了职业教育实践活动。而这几方面可以归结为社会需求、政治需求和文化需求。因此,概括起来,社会需求、政治需求和文化需求对职业教育系统的影响最为深远,是职业教育

① 转引自:Zabeck, J. Über den rechten Umgang der berufs-und wirtschaftspädagogischen Historiographie mit der Theorie der Beruflichen Bildung [A]. Ingrid Lisop (Hrsg.). *Vom Handlungsgehilfen zur Managerin-Ein Jahrhundert der kaufmännischen Professionalisierung in Wissenschaft und Praxis am Beispiel Frankfurt am Main* [C]. Frankfurt am Main: G. A. F. B. -Verlag, 2001:136.
② 何维凌,邓英淘. 经济控制论[M]. 成都:四川人民出版社,1987:32-33。
③ 参见:Zabeck, J. Die Institutionalisierung der Berufserziehung als Gegenstand kritischer Geschichtsschreibung [A]. In Eveline Wuttke & Klaus Beck (Hrsg.). *Was heisst und zu welchem Ende studieren wir die Geschichte der Berufserziehung?* [C] Opladen & Farmington Hills: Budrich UniPress Ltd., 2010:204-205.

的"发展动力"。

也就是说,系统并非一成不变,系统无时无刻不处在变化运动当中。因此,系统具有动态性。动态性指的是同有关的外部条件进行物质、能量和信息的交换活动。职业教育系统作为一个开放的系统,时时刻刻都在与其他社会子系统进行物质、能量与信息的交换活动。因此,职业教育系统必将随着社会、政治和文化需求的变化而变化。

二、相关研究方法

(一)社会、政治、文化视角

对职业教育"发展动力"进行研究,就是采用社会、政治、文化的角度来论述教育现象。

在理论研究史上,并不缺乏从社会需求、政治需求和文化需求角度来分析教育现象的例子。

涂尔干(é.Durkheim)认为,一个社会事实必须用别的社会事实来解释,这是社会学的基本原则。因此,要对一个国家或民族的教育制度进行分析,一定要通过这个国家或民族的社会结构来解释。教育的价值和行为取向并不能从教育制度本身找到原因,而必须通过社会结构的变迁才能得到正确的解释。涂尔干的《教育思想的演进》,就是利用这一原则,分析出教育是社会变迁的结果,教育上所发生的一切变革都是因为人类生活的社会条件发生了变化所致。[①]

涂尔干方法论的第二个基本原则是功能原则。一个社会现象的起源与它的功能代表着相互独立的问题。即"当我们解释

---

① 钱民辉.教育社会学概论(第三版)[M].北京:北京大学出版社,2010:29。

一种社会现象时,必须分别研究产生该现象的原因和它所具有的功能"。对于社会事实的原因和功能这两类问题,涂尔干认为:"不仅应该分别研究,而且一般来说应该先研究前者,然后再研究后者"。这是一种社会学的因果解释。[①] 因此,可以这么理解,涂尔干提出的社会学分析教育的一大方法论,就是将社会需求视为教育的"发展动力"。

韦伯认为,社会生活就像一个竞技场。在竞技场里,各种团体为了获得财富、地位和权力,彼此斗争并设法控制对方。教育被这些团体用作达成他们目的的工具之一,教育制度也是社会中为经济利益、地位和支配而进行斗争的一部分。[②] 因此,探究教育的"本质特征",应当考察各个利益集团斗争的历史,剖析制度所蕴含的利益关系。可以说,韦伯提出的社会学分析教育的方法论,是将政治需求视为教育的"发展动力"。

德国文化教育学派认为,教育并不可能有普遍性的目的。教育的目的和意义必须从文化方面才能获得解释,教育变迁的原因也因此应当从文化的独特性和历史性中才能找到。从文化角度来分析教育的方法论,是将文化需求视为教育发展的动力。

(二)国际—社会比较研究

总的来说,比较研究方法可以分为两种:国别(cross-national)比较和国际—社会(international-gesellschaftlich)比较。"国别比较的历史较为悠久,在 20 世纪五六十年代广为流行。""它的研究目的在于,验证个别经验是否能普遍化,是否能移植到更为广阔的地域环境中,是否适用于别的国家和别的文化。"

---

① 钱民辉.教育社会学概论(第三版)[M].北京:北京大学出版社,2010:29 - 30。
② 同上:31。

换言之,"个别国家的成功经验是否能为别国提供借鉴?""对
于机构建设和法律的制定来说,这类研究尤其显得颇有价
值。"但是,"这类研究有一个特点,就是文化缺位(Kulturfrei-
heit)"。事实证明,这种带有文化缺位特征的研究方法,有着明
显的缺陷。因为在各个可以量化的经济指标的背后,有着更
为强大的力量,左右着各个专业领域的发展。而要剖析这背
后的"强大的力量",传统的国别比较研究的方法显然是无法
胜任的。

在这样的背景下,格鲁廷斯于 1986 年提出国际—社会比较
研究方法。格鲁廷斯认为,按照和社会特征关联程度的不同,研
究工作可以分成两个层面:宏观层面和微观层面。他就此提出
了一个重要的研究视角,即这两个层面之间的互动关系的研究。
这一研究视角为比较研究开辟了崭新的研究领域。

"在社会学中,也将研究工作归结到宏观和微观两个层
面,然而,对于这两个层面之间的关系的研究不够深入。"从某
种程度上说,"宏观层面和微观层面被简单地对立起来"。宏
观层面所蕴含的社会文化因素,对于微观层面而言,仅仅是一
个空泛的背景。对于宏观层面所蕴含的社会文化因素,人们
仅作简单化的描述,并且将这样的描述和微观层面生硬地联
系起来。

按照格鲁廷斯的国际—社会比较方法理论,宏观层面和微
观层面的互动关系是研究的重点。在研究实践中,"国际—社会
比较方法主要用于企业研究领域"。"研究的重点在于澄清和揭
示影响企业行为的社会力量。"在此,宏观层面对于社会文化环
境,微观层面对应于企业。但是,这并非是一种简单的对应关
系。社会文化因素的影响已经内化在具体的企业行为中,为企

业打上了不可磨灭的烙印。因此,两者之间是一种交错、融合的关系。对于这一关系进行重新解剖,具有重要的意义。"它突破了以往经济因素决定论的单一思维。"

毛里斯将这样的研究方法进行了进一步的解读,并且和职业教育联系起来了:和直接、单一的因果联系相比较,对于社会相关因素之间互动关系的描述和对于过程的分析更为重要。并且,这样的分析应该在宏观层面以及微观层面上展开。比如说分析职业教育的"本质特征","一方面,我们应该研究社会分工和职业形态,另一方面,我们应该研究职业资质的获取及其运用"。当然,这两个方面无法直接联系起来,但是在"作出足够的透彻的贯穿历史全景的分析之后,我们应当能够找到发展逻辑,而这样的逻辑能够把这两方面串联起来"①。

另外,毛里斯还提出一个社会"变化"(Wandel)的概念。他认为,澄明这一"变化"的概念,对我们理解这一研究理论具有重要意义。我们依据宏观和微观两个层面的分析而得出的"发展逻辑"的结论,能否与"变化"相对抗呢? 也就是说,这样的"发展逻辑"在社会的"变化"过程中,它的稳定程度如何? 毛里斯认为,恰恰是"变化"为"发展逻辑"的寻找和分析提供了历史路径。每个社会都无时无刻不在经历"变化"。然而,这样的"变化"也是基于一定的稳定性的基础之上的。这样的稳定性通常反映在文化上。在此,我认为,毛里斯所认为文化形象的不易改变,实际上就是系统的稳定性。也就是说,依照毛里斯的说法,系统具

① Maurice, M. Methodologische Aspekte internationaler Vergleiche: Zum Ansatz des gesellschaftlichen Effekts [A]. In Martin Heidenreich, Gert Schmidt (Hrsg.). *International vergleichende Organisationsforschung — Fragestellungen, Methoden und Ergebnisse ausgewählter Untersuchungen* [C]. Opladen: Westdeutscher Verlag, 1991:83-89.

有充分的稳定性,因此能够与"变化"相抗衡,而体现出一以贯之的"发展逻辑"。

另一方面,我们应当对"变化"持什么样的态度? 研究者的任务并非是对这样的"变化"作出解释。更为重要的是,研究客观"变化"对研究对象有何影响。比如面对新技术的发明,研究者的工作重点应当是新技术是否会催生新的职业教育承办者,是否会引起社会关系的变化,造成职业教育制度的变化。面对新技术,各个国家做出什么不同的反应,呈现出什么样的国别特征,这些都是研究者关注的重点。我认为,正是因为职业教育系统处于"变化"当中,所以必须不断调整职业教育系统中各要素之间的关系,使系统处于优化状态。而如何优化系统,为研究工作设定了出发点。

也就是说,格鲁廷斯提出国际-比较研究方法之后,毛里斯将这一研究方法进行了具体化的解读。并且以职业教育为例,阐述了该比较研究方法在职业教育领域的应用,以此拓展了职业教育研究的方法论。结合毛里斯的论述,我们可以得出结论:研究职业教育"本质特征",必须结合职业教育"发展动力"进行分析。并且,这两个层面的结合是有机的、并非是遥远的单一的对应关系。并且,我们应当从社会环境多变的历史中总结出职业教育不变的特性。因此,这一研究方法论的提出,为我们从系统角度研究职业教育"本质特征"和"发展动力"提供了方法论的支撑。

第二节　德国职业教育"本质特征"之解读

对职业教育"本质特征"进行研究,无法绕开这样一个研究课题,即区分职业教育类型。职业教育类型应当是描述各个国家职业教育的"本质特征",显示出职业教育的"发展逻辑"的一个概念。因此,区分职业教育类型的标准是否科学尤为关键。分类标准必须始终如一,体现教育的特有性质,并且承载各个职业教育体系的核心理念。然而,实际上,区分职业教育类型的标准并非都具有这样的特点。

德国的戴辛阿认为,区分职业教育类型,有三种不同的思路。第一种思路是按照对实际情况的描述,来归纳不同的类型特征。以此划分的类型叫作实然类型(Realtyp),这样的特征类型是人们能够直接感受到的。第二种思路是设置一定的特征参数,按照相符的特征参数的多寡,来归纳出类型特征。以此划分的类型叫作极端类型(Extremtyp),或者叫作纯粹类型(reiner Typ),这样的类型特征是人们无法直接感受到的。第三种思路是对现实特征进行提纯处理,归纳出唯一的决定性特征。以此划分的类型叫作应然类型(Idealtyp)[①],它处于实然类型和极端类型之间。应然类型和极端类型具有相似之处:都是对具体现实情况的某些特征进行单独审视和夸张处理后的结果。[②] 应然类型最大的特点是,"它是一种思想上的建构,要求有逻辑上的合理性,避免内在的矛盾";[③]它的好处在于,将个别的混乱的现象进行极度清晰的归类。因此,应然类型并不能指称事实概念,而纯粹是一个类型概念。应然类型,这一概念源自社会学,马克斯·韦伯在区分文化类型的时候,用到这一概念。[④]

---

① "Idealtyp"这一概念最早出现在马克思·韦伯的著作中,中译本也将它翻译成"理想类型"。

② Deißinger, T. Das Konzept der Qualifizierungsstile als Kategoriale Basis ideal-typischer Ordnungsschemata zur Charakterisierung und Unterscheidung von Be-rufsbildugnssystemen [J]. *Zeitschrift für Berufs- und Wirtschaftspädagogik*, 91. Band. Heft 4. Stuttgart: Franz Steiner Verlag Wiesbaden GmbH, 1995:88.

③ 同上(89)。

④ 同上(88)。

　　一般来说,研究者在对职业教育类型进行归纳的时候,采用的都是职业教育实然类型的思路。比如,认为按照计划和市场的程度不同来划分,可以分为职业教育计划模式,职业教育市场模式,职业教育计划和市场相结合的模式;认为按照办学主体的不同,可以分为市场模式,学校—官僚模式,双元模式。① 我们所熟悉的德国"双元制"职业教育,正是按照这种思路进行划分的职业教育类型,也就是一种实然类型。因此,对于双元的特征,我们是能够直接感受到的。而德国职业教育"本质特征",则是按照第三种思路进行划分的职业教育类型,也就是一种应然类型。它是对德国职业教育现实情况进行极端化概括之后得出的一种特征,因此,我们无法直观地感受到。

　　下面我们来看一下职业教育实然类型和应然类型的概况。

一、职业教育实然类型划分

(一)国际视野中职业教育实然类型划分

　　按照传统的类型划分,现今世界职业教育可分为三大模式,即学校职业教育模式、企业职业教育或职业培训模式、"双元制"职业教育或职业培训模式。②

　　有学者认为,按照不同的分类标准,职业教育有着不同的类型特征。比如以办学主体为分类标准,可以将职业教育分为合作式制度、以企业为主型制度、国家主导型制度。而以学习地点的不同,分为"双元制"模式,即以学校为基础的模式和以公共机构为基础的培训模式。如下表所示。

---

① 转引自:孙玫璐.职业教育制度分析[D].华东师范大学博士论文,2008:63。
② 马庆发,唐林伟.中国职业教育研究新进展 2006 [M].上海:华东师范大学出版社,2008:2。

表 1-1　世界各国职业教育与培训制度与模式分类

制度模式类型		典型国家	主要特点	不足
职业教育与培训制度				
合作式制度		德国、奥地利、瑞士等	雇主组织、国家和工会三方密切合作并构成对培训工作的压力。	缺乏灵活性,特别是在进行调整以接受新技能方面。
以企业为主型制度		日本	劳动力低水平的流动,很多雇员终身雇佣制,缺乏劳动交易市场压力,职工具有"长期观念",工资制度以年资和企业工会为基础。	劳动力市场的灵活性压力;在服务行业开展很有限;妇女和中小企业职工缺乏培训机会。
国家主导型制度	需求导向型	韩国、新加坡等东亚国家	国家在协调技能的需求和供给方面发挥着主导作用,在一种公开和竞争的环境下运行。	机械式讲话的学习方法;对教育和培训控制严格,难以适应日益复杂的需求。
	供给导向型	前中央计划经济国家,很多发展中国家	培训机构中的正规培训主要由政府负责,在培训方面雇主没有或只有很小压力;通过硬性的劳动力计划和就业安置制度来保证提供技能劳动力以满足国家控制的企业的要求。	随着经济改革和向市场经济的转变出现了存在危机(在生产率和效益低下的国有企业减少、专业面狭窄)、机构危机(行业萎缩、培训车间和地点的大幅度下降)和结构危机(学校适应劳动力市场变化的速度太慢,培训内容和技能过时)

制度模式类型	典型国家		主要特点	不足
职业教育培训模式（教育分流与技能获取场所）				
双元制模式	德国		初中后分流；企业中的学徒在岗培训同以学校教育为基础的教育融为一体，实现从学校到工作的顺利过渡。	传授原有的技能而不是新技能。
以学校为基础的职业教育培训模式	德国模式	法国前中央计划经济模式	初中后分流；技术传授和学校课程同步进行。	不能灵活有效地适应市场经济的需要。
	北美模式	美国、加拿大等	高中后分流，基础教育阶段不作特别的专业选择；中学后教育多样化，向个人提供最大限度的选择；一批具有较高教育水平的人才有能力为自己的技能和培训进行投资；教育高度分权化。	在提供技能方面，特别是中级技能方面做得不够，引进新技术的速度比较慢；整个国家技能基础两极分化。
公共职业培训机构	拉美国家		独立于正规教育体制，政府直接管理，其资金来源于提取的培训税。	与正规教育几乎没有什么联系；面临培训数量、筹资和培训质量的挑战。

资料来源：转引自：孙玫璐.职业教育制度分析[D].华东师范大学博士论文，2008：63.

　　而对于欧洲范围内的职业教育，格赖纳特提出有三种传统的职业教育模式:即以英国为代表的自由市场模式(Marktmodell);以法国为代表的学校官僚模式(Schulmodell/Buerokratische Modell);以德国为代表的双元模式(duales Modell)。[①]他认为,这三种模型不容易改变,有着强大的发展惯性。每一种模式在传统和现代化的取舍之间,凸显出自己的性格:在英国和法国进行的改革实践证明,尽管当局有着强烈的改革愿望,然而,其职业教育体系的性格依然没有改变。英法两国的职业教育体系,顺着传统强大的惯性,和现代性之间进行对抗。也就是说,职业教育类型特征是极其明显的。

总之,上述表述尽管有不同,但都是对现实特征的归纳,并以此提出职业教育不同的实然类型。

(二)德国"双元制"职业教育

对于德国职业教育制度特征而言,格赖纳特将之归纳为"双元",完全符合人们的习惯思维。这从人们对德国职业教育办学模式的称呼上就可以看出来。德国职业教育办学模式的名称,其德语表达为"Duales System",意思是"双元制"。[②]在德语文献中,"Duales System"被定义为一种与岗位相关的企业培训和

---

① Greinert,Wolf-Dietrich. Berufsbildungsforschung ohne historische Orientierung — statt eines Nachrufes [A]. In Eveline Wuttke & Klaus Beck (Hrsg.). *Was heisst und zu welchem Ende studieren wir die Geschichte der Berufserziehung?* [C]. Opladen & Farmington Hills:Budrich UniPress Ltd,2010:115 - 129.

② 按照《辞海》的解释,制度的一个含义是:在一定的历史条件下形成的政治、经济和文化等各方面的体系。对应起来,西方国家语言中的 System、Institution 和 Regime 这三个词在适当的语用背景中都可以翻译为"制度"。因此,"Duales System"被翻译为"双元制度",简称"双元制"。但是"System"一词在单独使用的时候,在系统论的语用背景中,我们习惯翻译成"系统",而不是"制度"。因此,下文出现"系统"概念,和双元制中的"制度"概念一起,同指"System"一词。

部分时间制学校教育进行补充的培训形式。①

　　"双元"主要指的是办学主体有企业和学校这两元。其中，企业承担了职业教育的主要部分，职业学校作为企业职业教育的补充，为学生提供理论学习等适合以课堂形式进行的教育。双元制是一种极富德国特色的教育类型，在德国教育体系中占有重要的地位。以一名德国学生为例，他6岁入学，进行为期4年的小学基础教育之后，面临第一次分流选择：以上大学为目标的文理中学，和以接受职业教育为目标的实科中学和主要中学。如果选择第二条道路（这也是大部分学生的选择，占约三分之二），那么，读完5年的实科中学或者4年的主要中学，他就升入中等职业技术学校。这一阶段，便开始了"双元制"的职业技术教育。每周他有一天或者两天在职业学校学习，其余三天到四天在企业中接受培训。

　　德国职业教育既不同于法国式的学校模式，也不同于日本式的企业培训。它的理论基础是：企业和学校作为两个不同性质的学习地点，拥有不同的教育意义。② 如职业学校的教育意义体现在理论的传授上，企业的教育意义体现在实践层面。换句话说，学习地点的不同，决定了获得职业资格的过程的不同。因此，"双元"以学习地点为依据，形象地点明了德国职业教育的特点。

　　在宏观层面上，"双元"的另一含义指的是，德国职业教育遵循两个法律体系。③ 企业内培训和教育依据《德国职业教育

① Kutscha, G. Das System der Berufsausbildung [A]. In Blankertz, H. et al. (Hrsg.). *Enzyklopädie Erziehungswissenschaft*, Bd. 9.1: *Sekundarstufe II-Jugendbildung zwischen Schule und Beruf* [C]. Stuttgart: Klett-Cotta, 1982:203.

② Deißinger, T. *Beruflichkeit als „Organisierendes Prinzip" der deutschen Berufsausbildung* [M]. Markt Schwaben: Eusl-Verlagsgesellschaft mbH, 1998:84.

③ 同上(88)。

法》,学校内教育则依据各个联邦州的教育法来实施。在德国,学校教育权力分属各个联邦州。因此,联邦层面不负责管理职业学校教育。《德国职业教育法》明确规定,该法适用范围不包括职业学校教育。

概而言之,"双元"以两个学习地点和两套法律体系为准则,简明扼要地概括了德国职业教育的制度特点。可以说,"双元制"这一表达在历史上发挥了强大的理论话语交际功能。它形象地点明了德国职业教育的特点。因此,格赖纳特将德国职业教育的基本制度特征归纳为"双元"。

然而,格赖纳特的类型阐述也遭到了很多质疑。比如戴辛阿就认为,在德国职业教育领域中,有很多和"双元制"不协调的因素。这些因素,从根本上动摇了将"双元"作为职业教育基本制度特征的说服力。

首先,从"双元"的本质内涵看,指的是职业教育在两大学习地点进行。"双元"的语义也表达了学校和企业是两大平等的教育机构的意思。然而,以斯特拉特曼(K. Stratmann)为代表的德国学者认为,学校和企业一直处于不平等的状态。[①] 尽管在20世纪60年代的职业教育大讨论中,要极力促成学校和企业的地位平等。遗憾的是,两大机构的平等性仍旧缺乏具体的法律保障。即使1975年起草的《德国职业教育法补充条例》,也仍旧将职业学校排除在外。[②] 换言之,企业占据绝对主导地位,职业学校只能屈居其下,满足于充当企业的辅助机构。甚至在教

---

① Deißinger, T. *Beruflichkeit als „Organisierendes Prinzip" der deutschen Berufsaus-bildung* [M]. Markt Schwaben: Eusl-Verlagsgesellschaft mbH, 1998:84.

② 转引自:Deißinger, T. *Beruflichkeit als „Organisierendes Prinzip" der deut-schen Berufsausbildung* [M]. Markt Schwaben: Eusl-Verlagsgesellschaft mbH, 1998:89.

学上,职业学校也仅有有限的自由设计空间。并且,职业学校在
职业教育中的地位至今尚无改善。因此,从"双元"的语义上引
出两大机构是平等的观点,是不符合实际情况的。

其次,从实际情况来看,"双元"也没有囊括所有的学习地
点。① 比如承担重要培训任务的跨企业培训中心,就被排除在
这一表述之外。一些手工业中小企业,因本身规模有限,无法单
独承担培养学徒的重任。因此,在20世纪70年代,跨企业培训
中心应运而生。1973年,德国政府有"三元制"的提法,即企业、
学校和跨企业培训中心。② 再比如自20世纪80年代以来,移
民、女性、差生等职业教育中的弱势群体,因自身竞争力不足,无
法获得"双元制"中的学徒位置。因此,在生产性学校、全日制职
业学校等地方进行职业培训的为数不少。它清晰地勾勒出"双
元制"以外的另一条职业教育培训道路。因此,德国教育部门也
曾有"多元教育"的提法。③ 所以,即使仅仅从学习地点上来看,
将德国职业教育机构局限在企业和职业学校,具有较明显的主
观判断和经验主义的痕迹。

再次,"双元"的内涵是有歧义的。戴辛阿认为,上述"双元"
的内涵,即指向学习地点的"双元"的内涵,也是站不住脚的。因
为从历史上看,"双元"的含义有着多重理解。除了上述提及的
学习机构构成"双元"和法律体系构成"双元"以外,还有其他的

① 转引自:Deißinger, T. *Beruflichkeit als „Organisierendes Prinzip" der deut-schen Berufsausbildung* [M]. Markt Schwaben: Eusl-Verlagsgesellschaft mbH, 1998:84.
② Bundesministerium für Bildung und Forschung (BMBF). *Grundsätze zur Neuordnung der beruflichen Bildung* [S]. Bonn, 1973-11-05.
③ Deutscher Bundesrat. *Empfehlungen der Bildungskommission: Zur Neuordnung der Sekundarstufe II. Konzept für eine Verbindung von allgemeinen und beru-flichen Lernen* [S]. Bonn, 1974:69ff, 122ff.

理解。一是"工作"和"学习"构成"双元",指的是义务性职业学校成立后,学徒一方面从事手工劳作,一方面在学校里面进行理论学习;二是 19 世纪以来企业的两种教育形式,即"适应性的学徒培养模式"和"系统教育的学徒培养模式"构成"双元";三是"手工职业"和"工业职业"构成"双元",指的是 70 年代改革造成两种职业在质量和结构上的差异。① 也就是说,"双元"的内涵并非理所当然地指向学习地点和法律。"双元"其他的用法导致其指称较为模糊。

　　最后,"双元"并不能够将不同的管理制度结合起来。"双元"是否是系统意义上的"双元"呢? 对此,不少学者提出了质疑。制度(System),又可以翻译为系统。而系统的"本质特征",就是具备一个和谐的核心理念。而在双元制职业教育制度中,职业学校和企业之间的权力斗争从未停息过。职业学校代表的是公共性政策的原则(Öffentlichkeit),而企业则是私有性(Privatheit)的体现。职业学校的背后,是国家权力的体现。而企业则通过行会实现它职业教育领域的自治权力。换言之,职业学校追求的教育目标是个性的培养,促进人格的发展。而企业则更多地出于功利的目的,追求经济效应。两大机构的权力之争,严重阻碍了职业教育发挥其制度功能。因此,在"双元制"的表达中,将破坏制度本质的"双元"作为"制度"的限定语,这是矛盾的。

　　查贝克(Zabeck)提出,"dual"实际上指的是"Dualismus"(即"二元论"),而非"Dualität"(即"二元性")。② 两者的差异在于,前

① Deißinger, T. *Beruflichkeit als „Organisierendes Prinzip" der deutschen Berufsausbildung* [M]. Markt Schwaben: Eusl-Verlagsgesellschaft mbH, 1998: 91-92.

② Zabeck, J. Berufserziehung im Spannungsfeld von Ökonomie und Ökologie in europäische Sicht [J]. *Pädagogische Rundschau*, 1995(49):537-552.

者是两个独立并行的事物,而后者是两个有机联系的事物。可以说,就内部视角而言,双元体系因缺乏内在关联而无法构成系统核心。两大机构之间的张力与系统合力相抗衡,成为一种破坏性的因素。而从对外功能发挥的视角来看,职业教育体系也未能凝聚成一股合力,强有力地影响就业系统和公共政策系统。职业教育体系对外部的影响显得零散而杂乱。而职业教育体系却极易受到外界的影响。比如公共政策系统偏向学术教育,就业市场青睐学术性人才,那么,职业教育的滑坡就在所难免。

因此,"双元"的指称,更多的是一种理想愿景,而不是一种事实。这种理想愿景的提出基于这样的现实:德国职业教育体系错综复杂,由国家和市场基于合作主义的原则共同施加影响。"尽管在 1969 年《德国职业教育法》颁布之后,职业教育体系才变得较为明朗清晰。但它还远远谈不上是一个统一而协调的领域。在德国职业教育体系中,一面是公共的、体系化的职业学校;另一面则是千差万别的企业教育。换句话说,不同机构分担不同的能力培养任务,使得在'双元制'内部造成了很多不确定因素,形成了差异。"①正是考虑到这样的情况,德国职业教育界希望能够通过外力,促进系统的形成。因为"职业教育系统要取得成功,取决于两个教育机构之间的有效合作。两个教育机构不能各自为政,互不相干;更不能对着干。双方必须基于培训合同,基于法律,在所有的层面开展合作"②。在 20 世纪六七十年

---

① Kutscha, G. Das System der Berufsausbildung [A]. In Blankertz, H. et al. (Hrsg.). *Enzyklopädie Erziehungswissenschaft*, Bd. 9.1: *Sekundarstufe Ⅱ - Jugendbildung zwischen Schule und Beruf* [C]. Stuttgart: Klett-Cotta, 1982: 203 - 226.

② Deutscher Ausschuss für das Erziehungs-und Bildungswesen. *Empfehlungen und Gutachten Folge* 7/8 [R]. Stuttgart: Ernst Klett Verlag, 1966:503.

代的职业教育大讨论中,"学习地点的合作",成为一大关键词。① 自那以后,学习地点的合作一直是职业教育理论研究和实践的重点。人们希冀通过两大学习地点之间的有机合作,来促进系统的形成。

总之,用"双元"来概括德国职业教育特征,并且将其作为职业教育类型的一种,不管是从"双元"的两大机构平等的语义内涵,还是从实际学习地点的多元,无论是概念本身的歧义,还是从"双元"的系统意义的缺乏来看,都是有着理论缺陷的。因此,分析德国职业教育"本质特征",需要我们掀开"双元"的面纱,去探究那唯一的"单元"的决定性制度因素。

按照康德的认知理论,和系统概念相对的是"开拓认知道路的理性概念"。② 作为开拓认知道路的理性概念,双元制的表述有着合理的方面,但是我们更有必要进一步探讨它背后的本质因素。

二、职业教育应然类型划分

(一)职业教育应然类型

戴辛阿提出的职业教育应然类型,是对职业教育现实情况进行抽象化处理后得出的结果。他提出"职业教育方式"(Qualifizierungsstil)的概念,作为区分职业教育类型的核心概念。"职业教育方式"的概念,是参照斯比特霍夫(Arthur Spiethoff)

---

① Stratmann, K & Schlösser, M. *Das duale System der Berufsbildung. Eine historische Analyse seiner Reformdebatten* [M]. Frankfurt a. M. : G. A. F. B. -Verlag, 1990:209.

② 转引自:Deißinger, T. *Beruflichkeit als „Organisierendes Prinzip" der deutschen Berufsausbildung* [M]. Markt Schwaben: Eusl-Verlagsgesellschaft mbH, 1998:97.

对于"经济方式"(Wirtschaftsstil)的定义而提出来的。斯比特霍夫借助经济方式的概念,对经济生活进行了类型划分。他认为,国民经济的结构和过程是有着多重维度的。具体而言,分为经济精神、自然和技术基础、社会形态、经济形态、经济过程这五个维度。要认清一个国家的"经济方式",必须对经济情况有着深度的了解,而不能出于感官经验贸然得出结论。① 也就是说,"经济方式"有别于实然类型特征。它不是人们能够直接感受到的。它是在综合上诉五个维度的基础上,得出的一个抽象的特征。而这一抽象的特征,提炼和概括了国民经济的"本质特征"。因此,斯比特霍夫借助"经济方式"的概念,提出了经济生活的应然类型区分标准。

要真正理解"方式"的概念,我们可以将它和系统的概念联系起来。"方式"这一概念实际上等同于系统基于内在和谐而蕴含的核心理念。就系统的特点而言,系统之所以具有核心理念,是因为系统具有整体性的特点。也就是说,系统的整体性为人们认识系统核心理念提供了前提。正因如此,人们才得以在综合经济生活各大维度的基础上,概括出经济方式特有的"方式"。

戴辛阿认为,"职业教育方式"指的是职业教育系统功能和结构方面的特征,具体而言,它指的是相关的外部框架条件、目标设置以及内部结构特征。在戴辛阿的职业教育类型说中,"职业教育方式"是对职业教育应然类型进行分类的一个标准。借

---

① 转引自:Deißinger, T. Das Konzept der Qualifizierungsstile als Kategoriale Basis ideal-typischer Ordnungsschemata zur Charakterisierung und Unterscheidung von Berufsbildungssystemen [J]. *Zeitschrift für Berufs- und Wirtschaftspädagogik*, 91. Band. Heft 4. Stuttgart: Franz Steiner Verlag Wiesbaden GmbH, 1995:96.

助于这一概念,可以将职业教育现实情况归纳和概括为一种纯粹的理想特征。但这并非是将现实情况抽象成唯一的、单元的特征。"职业教育方式指向的理想特征是包含不同维度的。这些维度有着层级梯度,并且以一种特殊的方式,对于资质化起着重要的作用,它们构成了一种应然类型的特征。"①

也就是说,"职业教育方式"的概念,显示出明显的层次性特征。这和系统的特征息息相关。系统"在纵向上可分为若干等级,即存在着不同等级的系统层次关系,其中低一级的系统结构是高一级的系统结构的有机组成部分。高级结构都包含着低级结构形式,但又不能归结为后者的加和"②。正是在这个意义上,戴辛阿提出,"职业教育方式"的概念应当涵盖以下三个方面的维度。③

维度一是职业教育的制度维度。这里指的是直接或者间接参与职业教育的机构,它们之间的制度关系,以及法律和政策层面的规定。关于制度,应当解答下列几个问题:组织和实施职业教育的机构是什么? 由哪一方来负责协调、监督工作,并且提供资金来源? 在职业教育的承办者中,是否有多个责任主体? 职业教育承办者之间如何进行协调? 职业教育过程是按照什么规则和习惯来开展的? 是否存在职业教育承办方或者职业教育机构需要遵守的法律规范?

① 转引自:Deißinger, T. Das Konzept der Qualifizierungsstile als Kategoriale Basis idealtypischer Ordnungsschemata zur Charakterisierung und Unterscheidung von Berufsbildungssystemen [J]. *Zeitschrift für Berufs- und Wirtschaftspädagogik*, 91. Band. Heft 4. Stuttgart: Franz Steiner Verlag Wiesbaden GmbH, 1995:96.

② 顾新. 区域创新系统论[D]. 四川大学博士论文,2002:49。

③ Deißinger, T. *Beruflichkeit als „Organisierendes Prinzip" der deutschen Berufsausbildung* [M]. Markt Schwaben: Eusl-Verlagsgesellschaft mbH, 1998:122-125.

维度二是职业教育的教学—课程维度。对于职业教育的微观层面,需要考虑的问题是:职业教育通用的教学原则是什么? 职业教育的课程内容是什么? 以何种方式来传授课程内容? 职业教育的课程目标是什么? 能力标准和就业要求之间的吻合度有多高?

维度三是职业教育的社会维度。这里采用的是教育社会学的结构功能观点。也就是职业教育筛选功能,职业教育和社会分层的关系,以及个人从学校到就业的通畅程度和就业质量。[①] 具体而言,又可以分为以下几个小问题:何时从学校教育过渡到职业教育,采用何种方式? 何时从职业教育过渡到就业,又采用何种方式? 职业教育的社会声望如何? 普通教育和职业教育的关系如何? 职业教育和就业的关系如何? 职业教育的社会维度,其实指的是职业教育的社会融入功能。意味着个人通过职业教育能获得什么样的社会地位。

那么,这几个维度之间呈现什么关系呢? 从系统的角度来说,高级层次的系统结构具有低级层次的系统结构所没有的结构特征,并且,低级层次的系统结构遵循着高级层次的系统结构的规律。戴辛阿认为,就职业教育的这三个维度的关系而言,维度三即职业教育的社会维度决定着其他两个维度。因为无论是作为宏观层面的职业教育制度,还是作为微观层面的课程教学,都制约于职业教育的社会维度。

各个国家的职业教育,在各个维度上有着不同的表现。按照程度高低,我们可以将之分为不同的资质化方式类型。下表

---

① Parsons, T. *Sozialkultur und Persönlichkeit* [M]. Frankfurt a. M.: Suhrkamp, 1968:161ff; Fend, H. *Theorie der Schule* [M]. München: Urban & Schwarzenberg, 1980:17.

显示了这一关系：

表 1 - 2 资质化方式类型

	维度一	维度二	维度三
资质化方式类型1	决定权力在于经济界	功能导向	学校普通教育模式
资质化方式类型2	决定权力在于国家	科学导向	和工作世界相关的学校教育为主
资质化方式类型3	"竞争性的"	职业导向	企业教育为主,学校教育为辅。

资料来源:Thomas Deißinger. Das Konzept der Qualifizierungsstile als Kategoriale Basis idealtypischer Ordnungsschemata zur Charakterisierung und Unterscheidung von Berufsbildungssystemen [J]. *Zeitschrift für Berufs- und Wirtschaftspädagogik*, 91. Band. Heft 4. Stuttgart: Franz Steiner Verlag Wiesbaden GmbH, 1995:97 - 101.

类型 1,即功能导向方式,指的是以具体岗位的具体要求为出发点,能够满足企业个性化的要求;以适应性的职业训练为特征,且伴随有教育辅导;在年轻一代融入工作世界的过程中,普通学校教育结业证书起着直接的作用。

类型 2,即科学导向方式,指的是职业教育权力由国家和学校掌控;传授的理论知识和专业知识与工作世界有着或多或少的关联;伴随有教育辅导;在求职过程中,普通学校教育结业证书起着直接的作用。

类型 3,即职业导向方式,指的是企业和国家在职业教育事务中处于权力竞争的关系;职业教育在单个企业中进行,且有学校教育作为辅助;有着完整的、标准化的、工作相关的、同时独立于工作过程的资质化标准;伴随有教育辅导;在求职过程中,普通学校教育结业证书仅起着间接的作用。

按照这样的分类标准,德国职业教育应当属于第三种类型。但是事实是否真是如此,我们还应当谨慎求证。

(二) 德国职业教育的职业导向特征

戴辛阿从功能视角出发,将职业功能总结为:职业的社会融入功能、职业作为职业教育组织原则的功能和职业作为微观层面教学原则的功能。由此,他认为,职业导向是德国职业教育的"本质特征"。在他的"职业教育方式"理论中,认为方式是永恒不变的、确定的,并且,他认为职业方式是贯穿德国职业教育发展始终的。因此,职业原则一直是德国职业教育制度的"本质特征"①。

从维度三来看,职业原则反映了职业教育和德国社会之间的关系。提起德国社会的性质,我们得提到"职业原则"(Berufsprinzip)和"职业社会"(Berufsgesellschaft)这两个概念。事实上,"职业原则"和"职业社会"这两个概念密切相关。在"职业原则"这一合成词中,"原则"有着特殊的含义,它指的是一种行为的标准。换句话说,"职业原则"意味着采用职业标准来组织生产行为。对此,社会学家也将之称为"专业化"(Professionalisierung)。正是因为职业原则或者说专业化的特征对于德国社会的影响非常明显,因此,二战后,社会学家将德国称为职业社会。

也就是说,个人通过职业教育,获得从事某项职业的资质,从而融入职业群体组成的社会中。"职业原则对于职业教育社会融入作用的影响具体体现在:职业资质化过程是在企业外市场实现的;资质化有着专业的标准;资质化要求是灵活的,或者说具有不依赖于企业的相对自治的能力。"②换言之,在个人融入社会的过

---

① 参见:Deißinger, T. *Beruflichkeit als „Organisierendes Prinzip" der deutschen Berufsausbildung* [M]. Markt Schwaben: Eusl-Verlagsgesellschaft mbH, 1998.

② Deißinger, T. *Beruflichkeit als „Organisierendes Prinzip" der deutschen Berufsausbildung* [M]. Markt Schwaben: Eusl-Verlagsgesellschaft mbH, 1998:167.

程中,职业起了决定性的作用。因此,从维度三来看,职业教育的本质,就是一方面进行资质化过程,一方面进行社会化过程,最终目的是使得个人成为社会认可的某特定生产团体的成员。[①]

职业原则的组织形式,使得个体在获得职业资质的同时,也获得了使用价值和交换价值。个人资质化是以职业要求为标准的。并且按照职业要求的高低,来对应专业工人的不同级别。个人获得的职业资质是以此为标准进行衡量的。也就是说,在正式从事某项职业之前,个人即拥有了特定级别的专业资质。这和日本企业内培训模式截然相反。德国劳动力在从事某项职业之前,就已经拥有了能够用统一的职业标准来衡量的使用价值和交换价值。同样,劳动力的流动具有相当大的灵活性。因为既然职业标准起着主导作用,那么,劳动力在各个企业间流动都不会丧失专业身份。也就是说,劳动力的流动不影响其职业的升迁和报酬的高低。

从维度一来看,职业原则对于职业教育的影响主要体现在两个方面:即教育职业作为组织原则和行会作为实施机构。

任何具体的工作岗位都是有着教育意义上的局限性的。为了克服这样的局限性,必须将具体职业和资质区分开来。资质应当是为多个工作岗位,即岗位群服务的能力。正是为了克服具体职业的单一、零碎、异质性的缺陷,顺应资质要求,提出了教育职业的概念。

可以说,"教育职业"通过和企业的分离,保证了职业本身的完整、统一和系统。教育职业通过其内蕴的教育因素,不仅实现了劳动力资质化的要求,也实现了职业教育的教育目标。教育

---

① 我曾向 Jürgen Zabeck 教授讨教 Beruf, Berufsprinzip 和 Beruflichkeit 这几个概念的差别。他在 2011.01.03 给我的回信中述及此。

职业提供了一个组织原则的范本,忠实地执行这一原则的机构则是行会。

在德国职业教育实施的过程中,行会的功能是极其强大的。德国行业协会的任务有:对教育企业资格认定,对教育合同进行审查管理,制定颁布教育规章,对教育过程进行咨询和监督,组织实施考试,调解、仲裁教育纠纷,建立专业决策机构等。① 也就是说,行会对于整个职业教育过程都有权力进行管理和监督。它在履行这一职责的时候,对于每一个环节都套用教育职业的标准进行衡量和规范。

在我们论述行会对职业教育的管理权限的时候,还应当对国家的权力定位作一描述。在德国职业教育实践中,国家所扮演的角色是微妙的。一方面,国家和行会处于权力竞争关系。国家试图通过设置、管理学校等教育机构,对职业教育进行干涉,而行会则试图捍卫其对于职业教育的绝对自治权力。另一方面,国家是有利的补充。国家可以对市场和私有经济进行调整。它通过颁布法律,对公法代表即行会的权利和工作方式作出规定。总之,行会通过和国家的既合作又竞争的关系,在合作主义原则下,通过教育职业作为实施手段,来贯彻职业原则。

从维度二来看,职业导向的特征也是极其明显的。在德国职业教育"双元制"体系中,职业教育在两大学习地点展开,即企业和学校,而在企业中进行的职业教育,是在工作岗位上进行的。在工作岗位上进行职业教育,为职业导向提供了天然的土壤。维度二也是最能直观体现职业导向特征的领域。如果说职

① Greinert, Wolf-Dietrich. *Erwerbsqualifizierung jenseits der Industrialismus. Zu Geschichte und Reform des deutschen Systems der Berufsausbildung* [M]. Frankfurt. a. M. : G. A. F. B. -Verlag, 2006:49.

业特征作为一种理想特征,能够在现实生活中被部分感知,那么,相对于维度一和维度三,维度二是较为容易被感知的。

综上所述,在一个职业社会中,在个人成为某社会团体成员的过程中,一方面,职业发挥了社会融入功能,另一方面,职业是职业教育内部组织原则和教育标准。因此,德国职业教育的制度特征是相当明显的,即职业导向。

第三节 德国职业教育"发展动力"之解读

一、职业教育"发展动力"的界定

职业教育"发展动力"的界定,是研究职业教育"本质特征"的必要步骤。

按照康德的理论,人的理性分为纯粹理性(reine Vernunft)和实践理性(praktische Vernunft),而纯粹理性如果能作用于实践理性,那么,就变成了一种调节或平衡系统的思想(regulative Idee),即系统思想。[①] 对于职业教育而言,职业教育的系统思想是职业教育"本质特征"的概括。这意味着纯粹理性勾勒出职业教育"本质特征"的雏形。另一方面,实践理性制约着职业教育"本质特征"的发展。职业教育"本质特征"的生成、发展和革新,与职业教育实践中的多种影响因素有关。职业教育实践中的多种影响因素,构成了职业教育的"发展动力",是实践理性的体现。

---

① 转引自:Zabeck, J. Über den rechten Umgang der berufs-und wirtschaftspädagogischen Historiographie mit der Theorie der Beruflichen Bildung [A]. Ingrid Lisop (Hrsg.). *Vom Handlungsgehilfen zur Managerin- Ein Jahrhundert der kaufmännischen Professionalisierung in Wissenschaft und Praxis am Beispiel Frankfurt am Main* [C]. Frankfurt am Main: G. A. F. B.-Verlag, 2001:136.

　　那么,指导德国职业教育的纯粹理性是什么呢?"在德国职业教育理论中,职业教育要处理的核心问题就是教育和职业的关系问题。教育是一种主观需求,职业是一种客观存在。因此,职业和教育的关系,也是人(Mensch)与世界(Welt)的关系。"①人与世界的关系如何,既是一个基本的哲学命题,也是德国职业教育理论要研究的基本问题。按照康德的理论,这一对关系是和谐还是冲突,它的结论构成了人们对职业教育的纯粹理性的理解。职业教育系统思想由此得以生成。在职业教育系统思想的影响下,职业教育机构化了,职业教育实践活动得以有序展开。可以说,职业教育系统思想和职业教育实践之间是息息相关的。而如上所述,职业教育系统思想正是职业教育"本质特征"的概括。因此,职业教育"本质特征"和职业教育实践之间也呈现出息息相关的态势。

　　然而,职业教育"本质特征"和"发展动力"之间并非是简单的线性的关系。社会需求、政治需求和文化需求随着时代的变化而变化,并不总是遵循着系统思想所规定的路线前进。在某些情况下,职业教育"发展动力"甚至表现出与职业教育"本质特征"背道而驰的态势。因此,两者之间的关系具有隐晦、曲折的特征。

　　分析职业教育"发展动力"和职业教育"本质特征"之间的复杂关系,是深刻理解职业教育"本质特征"的需要。职业教育"发展动力"和职业教育"本质特征"密不可分。研究职业教育"发展动力",本来就是研究职业教育"本质特征"题中应有之义。

　　那么,如何界定职业教育"发展动力"呢?

---

① 转引自:Zabeck, J. Über den rechten Umgang der berufs-und wirtschaftspädagogischen Historiographie mit der Theorie der Beruflichen Bildung [A]. Ingrid Lisop (Hrsg.). *Vom Handlungsgehilfen zur Managerin-Ein Jahrhundert der kaufmännischen Professionalisierung in Wissenschaft und Praxis am Beispiel Frankfurt am Main* [C]. Frankfurt am Main: G. A. F. B.-Verlag, 2001:136-138.

对于职业教育机构的生成而言,有几个方面是具有深刻影响力的:劳动力市场、人才招聘制度、职业教育运行机制、职业教育价值观。[①] 它们从根本上影响了职业教育实践活动,因此我们称之为职业教育"发展动力"。

具体而言,劳动力市场分化程度如何,专业化程度达到什么级别;人才招聘依据的标准是学历标准还是职业资格标准,人才在劳动力市场上流动性如何;在职业教育运行机制中,国家和市场力量分配呈现什么样的格局,是以职业学校为办学主体还是以企业为办学主体抑或两者兼而有之;职业教育价值认可度的高低,这些因素深刻地影响着职业教育,决定了职业教育的发展轨迹,预示了未来的发展方向,构成了职业教育的"发展动力"。

各个国家职业教育的"发展动力"是千差万别的。然而,对德国职业教育来说,德国劳动力市场依据专业化程度而呈现出的分化格局,人才依据职业资格标准在劳动力市场上的自由流动,市场为主、国家为辅的办学格局,职业教育价值的高度认可,这些因素从根本上影响了职业教育的历史轨迹,决定了德国职业教育的未来走向,是德国职业教育的"发展动力"。对上述因素进行归纳,可以得出结论:社会需求、政治需求和文化需求的影响最为直接和重要。并可以认为,社会需求、政治需求和文化需求构成德国职业教育的"发展动力"。

也就是说,从系统论的结构功能角度出发,我们对德国职业

---

① Zabeck, J. Die Institutionalisierung der Berufserziehung als Gegenstand kritischer Geschichtsschreibung [A]. In Wuttke, E. & Beck, K. (Hrsg.). *Was heisst und zu welchem Ende studieren wir die Geschichte der Berufserziehung?* [C]. Opladen & Farmington Hills: Budrich UniPress Ltd. , 2010:204 – 205.

教育的"发展动力"进行了界定。

二、社会需求

在人类社会历史上,物质生产从家庭形式转变到社会形式,形成了职业教育的社会需求。社会需求也是职业教育最根本的驱动力。在历史发展的长河中,社会需求作为职业教育的"发展动力",主要体现为劳动力市场的固有特点以及职业内容的变更所带来的影响。

(一) 劳动力市场

首先,劳动力市场的一般规律。

就各个国家职业教育的社会需求而言,劳动力市场的影响是一个重要方面。比如据戴辛阿的分析,英国、法国和德国三个国家,工业化开始的时期比较接近,且均获得良好的发展,都属于发达国家。也就是说,职业形态是相似的。然而,三国的职业教育模式呈现出完全不同的特点。这是因为,在劳动力的培养和使用方面,三国有着极为明显的差异。比如英国劳动力的培养以市场机构为主;法国劳动力的培养则以学校培养为主,权威现象比较盛行;而德国则属于职业导向类型,即劳动力的培养和使用以职业为标准。[①] 正是因为劳动力市场的差异,影响了职业教育模式的选择。

对社会需求和劳动力市场之间关系的研究,德国比较工业社会学有着丰硕的成果,并且也得出了类似的结论。按照德国比较工业社会学的研究,社会需求和劳动力市场之间的关系是

---

① Deißinger, T. *Beruflichkeit als „Organisierendes Prinzip" der deutschen Berufsausbildung* [M]. Markt Schwaben: Eusl-Verlagsgesellschaft mbH, 1998: 151.

动态的、复杂的。① 不同的国家,不同的发展阶段,两者的关系都可能千差万别。也就是说,即使是具有同样的职业形态,劳动力市场都有可能呈现千姿百态的面貌。

　　研究劳动力市场的特点,选择合适的角度显得尤为重要。对此,比较工业社会学将企业和职业的关系作为研究的重点。具体而言,从三个方面进行了研究:一是职业和专业对社会生产活动的影响程度;二是企业中权力层级关系;三是企业矛盾调节的方式。②

　　根据研究得出的劳动力市场的定律是:职业资质化程度越高,工作岗位越不会受上层控制;职业资质水平不统一,权威现象就越盛行。比如在法国,资质化没有统一的标准,在企业中权威现象就比较严重。③ 对德国而言,劳动力市场职业资质化程度很高,有着明显的职业导向的特征。

　　其次,劳动力市场的分化。

　　格奥格(W. Georg)等认为,劳动力市场分成"一级劳动力市场"和"二级劳动力市场"。"一级劳动力市场"指的是相对稳定、报酬较高、基于职业资质化基础上的劳动力市场。尤其是在抗风险能力很强的大企业中,"一级劳动力市场"特征很明显。④

---

① Georg, W. & Sattel, U. Arbeitsmarkt, Beschäftigungssystem und Berufsbildung [A]. In Arnold, R. & Lipsmeier, A. (Hrsg.). *Handbuch der Berufsbildung* [C]. Opladen: Leske+Budrich, 1995:123.

② 同上(123f)。

③ Maurice, M. & Sorge, A. & Warner, M. Societal Differences in Organizing Manufacturing Units: A Comparison of France, West Germany, and Great Britain [J]. *Organization Studies*, 1980 (Vol. 1, No. 1):81ff.

④ Georg, W. & Sattel, U. Arbeitsmarkt, Beschäftigungssystem und Berufsbildung [A]. In Arnold, R. & Lipsmeier, A. (Hrsg.). *Handbuch der Berufsbildung* [C]. Opladen: Leske+Budrich, 1995:128.

　　而按照爱德华兹（R. Edwards）的理论，一级劳动力市场又分为"次等一级劳动力市场"和"独立的一级劳动力市场"。"次等一级劳动力市场"指的是充斥相对简单工作的市场。而"独立的一级劳动力市场"指的是对企业依赖程度不高的职业，包括自由职业等，一般而言，这些职业具有高度的工作稳定性，有着高于平均的工资报酬，有着标准化的生涯发展模式。① "二级劳动力市场"指的是，人人可以从业的、无须职业培训的劳动力市场。尤其在经济边缘领域中，技术条件相对落后，标准化程度低，从业者的质量状况高低不一，具有高度的企业依赖性。因此，在经济边缘领域，"二级劳动力市场"的特征相当明显。② 而德国主要是一级劳动力市场。

　　在 70 年代末期，德国森恩伯格（W. Sengenberger）提出一个劳动力市场分化的理论。它基于一个三元化的劳动力市场理论。一是非结构化的劳动力市场。指的是从业人员的资质缺乏标准化，从事的工作人人可以替代。二是企业内劳动力市场。其特点是，工作要求高的，培训费用昂贵的，但是受制于企业和岗位的特殊性，跳槽的可能性不大。三是职业化的劳动力市场。这类的劳动力具有标准化的、跨企业的资质。③

　　对于德国而言，劳动力市场的典型特点表现为劳动力拥有可迁移性的职业资质。换言之，只有那些具有标准化的、跨企业

---

① Edwards, R. *Herrschaft im modernen Produktionsprozeß* [M]. Frankfurt a. M.: Campus-Verlag, 1981:184ff.

② 同上:180。

③ 参见: Sengenberger, W. *Arbeitsmarktstruktur. Ansätze zu einem Modell des segmentierten Arbeitsmarkts* [M]. 2. Aufl. Frankfurt a. M: Campus Verlag, 1978; Sengenberger, W. *Struktur und Funktionsweise von Arbeitsmärkten. Die Bundesrepublik Deutschland in internationalen Vergleich* [M]. Frankfurt a. M: Campus Verlag, 1987.

资质的劳动力,才有可能进入劳动力市场。这样的资质是通过资格证书来得到保障的。具有这种资质的劳动力和企业内劳动力相比,更少依赖于个别企业。① 而这和德国劳动力市场的分化情况是分不开的。

也就是说,对应于二元劳动力市场分化理论,德国主要是一级劳动力市场。对应于三元劳动力市场分化理论,德国劳动力市场则主要表现为企业外市场。

表 1-3 劳动力市场理论

劳动力市场理论			
代表人物	劳动力 市场类型	资质化程度	德国所属类型
格奥格(W. Georg)	一级劳动力市场	高	德国
	二级劳动力市场	低	
森恩伯格(W. Sengenberger)	非结构化的劳动力市场	低	
	企业内劳动力市场	中等	
	职业化的劳动力市场	高	德国

总之,按照劳动力市场分化理论,德国劳动力市场的特点可以概括如下:专业化程度高,人才招聘依据职业资格标准,人才在市场上流动性大。

---

① 转引自:Deißinger, T. *Beruflichkeit als „Organisierendes Prinzip" der deutschen Berufsausbildung* [M]. Markt Schwaben: Eusl-Verlagsgesellschaft mbH, 1998:145.

再次,德国劳动力市场的职业导向。

毛里斯认为,德国劳动力市场有两个基本的标准:一是专业工人(Facharbeiter)是用人的核心标准。二是用人标准的稳定性、同质性和自动化。这两个特征决定了德国劳动力市场的职业导向。①

戴辛阿将德国劳动力市场的这一特性与其他国家作了比较。比如在英国,并没有专业工人的概念。英国劳动力的入职标准是获得特定的职业资格。而职业资格是通过完成一定数量的模块来获取的。模块化的一个突出的特征就是割裂工作过程,将职业能力进行分解。这与德国的专业工人所要求的宽广的职业能力是相反的。因此,在英国,职业资格的获取,远非意味着能够把握和设计工作过程。

而在法国,企业教育地位尤其突出。员工获得的是企业导向的、具有企业特殊性的资质。职业资质没有独立的价值。职业资质的获取过程也没有在就业之前就完成,而是作为企业特殊的、可变的企业工作来完成的。法国采用企业内分工来决定工资高低,岗位的变化通常意味着工资的变化。因此,法国跳槽现象不多。劳动力市场比较僵化。

相比较而言,在德国,专业工人以及更高级别的师傅,拥有的是宽广的、系统化的、适合多个工作岗位的资质。因此劳动力迁移度高,具有很强的灵活性。

综上所述,劳动力市场的特性对职业教育影响重大:劳动力市场的差异影响了职业教育模式的选择;职业资质化程度的高

---

① Maurice, M. & Sellier, F. & Silverster, J. Die Entwicklung der Hierarchie im Industrieunternehmen: Untersuchung eines gesellschaftlichen Effektes [J]. *Soziale Welt*, 1979(30):295 - 327.

低是形成劳动力市场差异的主要因素;在德国劳动力市场上,职业资质化程度高,因此形成了职业导向的风格。

（二）职业形态

社会需求作为职业教育"发展动力",还体现在职业形态对于职业教育的影响。职业形态对于职业教育而言,具有决定性的意义。可以说,社会生产活动从家庭组织方式转变为职业组织方式,这是促成职业教育生成和发展的最根本和最原始的社会动力。在德国职业教育历史上,职业形态分别表现为手工业、工业、后工业（个性化职业）。职业形态的转变引起职业教育模式的变革。职业形态对职业教育的影响,体现了职业教育的社会需求。

在德国职业教育历史上,在手工业时代出现了手工业职业教育模式,在工业时代生成了"双元制"职业教育模式,在后工业时代,"双元制"职业教育模式进行了革新。职业形态和职业教育模式之间关系的研究,是德国职业教育研究的核心课题,具有丰富的研究成果。比如以德国格赖纳特为代表的学者认为,三次工业革命对于德国职业教育的影响是决定性的。第一次工业革命促成了手工业职业教育向工业职业教育的转变。第二次工业革命促成了工业职业教育模式的巩固。第三次工业革命则促成工业职业教育模式的变革。[1]

就德国而言,职业形态的变化能影响职业教育"本质特征"。

---

① 参见:Greinert, Wolf-Dietrich. *Erwerbsqualifizierung jenseits der Industrialismus. Zu Geschichte und Reform des deutschen Systems der Berufsausbildung* [M]. Frankfurt. a. M. : G. A. F. B. -Verlag, 2008;

Greinert, Wolf-Dietrich. Berufsqualifizierung und dritte Industrielle Revolution: eine historisch-vergleichende Studie zur Entwicklung der klassischen Ausbildungssysteme [M]. Baden-Baden: Nomosverlagsgesellschaft, 1999.

原因在于,职业形态和"职业性"之间关系密切。这从词源分析上就可以得出这个结论。"职业性"(Beruflichkeit)这个单词中,词根就是职业(Beruf)。后缀"-lichkeit"从本质上讲没有任何实质性的意义,它又分成两部分:其中,"-lich"表示将职业(Beruf)一词变成了形容词,也就是说,"职业"变成了"职业的"。而"-keit"则又将形容词变成名词。也就是说,将"职业的"变成了"(以)职业(为标准)的特性",即"职业性"。从词源分析的角度,我们可以得出结论,职业的内容一旦发生根本性的变化,那么,"职业性"也就会发生变革。

三、政治需求

对于德国职业教育来说,"职业性"特征反映了一种以行会为主导的合作主义(Korporatismus)的政治需求。在德国职业教育制度中,合作主义是一个极其重要的概念。因为行会、学校、其他职业教育机构以及国家之间的关系,从根本上说,表现出一种合作主义的特征。

合作主义原本指的是一种政治和经济体系,在这个体系中,利益集团,尤其是雇主集团和雇工集团之间,不再是一种以罢工和阶级斗争为主的敌对关系,而是采用和平商谈的方式,来确定工资和工作条件。① 对于合作主义的内涵,有着诸多的解释,概括起来,它指的是通过国家和社会团体的制度化合作,来确保各利益团体的整合性均衡。它最基本的观点是,劳工离不开资本,资本也不能没有劳工。它试图将劳资双方整合在一起,并且在它们当中产生一个稳定的关系。从政治角度讲,"合作主义指

---

① *Korporatismus* [DB/OL]. http://de. wikipedia. org/wiki/Korporatismus.

的是国家的权力下放给带有公法性质的私立机构,尤其是给利益性集团"。从经济角度讲,"合作主义指的是三方面的关系,即资本(Kapital)、工作(Arbeit)和国家(Staat)的间接的促进式干涉"①。

合作主义又分成传统合作主义和新合作主义。

传统合作主义(Klassischer Korporatismus),也被称为国家权威的合作主义(staatlich-autoritäre Korporatismus),是一种由国家主导的,自上而下的强迫式的合作主义形式。它的特征是基于中世纪的行会传统,组成几个具有强迫性入会义务的协会。这些协会各司其职,避免恶性竞争。因此,在特定的专业领域,这样的协会具有垄断地位,享有绝对的权威。这些协会的权力尤其表现在对领导的选举和利益的分配上。但是,这些协会的工作原则是共同福利(Gemeinwohl)。因此,它和多元主义(Pluralismus)不同,它不仅仅是不同集团的组合,它是国家管理的一种形式。传统合作主义的极端表现就是极权主义统治。②

新合作主义(Neukorporatismus),又被称为自由合作主义(liberaler Korporatismus)或者社会自由合作主义(gesellschaftlich-liberaler Korporatismus),是一种形成于社会之中、自下而上的一种合作主义形式。它的特征是利益集团基于自愿和自由组合,为解决特定的国家任务而形成的一种合作方式。也就是说,在特定的任务领域,持有决定权的不是国家,而是社会力量。对于这种新合作主义,人们形象地称之为三元主义(Tri-

---

① 转引自:Greinert,Wolf-Dietrich. *Erwerbsqualifizierung jenseits des Industrialismus. Zu Geschichte und Reform des deutschen Systems der Berufsbildung* [M]. Frankfurt am Main: G. A. F. B.-Verlag, 2008:210.

② *Korporatismus* [DB/OL]. http://de. wikipedia. org/wiki/Korporatismus.

partismus），即国家、工会和雇主共同发挥作用。[①]

德国职业教育中的合作主义有其独特的内涵。

在中世纪，它指的是传统的手工业者通过行会联合培养新生劳动力的组织形式。"行会不仅关注其成员的私利，而且关注'普遍的善'，这些整合的、和谐的行为作为基本的政治实体，构成了连接国家和人民的桥梁，并由此形成了一种等级化的秩序。"[②]也就是说，行会作为一种政治实体，代为行使国家职能，它将手工业者联合起来，共同培养新生劳动力。与普通的传统合作主义不同，德国职业教育领域的合作主义并非是一种国家权威主导的自上而下的合作主义。"行会绝非国家的下属机构。行会在为自己争取利益的时候，有时可以将自己摆在国家的对立面。"[③]

伴随着工业化的进程和民主国家的诞生，这种传统的合作主义培养劳动力的方式在变革中获得重生，形成了新合作主义。新合作主义采用由下至上的方式，以行会为基础，各类协会为辅助，国家管理为有益补充，使职业教育机制得以有效运转。政府、雇主和工会作为协商伙伴的身份进行劳资对话，使各方利益最大化。[④]

新合作主义的主要理念是个性自由和共同福利的结合。共同福利（Gemeinwohl）指的是，无论是直接还是间接的利益相关者，都能从问题的解决方案中受益。

---

① *Korporatismus* [DB/OL]. http://de. wikipedia. org/wiki/Korporatismus.

② Wiarda, Howard J.. *Corporatism and Development. The Portuguese Experience* [M]. Massachusetts: The University of Massachusetts Press, 1977:58 - 59.

③ Zabeck, J. *Geschichte der Berufserziehung und ihrer Theorie* [M]. Paderborn: Eusl-Verlagsgesellschaft mbH, 2009:472.

④ 参见:Zabeck, J. *Geschichte der Berufserziehung und ihrer Theorie* [M]. Paderborn: Eusl-Verlagsgesellschaft mbH, 2009:472 - 482.

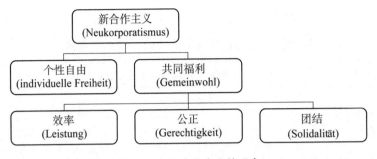

图 1 - 1 新合作主义的理念

"在宏观层面,新合作主义主要体现在联邦职业教育部门的功能结构中。联邦职业教育部门功能极其强大。它具有最高权力,对职业教育的事务进行集中管理。它的人员结构由雇主、雇员和国家三方代表组成。"在地方层面,职业教育管理部门有联邦州的职业教育部门和行会的职业教育部门。"联邦州的职业教育部门归属联邦州管辖,是联邦制国家的权力体现。联邦州的职业教育部门和行会的职业教育部门之间,是一种合作主义的关系。""在这两大职能部门,人员的构成同样都来自于三方代表:雇主、工会以及国家。""在企业层面,职业教育管理部门主要是企业委员会。企业委员会也是由三方代表组成,具有合作主义的特征。按照 1972 年的《企业法》和 1976 年的《权利法》,企业委员会对于企业中的职业教育有着极大的权利。"①

从表现形式上来说,德国职业教育新合作主义主要是公法

---

① 参见:Baethge, M. Staatliche Berufsbildungspolitik in einem korporatistischem System [A]. In Weingart, P. & Taubert, N. C. (Hrsg.). *Das wissensministe-rium. Ein halbes Jahrhundert Forschungs-und Bildungspolitik in Deutschland* [C]. Weilerswist: Velbrück Wissenschaft, 2006:439.

性质的行会和国家之间的合作,即企业和职业学校之间的合作,也就是"双元制"。

合作主义和新合作主义现实特征的区别如下表所示:

表 1 - 4   合作主义和新合作主义的比较

	合作主义	新合作主义
时间起止	开始于:11、12 世纪 结束于:19 世纪(以 1869 年颁布《北德联盟手工业规定》为标志)	开始于:以 19 世纪(以 1897 年颁布《手工业保护法》为标志) 至今
资质化目标	培养手工业者(Handwerker)	培养专业工人(Facharbeiter)
职业教育机构	企业	企业、学校、培训工场等
权利代表	行会	行会、国家和工会
培养模式	手工业学徒制	双元制

在对合作主义进行分析时,有以下几个切入点:

首先,从英法德比较的角度,来阐述德国职业教育合作主义的独特之处。合作主义并非是德国职业教育特有的现象。在中世纪,英法德三国皆采用合作主义的方式培养新生劳动力。然而,在工业化过程中,三国走上了不同的道路。剖析德国工业化的特点,剖析工业化时期的政治局势,是明确带有德国特色的合作主义发展道路的必要步骤。

其次,通过剖析行会和国家的关系,来阐述合作主义的特点。尤其在新合作主义中,行会和国家的关系构成了重点。两者是一种既合作又竞争的关系。

一方面,国家在很大程度上对职业教育放任自流。在中世纪,国家对职业教育不闻不问,行会对职业教育拥有完全的自治权。在工业化进程中,并未将职业教育权力收归国有,而是延续了职业教育自治的传统。剖析背后的原因,我们应当从职教与普教的关系入手。格赖纳特认为,普教与职教的严格分离是造成国家放弃职业教育管理权力的最为主要的原因。[①]那么,普教和职教为何要严格分离,有着什么样的历史渊源?体现了什么样的政治利益格局?

另一方面,国家通过法律的颁布来行使对职业教育进行管理的权力。比如 1969 年颁布并于 2005 年新修订的《联邦德国职业教育法》。国家介入职业教育,在多大的程度上促进了职业教育的发展?国家介入职业教育,是否会挫伤企业举办职业教育的积极性?在全球化的背景下,在欧盟一体化的进程中,国家管理模式有什么样的新发展?合作主义面临什么样的政治需求?

总之,职业教育领域的合作主义有着独特的内涵。合作主义意味着行会对职业教育拥有自治的权力。正是合作主义制度,为"职业性"的生成和发展提供了政治动力。对合作主义的分析,可以从工业化特点、行会和国家的关系等角度切入。

四、文化需求

观念层面发挥的作用是决定性的。职业教育市场和劳动力市场究竟如何运转,各个国家有着不同的答案。从根本上讲,这应当从人们的观念层面去寻找原因。比如在德国,人们尊崇职

---

① 参见:Greinert, Wolf-Dietrich. Berufsbildungsforschung ohne historische Orientierung — statt eines Nachrufes [A]. In Wuttke, E. & Beck, K. (Hrsg.). *Was heisst und zu welchem Ende studieren wir die Geschichte der Berufserziehung?* [C]. Opladen & Farmington Hills:Budrich UniPress Ltd, 2010:115 - 129.

业,敬重职业,职业享有崇高的声誉。正是这样的职业教育价值观,为职业导向的制度运转提供了强大的支撑。

对于价值概念,马克思曾经提出价值的一般本质:它是现实的人同满足其某种需要的客体属性之间的一种关系。① 教育价值,要从教育活动的主客体关系的角度加以把握,即在教育活动中建构的客体满足主体的需要,是主体与客体之间的一种特殊关系。② 职业教育价值在本质上是一种教育价值,对于职业教育价值的审视,也可以理解为对于职业能够促进人格发展的功能的肯定。

同时,职业教育价值受到社会主流价值观念的影响。国家政权、宗教机构等也在极大的程度上影响着职业教育价值的形成和走向。因此,职业教育价值具有一定的民族性格。在不同国家,人们对职业教育的价值理解是不同的。明晰德国职业教育价值观,可以从以下几个方面进行:

(一)"职业"和"教育"概念的解读

可以说,一个国家对职业概念和教育概念的界定,最集中地体现了该国职业教育价值观。德国学术界对职业概念和教育概念的界定,证明了职业和教育之间的和谐关系。这决定了职业教育价值观的基本取向。

对于职业是否包含有教育意义的问题,从德国《联邦基本法》对职业的概念界定入手进行分析,应该是最具有说服力的。查贝克对《联邦基本法》的职业概念进行了解读,认为:"在择业自由的前提下,职业'能对个人人格的全面发展提供教育机会'。这意味着,择业自由确保了个人的经济基础和社会地位,同时也

① 转引自:舒志定.教育哲学引论[M].北京:中国社会出版社,2007:194。
② 同上:196。

确保了职业的教育功能的发挥"。① 也就是说,人们对于职业的传统的看法是,职业不仅提供稳定的经济来源,也是个人高级需求的满足,是促成个人幸福目标的媒介。② 换言之,将职业和教育捆绑在一起,这是德国人对于职业的普遍理解。即强调职业对个人人格的形成所能起到的关键作用。职业包含有重大的教育意义,成为一个被人们广泛接受的观点。

在德语中,"Bildung"(教育)是一个具有特殊内涵的概念。在其他语言中,很难找到与它完全对应的表达。我们一般翻译为"养成"和"教养"。如果追溯它的原义,则是"塑形"。"塑形"指的是社会环境对于个人的发展所具有的决定性关系。

斯普朗格认为,教育是个体在文化的影响下,所受到的统一的、分阶段的能力培养。通过教育,个体获得进行文化活动的能力,从而能为丰富文化作出贡献。③ 哈贝马斯(J. Habermas)认为,社会化和教育在某种程度上可以看成是一对同义词,这两者之间并没有本质上的区别。④ 主体的社会化过程实际上就是主体接受社会教育的整个过程。因此,探讨教育的本质,就是探讨社会化的本质。哈贝马斯认为教育,即人的社会化过程有一个基本的出发点,就是要改变(不合理的、非平等对话原则的)自我

① Zabeck, J. Berufspädagogische Aspekte einer Sozialgeschichte des Berufs [A]. In Lothar Beinke (Hrsg.). *zwischen Schule und Berufsbildung. Schriftenreihe der Bundeszentrale für politische Bildung* [C]. Band 198. Bonn: Bundeszentrale für politische Bildung, 1983:27-42.

② 同上。

③ Spranger, E. Berufsbildung und Allgemeinbildung [A]. In Kühne Alfred (Hrsg.). *Handbuch für das Berufs- und Fachschulwesen* [C]. Leipzig: Verlag von Quelle & Meyer, 1923:17.

④ 转引自:范捷平.德国教育思想概论[M].上海:上海译文出版社,2003:61。

及社会现状。①

　　在斯普朗格和哈贝马斯的两个定义中,都将教育和社会化结合起来了。在斯普朗格的定义中,社会化的含义是个人和文化之间的互动关系。他认为个人和文化之间是一种和谐的、个人适应并丰富文化的关系。而在哈贝马斯的定义中,直接将教育理解为社会化。他认为个人和社会之间是一种基于批判的、个人应当改变社会不合理现象的一种关系。

　　职业活动是社会化的重要途径。以社会化概念作为中介,证明了职业和教育之间是和谐的关系。职业概念中包含有教育因素,而教育则需要通过职业途径。这一对职业和教育的理解深刻地影响了教育的价值取向,并且从根本上影响了职业教育的价值取向。

(二) 职业教育和普通教育的关系

　　职业教育和普通教育的关系,是最能体现人们教育价值观的一个现实层面。职业教育和普通教育何时产生分流,以及两者之间的通透性如何,是两者价值关系的具体表现。在德国,普通教育和职业教育在小学后即开始分流。也就是说,在义务教育阶段,就将普通教育和职业教育分开,从而将职业教育当作义务教育的一种类型,这是对职业教育价值的极大肯定。接受职业教育还是普通教育,依据个人的性格、爱好和天赋来决定。接受职业教育,是一种很自然的选择。另外,普通教育和职业教育之间的通透程度高,两者可以通过多种途径选择实现互相转换。这也是肯定职业教育价值的具体表现。

　　和英法两国比较一下,这一点更加突出。在英法两国,职业

────────────

① 转引自:范捷平.德国教育思想概论[M].上海:上海译文出版社,2003:61。

教育属于次等教育,是最无奈的选择。按照英国人的传统观点,职业教育甚至算不上是一种教育类型。因为只有培养绅士的教育才是教育的正道。

(三) 职业教育思想

职业教育思想对职业教育的影响深远,是文化需求作为职业教育"发展动力"的主要体现。德国职业教育思想焦点集中在对职业和教育的关系的探讨上。对职业和教育的关系的探讨,散见于不同历史阶段各个思想家对于职业和教育的论述之中。

1. 马丁·路德

职业到底包含有多少教育因素?这一向是众多学者热衷于探讨的问题。事实上,对这一问题的探讨始于马丁·路德(Martin Luther)对于职业的诠释。尽管马丁·路德作为宗教改革家,似乎与职业教育扯不上任何关系,然而,他从宗教意义上对于职业概念进行了全新的阐释。

在路德时代,职业代表了一个人的社会身份,几乎构成了一个人的全部生活内容。在当时的阶层社会中,个人是没有职业选择自由的,个人所从事的职业是天生注定的。通过子承父业,阶层社会得以延续。马丁·路德对这样的社会现象赋予了宗教上的合理性。因此,马丁·路德主要是从职业伦理的角度去阐述职业中所包含的教育意义的。

2. 古典职业教育理论

对于职业是否包含有教育意义,作出最为肯定回答的是德国的文化教育学派,也被称作古典职业教育学派。其代表人物斯普朗格(E. Spranger)把对职业概念的理解,置入了文化哲学的背景中。他认为职业既包括客观的一面,也包含主观的一面。

正是职业概念中的主观维度,将职业和教育联系起来。①

"到文化教育学派的新生代布朗克孜(H. Blankertz)开始,对于职业和教育的关系的理解,开始出现现实主义的转向。"② 可以说,布朗克孜的理论是对文化教育学派的传承和创新。他研究的重点是,技术类职业应当如何进行职业教育。他认为,职业教育不应当局限在专业资质的获取上。职业教育应当和普通教育进行整合。③ 而来姆普特(W. Lempert)则认为职业教育目标在于养成个体民主方面的成熟度,进而推进民主进程。为了实现这一教育目标,个体应当积极参与职业教育过程,参与企业生产过程。

3. 当代职业教育理论

当代职业教育学者,对于职业和教育关系又有了新的阐述。工业职业发展到 20 世纪后期,呈现了新的特征:工作要求的变化趋势越来越难以预测,职业内容越来越难以确定,不同职业之间的界限也越来越模糊。在这样的情况下,如何在职业形象模糊的情况下探讨职业和教育的关系,成为一个新的难题。然而,职业仍旧是教育的载体,这一观点仍旧是主流观点。

总之,"职业"和"教育"的概念、职业教育和普通教育的关系以及职业教育思想,从不同方面折射出了德国人独特的职业教育价值观。

---

① 转引自:Gonon, P. & Reinisch, H. & Schütte, F. Zur Ideengeschichte der Berufs- und Wirtschaftspädagogik [A]. In Reinhold, N. & Pätzold, G. & Reinisch, H. & Tramm, T. (Hrsg.). *Handbuch Berufs-und Wirtschaftspädagogik* [C]. Stuttgart: UTB, 2010:429.

② 同上:437。

③ 同上。

第四节　主要的分析模式

一、概念辨析:"职业导向"、"职业原则"和"职业性"

在德语文献中,"职业导向"(berufsorientiert)和"职业原则"(Berufsprinzip)以及"职业性"(Beruflichkeit),经常被默认为同义。这三个概念的混用,不利于我们理解德国职业教育的"本质特征"。因此,在此对这几个概念作一区分。

(一)职业原则

"职业原则",是指称德国作为职业社会的一个概念,指的是人类社会生产活动以职业的方式进行。"'职业原则'(Berufsprinzip)是一个合成词,其中'原则'有着特殊的含义,它指的是一种行为的标准。因此,'职业原则'意味着采用职业的方式来组织人类社会的生产行为。社会学家也将之称为'专业化'(Professionalisierung)。正是因为'职业原则'的特征对于德国社会的影响非常明显,因此,在二战后,社会学家将德国称为'职业社会'(Berufsgesellschaft)。"①

对于职业教育而言,"职业原则"为职业教育框定了一种基本的组织形式。职业教育领域作为社会的一个子系统,按照"职业原则"培养新生劳动力,正是德国社会特性在职业教育领域的反映。

(二)职业导向

"职业导向",它指的是需要特殊资质化的个人和以分工为基础的社会之间复杂的关系。具体而言,职业导向特征指的是:

---

① 我曾向 Jürgen Zabeck 教授讨教 Beruf, Berufsprinzip 和 Beruflichkeit 这几个概念的差别。他在 2011.01.03 给我的回信中述及此。

"职业对于职业教育和劳动力市场的融合影响深刻。职业资质化过程是在企业外市场实现的;资质化以职业为标准;资质是可迁移的,或者说具有不依赖于企业的相对自治的特性。"①也就是说,德国劳动力市场准入制度是以职业为标准的;德国职业教育市场是统一的,并且按照教育职业(Ausbildungsberuf)的标准开展职业教育。另外,职业导向也涉及微观教学领域,指的是教学活动主要是在企业中进行的,并在职业岗位上展开。

(三)职业性

"职业性",同样指的是需要特殊资质化的个人和以分工为基础的社会之间复杂的关系。所不同的是,"职业性"是描述这一复杂关系的一个诠释性概念(Erklärungsbegriff)。对于人类社会生产历史而言,每个历史阶段都呈现出不同的特点。不仅研究对象本身随着历史的发展而变化,而且诠释的标准也在变化,表现在研究者对概念的理解有不同的侧重。② 因此,"职业性"的内涵是具有历史阶段性特征的,并且随着诠释视角的不同有着不同的内涵。可以说,德国职业教育的"职业性"特征的内涵当中已经包含有以下含义:

1. 它体现了特定的社会需求。德国社会的生产活动是以职业为组织原则的。德国劳动力市场依据专业化程度呈现出特定的分化格局。人才依据职业资格标准在劳动力市场上自由流动。

2. 它体现了特定的政治需求。行会所代表的企业在职业

① Deißinger, T. *Beruflichkeit als „Organisierendes Prinzip" der deutschen Berufsausbildung* [M]. Markt Schwaben: Eusl-Verlagsgesellschaft mbH, 1998: 167-169.

② 我曾向 Jürgen Zabeck 教授讨教 Beruf, Berufsprinzip 和 Beruflichkeit 这几个概念的差别。他在 2011.01.03 给我的回信中述及此。

教育方面的自主权力,以及合作主义方式下制定的教育职业本身的完整、统一和系统,最为集中地体现了"职业原则"在职业教育领域的贯彻和实施。行会作为职业教育的主要实施机构,教育职业作为职业教育的实施标准,构成了德国职业教育领域的"职业原则",也和德国职业社会的特性完美地结合起来。

3. 它体现了特定的文化需求。个人通过从事职业活动,表达对上帝的感恩和敬畏。职业是文化教育的理想场所。职业教育是培养合格公民的理想途径。职业教育应当促进个体批判力的养成。职业能促进个体人格的发展。①

上述三个概念之间既有区别又有联系。

首先,就"职业原则"、"职业导向"和"职业性"的关系而言,"职业原则"是指称德国作为职业社会的社会特征的概念,而"职业导向"和"职业性"则是指称德国职业教育"本质特征"的概念。因此,将"职业原则"等同于"职业导向"和"职业性",也意味着将形容德国社会特性的概念滥用到了职业教育领域,这是有失偏颇的。但是"职业原则"和其他两个概念也是有着紧密联系

---

① "职业性"这一概念在其他学者的论述中曾有涉及。典型的有:

1. 张成涛."职业性"与"教育性"之间——论职业教育价值取向[J].职教通讯,2010(4):14-15.

2. 关晶.西方学徒制研究[D].华东师范大学博士论文,2010:87-89.

本书所界定的"职业性"概念,与张成涛的"职业性"概念不同:本书认为"职业性"中已经包括教育意义,并且认为,"职业性"并非是所有职业教育类型的"本质特征",而是某些特定职业教育制度,比如德国职业教育制度的"本质特征"。本书所界定的"职业性"概念,与关晶的"职业性"概念不同:本书不仅对"职业性"的显性特征进行分析,而且对于"职业性"的隐性特征,即社会、政治、文化等"发展动力",也进行了深入探讨;并且分析了"职业性"的历史维度;从学术语言的角度来看,将"职业性"理解为对处于不断变化之中的事物进行分析的一个内容不确定的阐述性概念。

的。正是因为德国社会生产活动以职业为组织原则，才为职业教育领域的"职业导向"或者说"职业性"提供了生存的社会土壤。

其次，就"职业原则"和"职业性"这两个概念的关系而言，"职业原则"仅仅是"职业性"诸多阐述模式中的一种。除了"职业原则"以外，"职业性"还包括"反职业原则"这样的解释模式或者思维。因为尽管德国是典型的职业社会，然而，随着时代的变迁，人类社会生产历史的基本特征也在发生着变化。例如随着信息化的发展，随着服务业的发展，有人认为知识社会已经取代了职业社会，德国职业社会的时代已经终结。而"职业性"作为一个阐述性的概念，仍然可以用它来分析这样的社会变迁所引起的职业功能的变化。也就是说，"职业性"这个概念给了理论工作者一个思考的平台。他可以借此对"职业原则"发挥功能的过程，或者是因经济技术的变化引起的消解"职业原则"的过程进行描述。

再次，就"职业导向"和"职业性"这两个概念的关系而言，"职业导向"作为德国职业教育体系的基本特征，并非一成不变。随着历史的发展，职业导向呈现出不同的内涵。它也并非是一个孤立的现象，它受到社会需求、政治利益和文化思潮错综复杂的影响。因此，如果我们要对"职业导向"特征进行诠释和分析，就非常有必要引入"职业性"的概念。相对于"职业导向"概念而言，"职业性"是一个动态性的概念，且更加侧重于对社会大背景的分析。尽管"职业导向"包含有对社会背景的分析，然而"职业性"对社会背景进行诠释的特性要明显地多。

基于上述判断，结合本书所研究的问题，用"职业性"作为指称德国职业教育"本质特征"的核心概念较为合适。

二、从历史角度看"职业性"及其"发展动力"

"职业性"所包含的最基本的问题是:1."职业性"体现了什么样的社会需求;2.保障"职业性"的运行机制即(新)合作主义是如何发展的;3.职业中包含有什么教育意义,即职业和个人人格形成之间具有什么样的关系。

"职业性"因剥离了历史具体内容而表现出高度的抽象性。就"职业性"的具体内容而言,"职业性"是一个历史性的概念。在每一个不同的历史时期,"职业性"有着不同的表现。因此,对"职业性"所包含的三个基本问题的分析,也采用分阶段的方式。在本书中,选择德国职业教育历史上最为典型的三个发展阶段对"职业性"内涵进行阐述,即职业教育"职业性"生成阶段(中世纪—19世纪末)、嬗变阶段(19世纪末—20世纪60年代末)以及升华阶段(20世纪60年代末—)。采用这三阶段的分法,有两个依据。

一是比较教育学家埃德蒙·金(Edmund J. King)根据技术发展将社会划分为前工业社会、工业社会和后工业社会,并且提出了三种与之相适应的教育语言。在前工业社会,社会上大多数人从事农业和手工业劳动,教育为地主、权贵和专家子弟所垄断。在工业社会,科学技术有了更大的发展,社会生产力的提高需要更多的受过教育和培训的人。职业技术教育兴旺发达,高等技术教育应运而生。后工业社会以信息技术的发展为标志,人们更换工作的可能性和必然性剧增。教育的原则和出发点是承认未来的不确定性。[①]

---

① 王承绪.比较教育学史[M].北京:人民教育出版社,1999:134-135。

　　二是格赖纳特对德国职业教育模式的生成(1870—1920)、巩固(1920—1970)和变革(1970—)这三个阶段的界定。[①] 我认为,格赖纳特将职业教育发展历史划分为这样三个阶段,是有前提的。他所谓的职业教育指的是现代职业教育,也就是"双元制"职业教育体系。因此,格赖纳特的三阶段论,更加确切的表述是"双元制"职业教育的生成、巩固和变革。而在本书中,将职业教育置于更加广阔的历史空间中,并不仅仅局限于探讨"双元制"职业教育。因此,本书根据论证的需要,加入中世纪传统职业教育阶段,并将之单独列为一章,描述"职业性"的产生。且将格赖纳特阶段划分中的"双元制"职业教育的生成和巩固合并为一章,并将之概括为"职业性"的嬗变。这在逻辑上是完全可行的。

　　因此,根据德国职业教育的特征,根据工业化的进程,我们可以对"职业性"的三个典型的历史阶段采用如下表述:"职业性"的生成阶段(中世纪—19世纪末)、嬗变阶段(19世纪末—20世纪60年代末)以及升华阶段(20世纪60年代末—)。

　　"职业性"的生成阶段,主要指的是德国职业教育基本特征形成时期。按照基于"职业性"概念的分析模式,从社会需求、政治需求和文化需求三方面入手,来分析德国职业教育基本特征形成时期的特点。主要问题是:1.德国职业的产生呈现什么样的历史轨迹,职业的产生为个体提出什么样的能力要求,德国职业教育的"职业性"特征的形成和职业的形成,这两者之间有着

① Greinert, Wolf-Dietrich. *Erwerbsqualifizierung jenseits der Industrialismus. Zu Geschichte und Reform des deutschen Systems der Berufsausbildung* [M]. Frankfurt. a. M.: G. A. F. B.-Verlag, 2006.

什么联系;2.行会的产生和职业教育的关系,合作主义的表现形式;3.马丁·路德如何阐述职业概念,启蒙主义理论家对职业教育的教育性的阐述,新人文主义者对职业教育和普通教育关系的理解。

"职业性"的嬗变阶段,主要指的是20世纪初德国职业教育传统模式在工业化进程中的变革。主要问题是:1.德国工业化的特点,德国工业经济和手工业经济的关系,工业职业的能力要求;2.手工业行会如何承担工业劳动力培养重任,工商行会如何与手工业行会竞争和妥协;3.企业教育是如何克服狭隘性来达到工业标准化要求的,理论界是如何分析职业和教育的关系的。

"职业性"的升华阶段,主要指的是德国职业教育最新发展阶段的特点。在这一时期,随着知识经济的兴起,服务行业的发展,职业形式发生了变更。行会组织权力遭受国家权力的侵蚀,行会影响力大为削弱。职业与教育的关系发生变化,职业教育贬值,普通教育受到青睐。

主要问题是:1.德国劳动力市场呈现什么样的新变化,个性化职业的特征,个性化职业的能力要求;2.在劳动力市场和职业教育市场远离供求平衡关系的时候,在无法实现人职匹配的时候,职业教育如何实现民主、平等原则,在企业追求盈利而不愿意承担职业教育重任的情况下,职业教育机构呈现出什么新变化,欧洲统一化进程如何影响德国职业教育,德国职业资质化标准如何和欧盟标准衔接;3.如何克服单面性工作的特点,发挥教育作用,在职业特征模糊多变的情况下,如何理解职业标准,如何在职业标准不确定的情况下实现人格发展的目标。

表 1-5　"职业性"的分析框架

"职业性"的分析框架			
"职业性"概念的基本内涵	"职业性"概念,指的是需要专门资质化的个人和以分工为基础的社会之间复杂的关系,其基本内涵是职业导向;"职业性"是一个诠释性概念,在不同的历史阶段有不同的历史内涵;"职业性"特征发展的三个典型历史阶段是:"职业性"的生成阶段、嬗变阶段以及升华阶段;"职业性"反映了特定的社会需求、政治需求和文化需求,这三大需求为"职业性"的生成、嬗变和升华提供了"发展动力"。		
历史阶段 ＼ 发展动力	社会需求	政治需求	文化需求
"职业性"的生成阶段	1.德国职业的产生呈现什么样的历史轨迹?2.职业的产生为个体提出的能力要求?3.德国职业教育的"职业性"特征的形成和职业的形成,这两者之间有着什么联系?	1.行会的产生和职业教育的关系?2.合作主义的表现形式?	1.马丁·路德如何阐述职业概念?2.启蒙主义理论家对职业教育的教育性的阐述?3.新人文主义者对职业教育和普通教育的关系的理解?
"职业性"的嬗变阶段	1.德国工业化的特点?2.德国工业经济和手工业经济的关系?3.工业职业的能力要求?	1.手工业行会如何承担工业劳动力培养重任?2.工商行会如何与手工业行会竞争和妥协?	1.企业教育如何克服狭隘性来达到工业标准化的要求?2.理论界如何分析职业和教育的关系?

续 表

发展 动力 历史 阶段	社会需求	政治需求	文化需求
"职业性"的升华阶段	1.德国劳动力市场呈现什么样的新变化？2.个性化职业的特征？3.个性化职业的能力要求？	1.在劳动力市场和职业教育市场远离供求平衡关系的时候，在无法实现人职匹配的时候，职业教育如何实现民主、平等原则？2.在企业追求盈利而不愿意承担职业教育重任的情况下，职业教育机构呈现什么新变化？3.欧洲统一化进程如何影响德国职业教育？德国职业资质化标准如何和欧盟标准衔接？	1.如何克服单面性工作的特点，发挥教育作用？2.在职业特征模糊多变的情况下，如何理解职业标准？3.如何在职业标准不确定的情况下实现人格发展的目标？

第五节 本章小结

本章首先分析了德国职业教育的"本质特征"。在分析职业教育类型的基础上，点明了职业教育"本质特征"和"现实特征"的区别。并得出德国职业教育的"本质特征"为"职业性"，它的现实特征表现为"双元制"。其次，界定出德国职业教育社会需求、政治需求和文化需求的内涵。社会需求主要体现在德国劳动力市场的特点以及职业形态对职业教育的影响。政治需求主要体现在以行会为主导的合作主义政治模式上。行会具有自治原则,国家对于职业教育在很大程度上放任自流,教育职业的制定体现出合作主义的特征。文化需求主要体现在积极正面的职业教育价值观上,即职业和教育之间是一种和谐的关系。再次,区分了"职业导向"、"职业原则"和"职业性"这三个概念。这三个概念在词源上有着密切的关系,然而它们所指的重点不同。"职业导向"指的是职业教育以职业为标准来组织和进行;"职业原则"指的是德国社会以职业为标准来组织和进行生产活动;"职业性"以职业导向为基本内涵,是一个在不同的历史阶段有着不同内涵的动态性的概念,并且包含了推动职业导向的社会需求、政治需求和文化需求。最后,选择德国职业教育历史上最为典型的三个发展阶段,结合"职业性"和"发展动力"的特点,提出了主要的分析模式。

第二章　"职业性"的生成
（中世纪—19世纪末）

历史常常惊人地重演。

——黑格尔（G. W. F. Hegel）

　　"职业性"的生成和德国传统手工业职业教育模式的生成是分不开的。"德国传统手工业教育模式经久不衰，并最终构成了德国现代职业教育模式的核心。"[1]在传统手工业教育模式中，德国职业教育的"本质特征"，即"职业性"特征初步形成。因此，回顾手工业职业教育模式形成的历史，有着重要的意义。传统手工业职业教育模式的生成，是社会需求、政治需求和文化需求三大动力共同作用的结果。

第一节　社会需求

　　职业形成后，才有了职业教育的需求。因此，追溯职业教育的起源，我们必须回顾职业产生的历史。职业教育伴随着职业的形成和变化，并且力求满足社会的需求。因此，追溯德国职业

---

① Greinert，Wolf-Dietrich. *Erwerbsqualifizierung jenseits des Industrialismus. Zu Geschichte und Reform des deutschen Systems der Berufsbildung* ［M］. Frankfurt am Main：G. A. F. B.-Verlag，2008：25.

形成的历史过程,有助于我们解答这些问题:德国职业的产生呈现什么样的历史轨迹? 德国职业的产生为职业教育提供了什么样的社会需求? 德国职业教育的"职业性"特征的形成和职业的形成,这两者之间有着什么联系?

一、手工职业的形成

职业的形成和社会分工相伴相随。在远古蒙昧时代,分工只存在于两性之间。男人打猎捕鱼,女人操持家务,养育后代。后来,出现了第一次社会大分工,即畜牧业和农业的分离。随着生产力的提高,原始的纺织业、金属工具制造业、制陶业等手工业有了发展。于是就出现了第二次社会大分工,即手工业和农业的分离。手工业和农业的分离,意味着手工职业的形成,意味着职业教育有了社会需求。

查贝克认为,手工职业的产生,和技术的发展是分不开的。技术的发展,尤其是建筑技术的发展,是促成社会分工的一大动力。正是建筑技术的发展促成了职业的产生,从而催生了职业教育。在德国的建筑史上,起初是用石头或者是石头搭配木头当作建筑材料。手工业者的任务就是将这些原始的建筑材料进行加工。在这个过程中,手工业者练就了一手杰出的艺术技巧。事实上,这种杰出的艺术技巧可以追溯到更为久远的时代。比如在古希腊的建筑中,各式柱子的建造需要有极高的技术含量以及艺术修养。而在古罗马的建筑中,穹顶的建造,墙体的连接等,都需要手工业者掌握专业化的技能。[1] 换言之,手工业者只有在掌握特定技能的基础上,才能完成特定的任务。手工职业

---

[1] Zabeck, J. *Geschichte der Berufserziehung und ihrer Theorie* [M]. Paderborn: Eusl-Verlagsgesellschaft mbH, 2009:43.

并非是人人可从事的,只有具备专业技能的人才能胜任。这样就形成了对手工业者进行职业教育的社会需求。

有的学者认为,自从罗马帝国灭亡,民族大迁移结束并进入定居的生活状态后,便出现了手工业职业教育。查贝克认为,这样的论断是缺乏历史依据的。因为定居的生活状态在社会分工出现之前早已有之。而手工业则是随着社会分工才出现的。因此,定居生活和手工业的出现,两者之间没有直接联系。

另外,手工业职业教育和手工职业一样古老的论断同样缺乏依据。直到手工职业分工达到一定的程度,即手工职业分成多个工种之后,手工职业教育才得以发展起来。[1]

在城市化进程中,手工职业得到了进一步的发展。"在中世纪,大部分人口散居在农村的广袤土地上,城市居民比例很低。在中世纪晚期,总人口大约有一千两百万,其中有百分之十五的人,在1200年到1350年之间,迁移到了城市。"

同时,中世纪的城市规模都很小:"在3000个左右的城市当中,大部分城市居民不足500人"。小城市拥有的就业结构相对简单。相对而言,在大城市,社会分工的程度更加高,手工业领域中的工种更加丰富。"像法兰克福和海德堡这样的大城市中,手工业者的比例占到了百分之五十到百分之七十。"[2]

二、商务职业的形成

商务职业与手工职业的不同,首先体现在"它对阅读和书写

---

[1] 参见:Zabeck, J. *Geschichte der Berufserziehung und ihrer Theorie* [M]. Paderborn: Eusl-Verlagsgesellschaft mbH, 2009:41 – 42.

[2] Zabeck, J. *Geschichte der Berufserziehung und ihrer Theorie* [M]. Paderborn: Eusl-Verlagsgesellschaft mbH, 2009:48 – 49.

能力的要求"上。① 在古代,商人通过远足跋涉,以面对面口头交流的方式来完成贸易活动。然而,在城市化进程中,这种方式的交易活动逐渐消失了。商业活动固定在一个地方展开,并且,形成了书面交流的需要以及用文字记账的需要。因此,和手工职业相比,商务职业对职业教育形成了更为迫切的需求。②

商务职业对职业教育的需求是培养阅读和书写的能力,这和手工职业的能力目标有着极大的区别。手工职业技能和职业伦理可以通过现场传授和熏陶获得,而阅读和书写能力的培养却需要依靠其他途径,即学校教育。因此,商务职业对职业教育形成了不同的需求刺激,商务职业的产生无疑是职业教育的社会动力之一。

三、工业职业的产生

工业职业的产生带来了对下层民众进行培训的需求,③并由此形成了职业教育的需求。

在查贝克的《职业教育历史及其理论》中提到,在 18 世纪后半期的德国土地上,城市居民占了百分之二十到百分之二十五,并且有越来越上升的趋势。在城市居民中,下层民众的比例又占了百分之二十到百分之二十五。下层民众指的是没有能力也没

---

① Zabeck, J. *Geschichte der Berufserziehung und ihrer Theorie* [M]. Paderborn: Eusl-Verlagsgesellschaft mbH, 2009:56.

② Jankuhn, H. Wirtschafts-und Sozialgeschichte der Vor-und Frühzeit Mitteleuropas [A]. In Aubin, Hermann & Zorn, Wolfgang (Hrsg.). *Handbuch der Deutschen Wirtschafts-und Sozialgeschichte* [C]. Bd. 1. Stuttgart, 1971:32.

③ Zabeck, J. *Geschichte der Berufserziehung und ihrer Theorie* [M]. Paderborn: Eusl-Verlagsgesellschaft mbH, 2009:162.

有指望成立一个中产阶级家庭的人。下层民众的来源有:上了年纪的手工业学徒、拿日工资的临时工、工场工人以及家庭帮佣等。① "在下层民众中,家庭帮佣在数量上具有绝对优势。比如在1791年,在汉堡,家庭帮佣的人数占据总人数的百分之十八到百分之二十二。普遍来说,每个家庭都会雇佣三到五个帮佣,雇佣六到八个帮佣的也不在少数。因此,对于家庭帮佣的需求超过了工厂对于雇佣工人的需求。"②同样,在农村,也存在着下层民众,包括男孩帮佣、丫鬟、每日领取工资的人、附属印刷厂的在家工作的人等。③

另一方面,经济的发展要求下层民众能够转化为适应新经济特点的合格劳动力。在18世纪,当局者面临这样一个急迫的问题,即如何促进下层民众融入社会分工体系。18世纪是一个特殊的过渡时期,在某些领域,还存在着封建社会的劳作方式,而在另一些领域,劳动力已经像商品一样,在市场上被自由买卖。比如家庭帮佣仍旧生活在封建社会的分工体系中,而工厂工人则已经进入到新时代的资本主义分工体系。④

对于国家来说,如何将下层民众融入资本主义经济体系,这是一个巨大的问题。下层民众一旦无法融入社会经济体系,那

---

① Zorn, W. Sozialgeschichte 1648 – 1800 [A]. In Aubin, Hermann & Zorn, Wolfgang (Hrsg.). *Handbuch der deutschen Wirtschafts-und Sozialgeschichte* [C]. Bd. 1. Stuttgart, 1971:574 – 607.

② Zabeck, J. *Geschichte der Berufserziehung und ihrer Theorie* [M]. Paderborn: Eusl-Verlagsgesellschaft mbH, 2009:152 – 153.

③ Zorn, W. Sozialgeschichte 1648 – 1800 [A]. In Aubin, Hermann & Zorn, Wolfgang (Hrsg.). *Handbuch der deutschen Wirtschafts-und Sozialgeschichte* [C]. Bd. 1. Stuttgart, 1971:574 – 607.

④ 参见:Zabeck, J. *Geschichte der Berufserziehung und ihrer Theorie* [M]. Paderborn: Eusl-Verlagsgesellschaft mbH, 2009:151 – 163.

么,就只能依靠国家救济才能生存下去,或者沦落为贫穷阶层。贫穷阶层仅指乞丐、战争伤残者、孤儿等,贫穷阶层的比例也是巨大的,比如在 1000 个居民中,有 260 个是乞丐。① 也就是说,下层民众如果不具备生产能力,就意味着产生大量社会问题。

"因此,很多地区尝试着将这部分人融入到经济体系中,尤其是融入到'分发加工包销行业'(Verlagswesen)中。在 19 世纪初期,工厂尚未大规模发展起来。相对而言,'分发加工包销行业'的发展较为迅速,甚至占据了第二产业的百分之七到百分之四十三。'分发加工包销行业'集中于纺织业和服装业;有意以偏僻农村为据点,尤其是那些单靠种植粮食无法生存的农村地带;雇佣的主要是妇女、老人和孩子。这一群体同时也要从事家庭劳作。""相对于工厂而言,'分发加工包销行业'的经营具有很大的弹性。无论是旺季还是淡季,其经营状况都没有问题。""从客观上来说,这一行业的发展,不仅促进了经济的发展,也使得下层民众不至于沦落到衣食无着的地步。"②

"分发加工包销行业"的发展,催生了工业职业的产生,并由此对职业教育提出了社会需求。伴随着最初的工业职业的产生,职业教育的能力目标主要集中在培养效率观念和培养工人的工作伦理上。并且,工业职业的产生形成了建立工业职业学校的需求。

对于从业工人来说,起到决定作用的不是技能和专业知识,而是工人的职业道德。"来自于下层民众的工人有一种根深蒂

① Lütge, F. *Deutsche Sozial-und Wirtschaftsgeschichte* [M]. 3. Auflage. Berlin, 1976:381ff.
② Kulischer, J. *Allgemeine Wirtschaftsgeschichte des Mittelstandes und der Neuzeit* [M]. 4. Auflag. München und Wien, 1971:99-125.

固的排斥工作的倾向。工作是为了活着,活着绝对不是为了工作。这是当时典型的下层民众的人生观。因此,只要口袋里头还有一分钱,逃工就成了经常的现象。"[1]可以说,对下层民众进行职业伦理教育成为一种当务之急。下层民众只有改变懒惰的性情,才有可能真正促进经济的发展。

然而在这一改变发生之前,国家的做法是简单而粗暴的:"强迫其进行劳作。国家通过颁布相关法律,来行使强制劳作的权利。谁一旦丧失了家产,那么,他就得被强制去劳作。普鲁士不仅在为破产的穷苦民众设置的机构里,强迫民众从事纺织劳作,同时也强迫士兵家属从事棉纺织业的劳作"[2]。

不过,"这一措施并未得到真正的实施。"[3]即使是普鲁士,在 1775 年,相对于五百万的人口,只有 18 家强制劳作机构,提供了总共不到 1500 个位置。

依靠强制劳作机构显然无法解决下层民众的生计问题。而"在启蒙时代,有着一种倾向,即把国家和社会面临的问题委托机构进行解决。因此在 18 世纪的最后二十年中,为解决下层民众的职业教育问题,成立了一系列的工业学校(Industrieschule)。"[4]也就是说,通过职业教育,通过传授技能和灌输职业伦理,来改造下层民众,使其转变为符合工业生产需要的新型劳动力。同时,也避免了下层民众沦落为贫苦民众的危险,避免了令当局头

---

① Sombart,W. *Der moderne Kapitalismus* [M]. Bände 1 - 3. München und Leipzig,1928:802.

② Sachße,C. & Tennstedt,F. *Geschichte der Armenfürsorge in Deutschland* [M]. Stuttgart u. a.,1980:120 - 122.

③ Sombart,W. *Der moderne Kapitalismus* [M]. Bände 1 - 3. München und Leipzig,1928:812.

④ Zabeck,J. *Geschichte der Berufserziehung und ihrer Theorie* [M]. Paderborn:Eusl-Verlagsgesellschaft mbH,2009:163.

痛的社会问题。

工业学校的前身是穷苦学校和孤儿院。工业学校的课程中有一半是宗教课,其余的一半是阅读、写作和计算。工业学校所传授的技能,有面向纺织业的技能,有面向复合技术(Polytechnik)的技能。工业学校的一个突出的特点是实践性。在实践中,所传授的教育内容得到强化,尤其是宗教观念、工作美德和勤勉的精神得到了强调。①

四、学徒的出现

在特定的社会需求的刺激之下,职业教育产生和发展起来了,并且隐约显现出"职业性"的特征。

如前所述,社会分工的细化,直接导致了职业教育的产生。亚当·斯密认为,在古代并未存在职业教育这种社会现象。因为在古代只有一种职业,所有的男人都从事同样的劳动。② 并且,这可以从语言角度得到论证。无论是在罗马语、希腊语还是在拉丁语中,都没有现代意义上的"学徒"这个词语。在德语文献中,直到 14 世纪,才有"学徒"(Lehrling)这个词语。"学徒"这一词语的出现,意味着职业教育的产生。当时的"学徒"指的是,在社会分工体系下,为从事一个或多或少具有复杂性的工种,在工作过程中接受资质培训的人。③

---

① Francke, A. H. *Kurzer und einfältiger Unterricht wie Kinder zur wahren Gottseligkeit und christlichen Klugheit anzuführen sind* (1702) [M]. In derselbe. Pädagogische Schriften (besorgt von Lorenzen Hermann). 2. Auflage. Paderborn, 1964:67ff.

② Smith, A. *Der Wohlstand der Nationen*(1776) [M]. 5. Auflage 1789. Herausgegeben und übersetzt von Recktenwald, Horst Claus. München, 1974:107.

③ Zabeck, J. *Geschichte der Berufserziehung und ihrer Theorie* [M]. Paderborn: Eusl-Verlagsgesellschaft mbH, 2009:41 - 42.

也就是说,职业教育是直接在工作过程中进行的。"虽然我们无法找到早期的关于手工业者职业教育的文献,但是可以肯定的是,建筑工人是在工地上进行技能学习的。其他的职业,比如铁匠、木匠和磨坊主,职业教育的情形都极其相似。"学徒都是在工作过程中学习职业技能的。"在中世纪早期,就存在有手工业者聚集区,在那里进行初始萌芽式的职业教育。"①

德国工业化进程给职业教育提出了独特的需求。中世纪后期,工业化处于萌芽阶段。一方面,社会上存在众多愁于生计的下层民众。另一方面,适合新经济特点的合格劳动力严重缺乏。因此,工业化背景下的职业教育,首先要解决的是一个政治问题,即下层民众的生计问题。其次要解决的是职业伦理的问题,即培养工人勤勉工作的敬业精神。也就是说,面对工业化进程,职业教育的目标群体是下层民众,职业教育的首要任务在于培养职业伦理。

综上所述,研究职业教育的起源,离不开研究职业形成的历史。社会生产劳动从家庭形式转变为职业形式,形成了职业教育发展的社会需求。职业的产生是社会分工的结果,是技术发展的结果,是城市化进程的产物,是早期工业化的结晶。尽管由于缺乏文献记载,无法作出更为详尽的分析,但是,我们可以初步判断,在职业形成的过程中,职业教育形成了在工作过程中进行资质化的特点,形成了在工作过程中养成职业伦理的特点。德国职业教育逐渐形成了"职业性"的基本特征。

---

① Hägermann, D. Technik im frühen Mittelalter zwischen 500 und 1000 [A]. In König Wolfgang (Hrsg.). *Propyläen Technikgeschichte* [C]. Bd. 1. Berlin, 1997:441ff.

第二节　政治需求

一、行会承担职业教育任务

（一）行会的诞生和发展

"行会兴起的确切历史,始终没有详实的史料记载。对于德国行会起源的追溯,有观点认为,在卡洛林王朝(751 年—899年)的苦役场中,产生了手工业专业化的需要。在这里,家庭手工业者转变为职业手工业者。而职业手工业者的诞生,重新延续了古老日耳曼的结盟传统。"①手工业行会由此诞生。

格赖纳特认为,行会的产生和城市化的进程是紧密联系在一起的。在城市化进程中,手工业阶层形成了特殊的组织形式即行会。行会的历史也就是手工业者和城市新贵之间斗争的历史。通过行会组织,手工业者追求在政治上谋得一席之地。行会的成立是手工业者艰苦曲折的努力成果。到 1300 年之后,德国行会开始蓬勃发展。14 世纪行会组织已经相当强大,14 世纪因而被称为行会的世纪。从 15 世纪开始,几乎所有的职业都属于某一个行会或者类似行会的组织。②

另外,行会的成立,也是职业教育机构化的需要。中世纪的鼎盛时期和晚期,职业教育机构化的目的具有双重性。一方面,职业教育机构化,有助于提高职业教育质量,从而"确保手工业者凭借职业质量获得更高的社会地位",另一方面,"行会确立了

---

① Lütge, F. *Deutsche Sozial- und Wirtschaftsgeschichte* [M]. 3. Auflage. Berlin, 1976:110.

② Greinert, Wolf-Dietrich. *Erwerbsqualifizierung jenseits des Industrialismus. Zu Geschichte und Reform des deutschen Systems der Berufsbildung* [M]. Frankfurt am Main: G. A. F. B. -Verlag, 2008:28.

入职条件,对于生产过程和生产内容进行标准化"①。这有助于职业教育的规范化。因此,职业教育机构化的需求促成了行会的成立。

(二) 职业教育和行会

职业教育和行会之间有着极其紧密的联系。作为职业教育的组织和实施机构,行会的起源和职业教育的开端是紧密联系在一起的。德国现代职业教育开始于 11 世纪和 12 世纪之间。② 这也是德国行会开始形成的时期。行会为职业教育的发展提供了沃土。正是在行会兴起的基础上,现代职业教育才获得极大发展的可能。14 世纪开始,开展职业教育成为行会的主要职责之一。

手工业职业教育的传统可以追溯到古罗马时期。当时,手工业者属于无产者,从事手工劳作,生活在社会的最底层,经常被当作奴隶对待。但是,他们却相当注重培养下一代,以保证本行业的从业质量。到了中世纪,尽管手工业者拥有了众多的权利而属于中产阶级,但是培养新生代劳动力这一点却被忠实地继承下来了。可以说,职业教育均占据了这两种手工业文化的核心地位。③ 因此,手工业一向视职业教育为己任。即使在未形成行会的古罗马时期,也已经有这样的传统。

在中世纪,行会的功能是极其强大的。尽管没有法律层面的规定,然而"行会的功能几乎覆盖了个人生活的方方面面。它

---

① 参见:Zabeck,J. *Geschichte der Berufserziehung und ihrer Theorie* [M]. Paderborn: Eusl-Verlagsgesellschaft mbH,2009:103.
② Greinert,Wolf-Dietrich. *Erwerbsqualifizierung jenseits des Industrialismus. Zu Geschichte und Reform des deutschen Systems der Berufsbildung* [M]. Frankfurt am Main: G. A. F. B. -Verlag,2008:25.
③ 参见:同上(29)。

掌管着职业教育,对于学徒和独立从业都有着严格的规定。它按照'市民生活水准'(Bürgerliche Nahrung),决定着个人的收入水准。总之,行会不仅决定着个人的经济情况,也决定了个人的社会形象。对于社会而言,它调节着经济生活、政治生活、宗教生活乃至文化艺术生活。对于手工业行会组织而言,其核心则是对学徒的培养和确保从业的质量"①。

"德国的学徒制遵循手工业同业协会的规章,每个作坊另有自己的实施细则。学徒一般为 12—18 岁,通常为期 4 年。16—18 世纪的德国,同业协会控制着手工业生产,同中世纪行会一样,同业协会对从入会合同、生产环节到手工业道德等各方面进行全方位监控。"②

中世纪的手工业培训模式,主要以模仿为主。在这种模式中,"技术创新属于禁忌"③。因为技术创新等于是侵犯了师傅的专业权威,属于大逆不道的行为。"在学徒社会化的过程中,师傅和师傅的家庭有着决定性的影响。"④学徒住在师傅家里面,潜移默化地习得师傅所代表的本行业特有的社会规范。也就是说,在这样的手工业培训模式中,学徒不仅习得技能,同时也熟悉了本行业的社会习惯。学徒通过模仿的方式,在劳动过程中直接习得手工技能。学徒通过耳濡目染,习得手工技能、职

---

① 参见 Greinert,Wolf-Dietrich. *Erwerbsqualifizierung jenseits des Industrialismus. Zu Geschichte und Reform des deutschen Systems der Berufsbildung* [M]. Frankfurt am Main: G. A. F. B. -Verlag, 2008:29.

② 里夏德·范迪尔门著,王亚平译. 欧洲近代生活:村庄与城市[M]. 北京:东方出版社,2004:105.

③ 转引自:Greinert,Wolf-Dietrich. *Erwerbsqualifizierung jenseits des Industrialismus. Zu Geschichte und Reform des deutschen Systems der Berufsbildung* [M]. Frankfurt am Main: G. A. F. B. -Verlag, 2008:30.

④ 同上(31).

业操守,深深地刻上手工业阶层的烙印。

这样的职业教育模式可以说是一种整体性的职业教育模式。学徒不仅习得技能,也习得和阶层相符的社会交往能力。职业教育远远不止专业技能的传授。职业代表了社会地位,代表了社会形象,因此,职业教育严格地规范学徒的社会行为模式,使其符合职业所代表的社会地位和社会形象。这样的教育模式,使得人格的发展伴随在专业技能习得的过程中。因此,它所展现的是一幅和谐的职业与教育互相促进的画面。

正是从这个意义上,学术界得出结论,在"中世纪时,手工业行会创立了发达的学徒制度,形成了'双元制'职业技术教育的雏形"。[①] 尽管阶层社会中尚不具备现代"职业性"形成的条件,但是手工业职业教育模式,有了原始的"职业性"特征,具备了在民主社会中革新和发展的能力,为现代"职业性"的生成铺平了道路。

总之,我们可以说,"行会的成立,是手工业者艰苦斗争的结果"[②]。行会是手工业者争取政治权利的途径和手段。行会掌管职业教育,确保了职业教育的"职业性"。而"职业性"意味着手工业者具有专业上的不可替代性,这有利于手工业者提高社会地位。因此,行会掌管职业教育,体现了一种政治需求。

二、18世纪—19世纪初期的合作主义

(一) 18世纪行会恶劣的生存环境

18世纪,德国行会呈衰退之势。严格地讲,"18世纪后半期

---

① 石伟平.比较职业技术教育[M].上海:华东师范大学出版社,2001:85。

② 参见:Greinert,Wolf-Dietrich. *Erwerbsqualifizierung jenseits des Industrialismus. Zu Geschichte und Reform des deutschen Systems der Berufsbildung* [M]. Frankfurt am Main:G. A. F. B. -Verlag, 2008:27。

直至 19 世纪末,中世纪的学徒培训模式几乎不再存在"①。

"在 1500 年到 1800 年间,政治局势变化很大。尤其是 1618—1648 年的三十年战争,独立的城市相继成为各个诸侯的领地,使得手工业者失去了赖以存在的基础。行会也失去了凝聚力,对社会领域和专业领域不再具有组织功能。"

其次,诸侯国家对手工业自主培养学徒的传统进行干涉,也是手工业职业教育衰弱的一个原因。"从 16 世纪开始,诸侯国家就不断插足手工业职业教育领域,从而结束了手工业学徒培养的自治传统。1731 年,卡尔六世签署了《帝国法规》,宣布废除手工业行会。这一法律的签署标志着'手工业自治文化的结束'"②。不过,这一法规并没有能够贯彻下去。主要原因是各个诸侯国生怕法律的实施会造成政治局势的动荡。不过普鲁士政府于 1733 年公布法令,由国家对学徒制度实行统一管理。这意味着行会权力斗争的对象转移了,从城市议会转变为国家。斗争的方式不再是面对面的,矛盾也不再能够当场得到解决。因为国家机构作为一种公共权力机构,有着抽象的理论意识的支撑。③

另外,"法国自由革命精神对于职业教育领域的影响也是明显的。尤其是 1810 年施行的从业自由政策,使得行会影响力达到最低点"。从业自由政策,是国家刺激经济增长的一种政治举

---

① Greinert, Wolf-Dietrich. *Erwerbsqualifizierung jenseits des Industrialismus. Zu Geschichte und Reform des deutschen Systems der Berufsbildung* [M]. Frankfurt am Main: G. A. F. B. -Verlag, 2008:81.

② Greinert, Wolf-Dietrich. *Erwerbsqualifizierung jenseits des Industrialismus. Zu Geschichte und Reform des deutschen Systems der Berufsbildung* [M]. Frankfurt am Main: G. A. F. B. -Verlag, 2008:34.

③ Zabeck, J. *Geschichte der Berufserziehung und ihrer Theorie* [M]. Paderborn: Eusl-Verlagsgesellschaft mbH, 2009:98.

措,是国家重商主义(Merkantilismus)的一种体现。

那么,对于种种不利于行会生存的局面,行会的生存能力来自于哪里呢?"显然不是由于经济实力。""行会组织的一个极其重要的规矩是保证成员的纯洁性。它要求行会成员必须是诚实的、信仰基督教的、婚生的。在某些地方要还要规定行会成员必须是德国籍的。而这些习俗和宗教方面的规定,其根本目的是维护其职业形象。正派的职业形象,过硬的专业素质,这是行会赖以生存的根基。换句话说,行会的生存策略就是确保职业的不可替代性,并且尽可能地谋取职业地位。"[1]

可以说,行会和职业的专业性之间是互相保障的。行会为职业的专业性提供了机构保障,反过来,职业的专业性也为行会的生存提供了专业地位保障。尤其在行会生存环境极其恶劣的18世纪到19世纪初期,这一点更加突出。

尽管行会面临着严峻的生存困境,但是,行会之外并未出现可以取代它的强大力量。因此,手工业者和商人在特定领域中仍然可以有所作为。尤其在商业领域,出现了举办职业学校的高潮。

(二)重商主义以及行会对举办职业学校的热情

在德国历史上,18世纪是一个重商主义盛行的时代。重商主义强调经济发展和国家权力行使的两相统一。国家试图通过对职业教育进行一定程度的干涉,来促进经济的发展。

在这样的时代背景下,一些政治家和学者开始对传统职业教育进行谴责。在传统的手工业培训模式中,学徒受到的教育绝不仅仅局限在专业领域,而是全方位的。比如,"普鲁

---

[1] Zabeck, J. *Geschichte der Berufserziehung und ihrer Theorie* [M]. Paderborn: Eusl-Verlagsgesellschaft mbH, 2009:103.

士画匠行会 1751 年的从业资质要求中,规定师傅的义务是,对学徒进行科学的、密集的、彻底的教育,并且用基督教式的严格、理性的方式来教导他"①。因此,这样的职业培训是极其漫长的。学徒教育的冗长、缺乏效率受到政治家和学者的批判。他们认为,就学徒所受的实际教育内容来看,两三年的时间就已经足够了。

对于德国的经济学家来说,缩短学徒培训时间仅仅是一方面,更为重要的是提高学徒培训的质量。而要提高学徒培训的质量,关键是引入课程概念。师傅在传授技能的过程中,应当区分哪些是重要的,哪些是无关紧要的。只有最重要的东西才能放入课程计划当中。另外,师傅应当避免机械地传授专业技能,而应讲究一定的教学技巧。得益于科学的教学技巧,学徒才能更深刻地理解专业概念。②

在英法两国,对于时代的变化,职业教育早已做出相应的反应。而德国职业教育则一直处于落后的状态。因此,在上述思想观念的引导下,诸侯国家和行会对于成立职业学校表现出浓厚的兴趣。

然而,与其说成立职业学校的根本目的是促进劳动力的资质化,提高该行业的从业质量,还不如说是源于一种政治取向。因为,对手工职业的质量要求事实上并没有变化。"又过了一百年,技术时代才真正地来临。"因此,认为手工职业的质量要求有了变化而必须进行现代化的想法,是有失偏颇的。在商业领域,"尽管对大商人来说,有着职业培训的需要,然

---

① 参见:Zabeck, J. *Geschichte der Berufserziehung und ihrer Theorie* [M]. Paderborn: Eusl-Verlagsgesellschaft mbH, 2009:103 - 104.
② 参见:同上:105。

而,对于占据绝对数量的零售商来说,系统的职业培训也是不需要的"。

因此,"在18世纪还不存在一种就读职业学校的需要。从根本上说,并不存在企业解决不了的、一定要职业学校才能解决的培训问题"。尽管"18世纪又被称为教育世纪"[1],但是这从根本上说是重商主义影响下的一种错误判断,即认为对手工业培训模式进行改革已经成为时代所需。

按照莱西魏因(G. Reichwein)的观点,职业教育机构的成立,并非是因为知识和技能极大扩充的结果。事实上,知识和技能并未丰富到单凭企业教育已经无法传授的地步。职业教育机构的成立,更多的是因为当权者持这样的观点,即年轻一代的知识和解决问题的能力,在工作现场已经无法或者只能有限地得到传授,因此,为了促进经济的发展,必须成立职业学校。可以说,专制主义国家的重商主义思想,大大促进了职业学校的成立。[2]

换句话说,职业学校成立的真正驱动力并非是客观知识和技能的扩充,而是当权者的重商主义思想促进了职业学校的成立。在此需要说明的一点是,诸侯国家促进职业学校的成立,并非意味着对手工业职业教育自治传统的突破,也并不意味着对手工业职业教育自治传统的一种试探性的冒犯。因为在当时,"商务类职业学校绝大多数为私人举办"[3]。国家对职业教育的干涉,"仅局限于对私人性质的职业教育事务的督察,并保留它

[1] Zabeck, J. *Geschichte der Berufserziehung und ihrer Theorie* [M]. Paderborn: Eusl-Verlagsgesellschaft mbH, 2009:105,113 – 114,111,112.

[2] 同上(123)。

[3] Bruchhäuser, Hanns-Peter. *Handelsschulen in Preußen* [M]. Bd 2. Oldenburg, 2006:358.

批准职业教育机构的权力"①。

与此相应的是,行会对于职业学校的成立表现出浓厚的兴趣。行会希望通过举办职业学校,来提高职业教育质量,确保本行业的利益。比如在商业领域,学徒耳濡目染的仅仅是表面的交易活动,而对于交易活动背后的利益最大化的原则,仅靠耳濡目染是远远不够的。这些商业原则应当通过职业学校的学习来习得。只有通过职业学校的商务专业理论的学习,学徒通过商业活动获利的能力才能获得质的提高,从而促进商人整体水平的提高,保证商人的整体利益。②

然而,在这个时期,职业学校的教育质量差强人意,职业学校的举办是不成功的。"职业学校教学的特点是,学生缺乏实践经验;学习内容过于抽象,并且未能按照清晰的顺序进行组织。"③

综上所述,在这一"职业性"的生成时期,从"政治发展动力"的视角来说,职业教育主要处于行会的管理和监控之下。尽管在18世纪和19世纪初期,行会势力遭到重创,但是取代行会的强大力量一直未能形成,职业教育领域处于无人监管的状态。在重商主义思想的影响下,诸侯国家对于成立职业学校表现出明显的兴趣,然而,诸侯国家在职业教育领域始终没有插足具体事务,手工业者和商人是举办职业学校的真正主力。

① Reinisch, H. *Ökonomisches Kalkül und kaufmännisches Selbstbild* [M]. Unveröffentlichte Habilitationsschrift. Universität Oldenburg, 1991:392ff.
② Zabeck, J. *Geschichte der Berufserziehung und ihrer Theorie* [M]. Paderborn: Eusl-Verlagsgesellschaft mbH, 2009:128.
③ 同上:109。

第三节 文化需求

一、马丁·路德:职业是天职

和古代相比,德国早期的职业教育,并未显示出不同的特征。手工职业也并未有更高的知识和技能的要求。但在德国文化中,对于手工业的价值取向改变了。① "在古希腊和古罗马,手工业是被鄙视的一种行业。而在德语文化中,手工业的形象得到了改变。这从相当数量的遗留文献中可以得到印证。""对价值取向的转变起到决定性影响的是基督教。"②基督教宣称,早期的先知是手工业者或者渔民。耶稣的后人应当辛勤劳作,来表达对他人的爱和确保自己的生存。"不劳动者不得食。"这是基督教的训诫。正因为基督教对劳作持有这样积极肯定的态度,因此,在中世纪早期,在德国的文化土壤中,手工业得以实现华丽转身。而马丁·路德的宗教改革,更是强化了这一价值观。

那么,传统的手工职业教育如何体现教育因素呢?具体而言,手工职业如何与个人人格的发展结合起来呢?在阶层社会中,在没有职业选择自由的情况下,这原本是教育的一个难题,然而,马丁·路德的宗教改革,在客观上使得这个教育难题迎刃而解。这体现在他对职业概念的理解上。

(一)职业伦理

马丁·路德(1483—1546)对于职业概念的创新之处在于他

---

① 参见:Zabeck, J. *Geschichte der Berufserziehung und ihrer Theorie* [M]. Paderborn: Eusl-Verlagsgesellschaft mbH, 2009:43-45.

② Zabeck, J. *Geschichte der Berufserziehung und ihrer Theorie* [M]. Paderborn: Eusl-Verlagsgesellschaft mbH, 2009:45.

对职业这个词的语义、语用和语境分析。德语中，Beruf(职业)与 Berufung(召唤,使命)同义。因此,路德认为,任何世俗的职业都和传教士一样高贵,都是为上帝服务的。个人通过从事职业活动,表达对上帝的感恩和敬畏。另外,在路德时代,职业几乎构成了一个人的全部生活内容。正是因为这一点,职业的习得,意味着个人获得了从事某项职业的能力,也获得了生活的能力。而生活能力的获得,是以人格发展为基础的。在路德时代,人格发展突出表现在对职业的敬畏上。也就是说,表现在职业伦理的养成上。

那么,何谓职业伦理?"职业伦理是从事某种职业的人群为了该职业的顺利发展而共同订立的契约,或者叫'行规',它是社会选择的结果。职业伦理在本质上具有向善性的特征。"①因此,职业伦理是一个和社会文化密切相关的概念。不同的社会形态、不同的民族,对职业伦理的理解也是不一样的。而路德时代的职业伦理标准,"首先是职业的道德水平,其次是职业所生产的财货对于'全体'的重要性,最后而实际上自然是最重要的一个判断,是私人经济的'收益性'。……你可以为神劳动而致富,但当然不是为了肉欲与罪恶"②。

个人应当出于对他人的爱来从事职业活动。出于对上帝的顺从和对他人的爱,个人应当养成职业顺从和快乐工作的习惯。换言之,在阶层社会中,路德正是通过宗教的巨大影响力,给普通职业披上了一层光辉的宗教色彩的外衣。从客观上来说,路

---

① 徐平利.职业教育的历史逻辑和哲学基础[M].桂林:广西师范大学出版社,2010:84。
② 马克斯·韦伯著,简惠美,康乐译.新教伦理与资本主义精神[M].桂林:广西师范大学出版社,2010:158-159。

德对普通劳动者进行了彻底而深刻的职业伦理教育。也正是从
这个意义上，马克斯·韦伯认为，正是马丁·路德新教中的职业
伦理，构成了资本主义的精神。①

"宗教改革之前，所谓'职业'只是在劳心者那里，只有从
事精神活动的哲学家、律师、祭祀、医生等才有'职业'（当然，
由于鄙视职业劳动，所以并无明确'职业'概念，人们心目中的
'职业'所对应的就是精神活动。而其他劳力者最多只不过是
服务于劳心者的'工具'，他们的劳动没有精神价值，所以不存
在'职业'……然而，新教伦理正是为了打破这种职业劳动上
的不平等现象，所以路德提出'职业'这个概念具有革命性的
意义，即把'职业'从少数人那里解放出来，回还给劳动大
众）。"②

也就是说，路德不仅对于这一"职业"的名分赋予了神圣的
宗教意义，而且，还使得劳动大众的劳作有了"职业"之名分。在
路德时代，对职业伦理的理解，就是不得对职业挑三拣四，顺从
上帝的安排，尽心尽力做好本职工作，以此为载体来表达对上帝
的敬畏。教育性也就体现在以顺从精神为基础的社会化过程
中。换言之，传统手工职业中所包含的教育因素，是一种宗教皈
依式的教育，促使个体形成对社会体系的内心认同感。当个体
在内心完全认可该职业的价值，遵守该职业的伦理道德，尽心尽
力做好职业工作的时候，个体就达到了很高的社会化程度。可
以说，手工职业中所包含的教育性，其内涵是个人借助于宗教的

① Weber, M. Die Protestantische Ethik und der Geist des Kapitalismus [A]. In
Max Weber. *Gesammelte Aufsätze zur Religionssoziologie I* [C]. Tübingen:
Mohrsiebeck Verlag, 1920:77f.
② 徐平利.职业教育的历史逻辑和哲学基础[M].桂林:广西师范大学出版社，
2010:108。

强制性力量,在对社会体系完全认同的基础上完成社会化的。

(二) 社会化的特点

在路德时代,社会化受到阶层社会的限制。"从中世纪到19 世纪初,德国都处于阶层社会状态中。"①职业具有特殊意义,是阶层社会中个人社会地位的象征。阶层的复制通过职业的复制得以实现。个人没有择业自由,通常从事父辈的工作。在这样的就业模式中,个人从事的职业受到明显的限制。路德认为,社会分工是上帝的旨意。上帝只是把人派到需要的地方去,这一条理由就已经非常充分。因此,路德并没有论证上帝是按照每个人的天赋旨趣的不同来从事不同的工作的。②

如果进一步审视路德的职业概念,我们可以发现,"职业伦理的忠实执行者,顺从而快乐的劳动者,正是那些从事简单低下工作的仆人和丫环等"③。因此,从教育角度来说,传统的手工业职业教育模式,是以职业伦理为主要教育内容的,以融入社会阶层为目标的。

路德关于职业教育和高等教育的观点,进一步体现了他的教育社会化的主张。一方面,路德希望创设一种普通民众可以学得谋生的技艺学校,他说:"我的意思,儿童只好一日之间费一两个小时的工夫在学校里,其余时间都要在家里做工,学点职业,做些自己所喜欢的事体;如此修学做工两样事体可以并进

---

① Zabeck, J. Berufspädagogische Aspekte einer Sozialgeschichte des Berufs [A]. In Lothar Beinke (Hrsg.). *zwischen Schule und Berufsbildung. Schriftenreihe der Bundeszentrale für politische Bildung* [C]. Band 198. Bonn: Bundeszentrale für politische Bildung, 1983:27 - 42.

② 同上。

③ Zabeck, J. *Geschichte der Berufserziehung und ihrer Theorie* [M]. Paderborn: Eusl-Verlagsgesellschaft mbH, 2009:7.

了。"另外,在《论送子女入学的责任》中,路德提出国家应实施义务教育,因为每个信徒在神面前都享有平等的权利和义务,都应学会阅读《圣经》;而且每个人在社会上都要从事自己的职业,职业教育是必要的。而另一方面,路德仍然认为,"学做结合"的职业教育是给一般孩子的,限于初等学校,而那些最优秀的学生要接受"高等教育","可以希望他将来变成最超群的教育家、讲经传道和操作行事的人"。①

帕森斯(T. Parsons)认为,人的社会化是社会系统得以运作和稳定的重要因素,而社会化的过程包括在分配和整合之中。通过分配,社会化应当造就训练有素的工作人员;通过整合,社会化能有效分配必然产生的不平等报偿当作平等被接受。② 路德倡导的职业伦理,从宗教的高度促进个体去认可本职业的价值。从客观上来说,极大地提高了个体的社会化程度,维护了阶层社会的有效运转。

二、启蒙思想:职业教育的社会价值

18世纪,封建专制国家深受重商主义的影响,认为经济要得到发展,必须依赖大批受过良好职业教育的劳动力。在这样的背景下,几位启蒙思想家对职业教育提出了一些有代表性的观点。这些观点不同于路德的宗教本位的观点,主要是从社会发展和人的发展关系的角度提出来的。

贝西(J. J. Becher)的突出贡献在于对理想的社会形态的研究。他认为,在一个理想的社会形态中,各人有着不同的社会分

---

① 徐平利.职业教育的历史逻辑和哲学基础[M].桂林:广西师范大学出版社,2010:110 - 111。
② 钱民辉.教育社会学概论(第三版)[M].北京:北京大学出版社,2010:60。

工。因此,个体能够依赖他人生活,换句话说,个体从他人那里挣得面包。在这样的社会中,权威是不存在的。因为最大的权威就是大众的意志,也就是良好的社会秩序。对于经济而言,这样的秩序表现在三个阶层的和谐共存中,即农民阶层、手工业阶层和商业阶层。这三个阶层分工明确,各自为社会其他阶层提供所需物品。因此,基于不同的社会分工,职业教育的发展是合理的、必要的。①

哲学家沃尔夫(C. Wolff)的研究集中在对职业教育基本问题的探讨上。个人的自由发展是否能和社会结合起来?沃尔夫认为,个人发展的终极目标并非局限于个人意义。"做那些使大众受益的事情吧。"也就是说,个人的发展和国家的发展是相辅相成的。换言之,个人的发展应当以服从封建社会的专制国家的权威为前提。他认为,个人服务的目标有三个:为自己、为上帝、为他人。而私利和公益是统一的。正是在为自己、为上帝和为他人服务的过程中促进自身的发展。对于职业教育来说,最为重要的就是对个体理性力量的培养以及使用这种理性力量的能力。正是这种理性的力量,赋予个人为自己、为上帝和为他人服务的能力。因此,职业教育的目标在于对理性的启蒙。②

对于后期启蒙思想家卡帕(J. H. Campe)来说,主要研究的问题是,一个自然人相对于一个社会所要求的具备职业资质的人,两者之间的差距如何通过教育来得到消除。他信奉卢梭

---

① Zabeck, J. *Geschichte der Berufserziehung und ihrer Theorie* [M]. Paderborn: Eusl-Verlagsgesellschaft mbH, 2009:191.

② Wolff, Christian. Vernünftige Gedanken von der Menschen Thun und Lassen zur Beförderung ihrer Glückseligkeit (1720) [M]. Zitiert *Ethik*. nach der 4. Auflage (1733). Herausgegeben von Hans Werner Arndt. Hildesheim und New York, 1976:12,375ff.

(Rousseau)的"人的存在是统一和谐的"理论。他将人的力量区分为两种:初始的和派生的。初始的力量存在于个体的灵魂当中,它具有本质意义。相对而言,派生的力量则不具有决定性意义。借助于派生力量,个体能够适应社会要求,使个体成为合格的社会公民。

卡帕认为,对于初始力量的培养来说,教育不应当过早进行。儿童早期的自然生长是极其重要的。那么,最为合适的开始教育的时机是什么时候呢? 这主要是看社会的要求。他认为,对于以上大学为目标的孩子来说,在 12 岁开始教育是较为合适的;对于以从事商业职业教育为目标的孩子来说,在 10岁开始教育是较为合适的;而对于其他领域的职业教育来说,如果考虑到在 13 岁的时候就要从事学徒工作,那么,在 9 岁开始教育是较为合适的。卡帕认为,尽管对于初始力量的培养来说,根据社会不同需要而时间长短不一,然而教学原则是统一的,也就是培养一种平衡力(Gleichgewicht),即身心的和谐生长。[①]

因此,可以说,卡帕以培养初始力量和派生力量的理论对普通教育和职业教育作了区分。并且认为应当先进行普通教育以培养初始力量,再进行职业教育以培养派生力量。

总之,德国 18 世纪上半期启蒙运动兴起后,启蒙思想家从不同的侧面分析了职业教育,在宗教本位之外论证了职业教育的合理性。社会发展需要职业教育,人的发展需要职业教育,并且社会发展和人的发展能够在职业教育中得到统一。在当时,

---

① Campe, Joachim Heinrich. *Über die große Schädlichkeit einer allzu frühen Ausbildung der Kinder* [M]. In der selbe (Hrsg.). Allgemeine Revision des gesamten Schul-und Erziehungswesens, Bd. 5. Wolfenbüttel, 1786B:70-84.

启蒙思想在一定程度上促进了职业教育的发展,这是无法否认的。

三、新人文主义者:普职分离

新人文主义的教育主张是以启蒙思想为基础的,并且又有新的发展。

早期的德国启蒙运动具有一定的保守性,它也致力于将理性和传统信仰结合起来。也就是说,"启蒙运动试图将人们对上帝盲目的服从,转变成一种理性的能力"①。教育的任务在于,"培养人们理解自然规律的,理解'好'的能力"②。启蒙思想家沃尔夫认为,理性不会导致个人旨趣和社会功能之间的冲突。③因此,从这个意义上说,理性主义是在阶层社会的框架中提出来的。换句话说,德国早期启蒙思想是温和的、妥协的。

"与温和的早期德国启蒙思想不同的是,18 世纪后叶发起的狂飙突进运动,鲜明地扯起反封建的旗帜。它反对德国启蒙思想中包含的世界观,反对阶层社会的生活形式,主张个人的自由发展。它通过张扬自我来提出和理性针锋相对的感性概念。在狂飙突进运动的背景下,以及在 18 世纪末期和 19 世纪初期政治事件的影响下,各个领域包括经济领域逐渐发生了变化。经济领域的变化主要体现在自由主义开始盛行。这时候,市民按照市场规律从事生产活动,市场成为致富的源泉。人们反对

---

① Zabeck, J. Berufspädagogische Aspekte einer Sozialgeschichte des Berufs [A]. In Lothar Beinke (Hrsg.). *zwischen Schule und Berufsbildung*. *Schriftenreihe der Bundeszentrale für politische Bildung* [C]. Band 198. Bonn: Bundeszentrale für politische Bildung, 1983:27－42.

② 同上。

③ Blankertz, H. *Berufsbildung und Utilitarismus* [M]. Düsseldorf, 1963:64.

行会,认为行会阻碍了经济和技术的发展,降低了社会工作的效率。只要解除行会的限制,原本属于第三阶层的市民就摆脱了合作主义的束缚,充分享受亚当·斯密(Adam Smith)关于社会分工理论带来的好处。谁在市场上获得了成功,谁就能进入更高一级的阶层。"①

在这样的社会意识形态和经济市场化背景下,在社会分工领域生成了一种独特的市民-自由主义(bürgerlich-liberal)择业观。它表现在两个方面。一是择业自由;二是遵守社会制度的框架条件,不要选择超出个人所处阶层限度的职业。

尽管择业自由是有条件的自由,不能超出某种限度,但对于职业教育来说,择业自由从根本上冲击了宗教本位的适应性的职业教育模式。

新人文主义对于传统手工业职业教育模式的批判正是在这样的背景下提出来的。新人文主义批判的焦点集中在对阶层社会形态下职业和教育关系的批判上。传统手工业职业教育中,个人没有职业选择的权利。因此,职业教育的重点在于对阶层社会的适应,在于对职业伦理的强调,职业教育的内容也完全是以适应职业为主的。而这正是新人文主义批判的对象。② 新人文主义的提倡者洪堡认为,环境不是决定个人的因素,与此相反,个人通过市民的身份和职业人的身份,能对环境进行改造。

① Zabeck,J. Berufspädagogische Aspekte einer Sozialgeschichte des Berufs [A]. In Lothar Beinke(Hrsg.). *zwischen Schule und Berufsbildung. Schriftenreihe der Bundeszentrale für politische Bildung* [C]. Band 198. Bonn: Bundeszentrale für politische Bildung,1983:27-42..
② Niethammer,Friedrich Immanuel. *Der Streit des Philanthropinismus und Humanismus in der Theorie des Erziehungs-Unterrichts unserer Zeit* (1808)[M]. Weinheim: J. Beltz,1968:101,319f, 332f.

人的全面的自由的教育,最终是通过人的实践体现出来的。①
在这个理论中,推翻了适应性教育,将教育的重点转至对环境的
改造。也就是说,职业教育目标如果局限于适应职业,那么,其
教育性就值得怀疑了。

新人文主义通过对手工业职业教育的教育性不足的批判,
将职业教育排除在教育领域之外。这造成了德国职业教育和普
通教育分离的历史根源。② 职业教育与普通教育的严格分离,
在客观上倒是为职业教育贯彻职业性原则提供了空间。

总之,在文化领域,路德通过宗教本位的阐述,赋予"职业"
以神圣的道德伦理的内涵,并且将普通民众的劳作赋予"职业"
之名。启蒙思想家则在宗教之外寻求职业教育的合理性内涵,
从社会发展和个人发展关系的角度来论证职业教育的必要性。
新人文主义进一步发展了启蒙思想,通过对职业教育进行教育
性不足的批判,严格地将职业教育从教育领域分离出去。从这
一段职业教育思想发展的轨迹中,我们可以看出,对于职业的宗
教意义的强调,对于职业伦理的强调,对于职业教育社会价值的
强调,以及职业教育和普通教育的严格分离,为德国职业教育的
"职业性"特征打上了深刻的烙印。在这一时期,马丁·路德从
宗教的高度,赋予"职业性"以合法性,构成了这一时期最为主要
的文化动力。

---

① Wilhelm von Humboldt. Bericht der Sektion des Kultus und Unterrichts an den
König (1809) [A]. In Flinter, A. & Giel, k. (Hrsg.). *Schriften* [C]. Bd. 5.
Stuttgart, 1964:218.

② 参见:Greinert, Wolf-Dietrich. Berufsbildungsforschung ohne historische Orien-
tierung — statt eines Nachrufes [A]. In Eveline Wuttke & Klaus Beck
(Hrsg.). *Was heisst und zu welchem Ende studieren wir die Geschichte der Be-
rufserziehung?* [C]. Opladen & Farmington Hills: Budrich UniPress Ltd,
2010:7-11.

第四节 本章小结

德国职业教育的产生是社会生产方式职业化的结果。在手工业产生后,形成了手工业职业教育的社会需求。商人阶层的产生,进一步刺激了职业教育的社会需求。早期工业职业的形成,进一步推动了职业教育的发展。在社会分工出现后,职业教育开展起来了。而行会的成立是职业教育机构化的结果。行会为了确保其生存,有力地贯彻了职业的专业化原则。职业教育目标和职业教育途径皆是以职业为导向的。在职业教育现代化的过程中,行会对于职业学校的成立也表现出极其开放的态度。第一批职业学校的形成,就是行会努力的结果。在文化上,德国文化从一开始就出现了有利于职业教育的理念转变。这主要得益于基督教对普通民众的身份的肯定。马丁·路德更是将普通民众的劳作赋予了职业的神圣意义,认为从事任何职业都是顺应上帝召唤的忠义行为。而启蒙思想中的重商主义,则赋予职业教育一种工具价值,并在这样的前提下,去推动职业教育的进行。新人文主义通过宣扬普通教育,批判职业教育,使得这两种教育类型走上严格分离的道路。对这一时期来说,马丁·路德的宗教主张以无与伦比的影响力,构成了最为主要的文化动力。

第三章 "职业性"的嬗变:(19世纪末—20世纪60年代末)

> 如果在人类文化中有一种平衡的话,那只能把它看成是一种动态的而不是静态的平衡,它是对立面斗争的结果。
>
> ——恩斯特·卡西尔(Ernst Cassirer)

第一节 社会需求

在这一阶段,德国工业化蓬勃展开,构成了职业教育的社会需求。那么,手工业经济和新兴工业经济的发展呈现出什么样的关系呢?

一、手工业经济的衰弱和复苏

中世纪后半期,政治局势动荡不安。随着城市化进程发展起来的手工业经济也遭到了重创。并且,工业的发展对手工业形成了另外一种冲击。手工业经济衰弱的一个重要表现是,手工业行会失去了凝聚力,对社会领域和专业领域不再具有组织功能。

然而,在此要说明的是,将手工业和工业对立起来,认为手工业在工业化过程中必然会遭遇毁灭性打击的观点,是不正确的。它仅仅是人们习惯性思维的产物罢了。比如在德国工业化过程中,手工业的生存与发展就呈现出完全不同于这一习惯性思维的景象。手工业不仅没有遭到毁灭性的打击,反倒有一定程度的发展。有数据为证:"在 1800 年到 1850 年间,手工业者在经济类就业人口中的比例从1.5%上升到了 12%;之后继续保持上升的趋势,到 1900 年,这一比例达到了 13%。"①

事实上,在工业化过程中,手工业并没有一个清晰的定义。因此,有的学者甚至认为手工业完全是一个主观概念:"手工业者就是那些愿意被称为手工业者的人。"②有的学者认为,从数据归类来看,手工企业就是那些微小型规模的企业,一般是"雇工少于五人的企业"③。因此,从概念上来看,手工业并非和工业截然对立。

另外,提森(O. Thissen)区分了手工业者的不同类型。他认为,手工业者可以分为:1. 生存困难的手工业者;2. 不同区域不同步发展的手工业者;3. 不同区域同步发展的手工业者。④可见,对于手工业者的生存状况,并不能一概而论。后两种手工业者类型的存在,意味着工业化过程并没有将所有的手工业都消灭殆尽,而是给某些手工业类型留下了生存和发展的空间。

---

① Fischer, W. Bergbau, Industrie und Handwerk 1850 – 1914 [A]. In Aubin, Hermann & Zorn Wolfgang (Hrsg.). *Handbuch der deutschen Wirtschafts-und Sozialgeschichte* [C]. Bd. 2. Stuttgart, 1976:559.
② Conze, Werner. Einleitung zu: Handwerker in der Industrialisierung [Z]. In Engelhardt, Ulrich (Hrsg.). *Handwerker in der Industrialisierung* [M]. Stuttgart, 1984:16f.
③ Lenger, Friedrich. *Sozialgeschichte der deutschen Handwerker seit 1800* [M]. Frankfurt am Main, 1988:115.
④ Thissen, Otto. *Beiträge zur Geschichte des Handwerks in Preußen* [M]. Tübingen, 1901:68 – 102.

尤其是"在 19 世纪末期,某些手工业者寻找到了新的就业机会,比如对工业产品提供服务和维修等。而且,设备的机械化也提高了手工企业的生产效率。另外,信贷企业的发展也为手工企业的发展提供了资金支持"①。这些都是有利于手工业发展的因素。

因此,在工业化过程中,手工业寻找到了生存和发展的空间,使得德国工业化体现出一种"经济二元特征(ökonomischer Dualismus)"。也就是说,"传统的经济和现代化工业长期共存。传统经济的表现形式为农民企业、手工业、零售业和家庭经济"。"传统经济为工业经济提供了劳动力;传统经济的商品和服务为工业劳动力提供生活必需品。"因此,可以说,"德国的经济长期体现为二元共存"②。这为德国职业教育提出了相应的社会需求。

二、工业化的特点

相对于英法两国而言,德国的工业化进程是缓慢的。"直到 1846 年的时候,其织布行业还几乎闻不到机器的隆隆声。即便是纺织业最发达的普鲁士,其棉织机使用动力的仍不到 4%。"③

然而,相对于传统手工经济而言,工业经济的特点是显而易见的。"工业技术发展程度相当高,企业规模较大,资金投入

---

① Fischer, W. Bergbau, Industrie und Handwerk 1850 - 1914 [A]. In Aubin, Hermann & Zorn Wolfgang (Hrsg.). *Handbuch der deutschen Wirtschafts-und Sozialgeschichte* [C]. Bd. 2. Stuttgart, 1976:561.

② Greinert, Wolf-Dietrich. *Erwerbsqualifizierung jenseits des Industrialismus. Zu Geschichte und Reform des deutschen Systems der Berufsbildung* [M]. Frankfurt am Main: G. A. F. B. -Verlag, 2008:72 - 73.

③ 转引自:孙玫璐. 职业教育制度[D]. 华东师范大学博士论文,2008(5):84。

很多。"①那么,德国工业化呈现出什么样的特点呢?

首先,在合理化目标的驱动下,大规模的工业企业普遍引入了泰勒管理模式。在泰勒管理模式中,工作过程有了明确的分工。企业效率和利润要达到最大化,有赖于这四类员工的有效合作:专业工人、无职业资质的工人、初学者以及受训者。"对于这四类人员的管理,采用分级管理的模式。也就是说,专业工人的工作内容是,制定技术方面的计划,监控生产过程,并且对其他三类无职业资质的或者职业资质不足的工人进行管理。"②对从业人员进行分级,和泰勒主义的效率至上有着密切关系。泰勒主义的一个重要观点是,一个企业要在市场上获得成功,不仅和企业经营者的领导能力有关,而且和企业的生产过程以及产品质量密切相关。因此,企业内部的科学管理甚为关键。只有将从业人员进行等级划分,允许无职业资质或者职业资质不足的工人上岗,才能降低企业成本,达到企业利润的最大化。

因此,我们可以识别出泰勒模式中的工业职业和手工职业的一个巨大的区别:大量的工业岗位不再要求劳动者具有全面的专业技能;而传统的手工职业不仅要求劳动者具有完整的专业技能,还要求包括职业习惯和职业伦理在内的全面的社会化。泰勒模式中的工业职业,要求人像机器一样准确地行使某个单一的功能;而手工职业则要求人达到一个原始圆满的职业人的境界。

其次,泰勒模式源自美国,理论本身在德国并未有新的发

---

① Greinert, Wolf-Dietrich. *Erwerbsqualifizierung jenseits des Industrialismus. Zu Geschichte und Reform des deutschen Systems der Berufsbildung* [M]. Frankfurt am Main: G. A. F. B.-Verlag, 2008:75.

② Zabeck, J. *Geschichte der Berufserziehung und ihrer Theorie* [M]. Paderborn: Eusl-Verlagsgesellschaft mbH, 2009:401.

展,但是在德国,泰勒模式下的职业教育却呈现出独特的一面。

在泰勒模式中,任何具体的工作岗位在教育意义上都有着较大的局限性。为了克服这样的局限性,德国职业教育界有着独特的创新:将具体岗位和资质区分开来。资质应当是为多个工作岗位,即岗位群服务的能力。资质是超越具体岗位能力要求的,是多个具体岗位的能力要求的综合。

这一区分有着重要的意义。资质概念的提出,为设置统一的职业标准提供了前提。随后,德国职业教育界基于资质的概念开发了统一的职业标准,即教育职业(Ausbildungsberuf)。

教育职业是相对于具体工作岗位提出来的一个教育意义上的职业。在现实生活中,它是不存在的。然而,设定教育职业有着重大的意义。教育职业克服了具体职业的单一、零碎、异质性的缺陷。教育职业的设定,使得职业和教育能够结合起来。可以说,“职业本身的完整、统一和系统,是通过‘教育职业’和企业的分离得以实现的”[1]。对于职业教育而言,教育职业的设定体现了职业教育的教育因素。教育职业通过其内蕴的教育因素,实现劳动力资质化的要求,实现职业教育的教育目标。教育职业提供了一个组织原则的范本,而由行会忠实地执行这一原则。

再次,工业化提出对高级职业教育的要求。

在德国工业化过程中,有着这么一种倾向:“追求价廉,无视物劣。”[2]德国工业界试图通过价格优势,在市场上获胜。事实

---

[1] Deißinger, T. *Beruflichkeit als „Organisierendes Prinzip" der deutschen Berufsausbildung*. Markt Schwaben: Eusl-Verlagsgesellschaft mbH, 1998:183 - 184.

[2] Zabeck, J. *Geschichte der Berufserziehung und ihrer Theorie* [M]. Paderborn: Eusl-Verlagsgesellschaft mbH, 2009:412.

证明,这样的策略是极其错误的。德国工业产品因其低劣的质量而无法占有理想的市场份额。在这样的背景下,工人的素质问题自然成为人们关注的焦点。提高工人的文化素质和技术灵巧度,成为改善产品质量的重要途径。

在此,主要涉及的是泰勒模式中最高级别的工人,即专业工人。因为和经济发展相当成功的英国比起来,在英国企业中,无职业资质的工人所占的比例更高。因此,问题的关键不在于减少无职业资质的工人比例,而在于提高专业工人的素质。那么,如何提高专业工人的素质? 有学者认为,参考手工职业学徒培训模式能够获得宝贵的经验。在手工职业学徒培训模式的基础上,加上职业进修学校的辅助,应当能够培养出高素质的专业工人。

因此,一方面,"从 20 世纪 20 年代开始,工业界逐渐发展出一个独立的学徒培训模式"。"尤其是在金属工业和电力工业以及重工业部门",得以首先发展出工业学徒培训模式。在这个模式中,"技术的发展和现代培训模式的因素影响较小,而在工作过程中直接习得经验知识成为职业教育的重点"①。

另一方面,一些职业学校得到了蓬勃的发展。比如,在 18世纪,普鲁士开始尝试在传统中等教育阶段建立实科学校,以满足工商业发展的需要。19 世纪上半期,实科学校发展势头良好。1859 年普鲁士政府颁布《实科学校课程编制》,明确规定要在文科中学之外另设新型学校来实施水平较高的文化教育。到1901 年,普鲁士政府宣布实科中学和文科中学具有同等地位,

---

① Greinert, Wolf-Dietrich. *Erwerbsqualifizierung jenseits des Industrialismus. Zu Geschichte und Reform des deutschen Systems der Berufsbildung* [M]. Frankfurt am Main: G. A. F. B.-Verlag, 2008:71,71 – 72,74.

实科中学毕业生亦有升入大学的资格。

因工业革命对工人的技术水平要求增高,自 1817 年开始,普鲁士在各行政区设立一所工业学校,学制为一年。不久,学制改为两年,后又改为三年。由于地方工业学校基础教育的不足,且由于改革措施不当,到 19 世纪后半期,半数学校停办,其余转为实科中学和专门学校。

为培养高级应用型人才,在德国土地上,多科技术学院开始建立起来,比如在 1815 年成立了维也纳多科技术学院,1825 年成立了卡尔斯鲁厄多科技术学院。到 19 世纪末,多种名目的技术学院发展起来,成为承担高等技术教育的主要力量。多科技术学院名副其实,开设多门学科,包括工程学、农业学、力学、化学和建筑学,还有哲学和普通基础课程。著名的柏林工业大学就是在三所多科技术学院合并的基础上成立的。从成立伊始,它就致力于争取和其他大学同等的地位。1899 年,柏林工业学院获得了授予博士学位的权力。1917 年,柏林工业学院的教师获得了评选正教授资格。①

也就是说,在职业教育领域,职业学校培养层次上移的势头是明显的。它带来可喜的成果:职业教育不仅造就了大量高素质的专业工人,也造就了一大批杰出的工程师。

纵观德国的经济历史,在当时,不仅仅是专业工人,工程师的素质同样是过硬的,在世界范围内名列前茅。德国的大企业丝毫不逊于美国的大企业,同样实现了生产过程的科学管理。正因为如此,德国在 19 世纪末期才能以后发优势,赶超工业化较早的国家。

---

① 参见:翟海魂.发达国家职业技术教育历史演进[M].上海:上海教育出版社,2008:65 - 71。

总之,在德国工业化的过程中,工业经济和传统的手工业经济有机地结合起来了。与此同时,工业化的过程中保留了相当多的传统因素。德国工业化的特点在很大程度上决定了职业教育的发展走向。因此,以传统手工业职业教育模式为基础,以教育职业为标准,以职业学校为辅助机构,职业教育踏上了现代化之路,培养了一大批高素质的专业工人和工程师。以此,职业教育较好地满足了工业化进程中的社会需求。

第二节 政治需求

职业教育在工业化过程中,设立统一的教育职业,设置职业学校,完成了初次现代化,从而实现了从传统手工业培训模式向现代职业教育模式的转变。这是一条德国独特的发展道路。德国学者将之称为一条"特殊之路"(Sonderweg)。用"特殊之路"来形容德国手工业职业教育模式再生的历史,实在合适不过。正是在手工业学徒培训模式的基础上,通过局部的调整和改革,现代德国职业教育体制得以形成。在政治方面,行会对职业教育继续拥有自治权力,国家满足于对职业教育拥有有限的干涉。职业教育的组织方式呈现出一种新合作主义的特征。

一、行会保留了对职业教育的自治权力

在18世纪,行会的生存一度受到威胁,然而行会在19世纪末特殊的经济和政治环境下得到重振。在这样的历史兴衰和重振中,行会对职业教育的自治权力得到传承。而职业教育自治传统在工业化的进程中有了新的发展,即职业教育的机构化。

(一)行会拥有自治原则的传统

在历史上,行会一直将职业教育视为己任。准确地说,行会

将管理职业教育事务视为一种珍贵的权力。通过职业教育,各行各业确保了自身的专业化。职业教育是增强本行业自身实力的有效途径。

并且,行会将这样的权力用法律的形式固定下来。"关于行会自治的法律规定应当追溯到1897年生效的《普鲁士行会法》。该法早在1870年就已制定。在该法中,规定了行会负责其下属企业的学徒培训事务。"①因此,行会自治的传统具有悠久的历史。

另外,查贝克指出,在历史上,行会在职业教育领域的权力是一种自由权力,并非是一种义务权力。直到1969年的《职业教育法》的颁布,才将这样的自由权力变成了强制性的义务权力。但是即使是在这样的义务权力之下,行会也仍旧保留了极大的自主空间。行会绝非国家的下属机构。行会在为自己争取利益的时候,有时可以将自己摆在国家的对立面。②

（二）行会的衰弱与复兴

然而,行会自治的传统并未能由始至终。就手工业培训形式而言,自1869年颁布《北德联盟手工业规定》以来,传统手工业培训模式就解体了。主张取消行会限制的《北德联盟手工业规定》在德国统一之后则适用于整个德国。从70年代开始,自由精神对传统手工业培训模式形成冲击。学徒培训经常中途中断,培训质量下降。《手工业规定》取消了入会义务,倡导入会自由。不再要求出具书面的学徒培训合同。合同的签订和取消也

---

① 参见:翟海魂.发达国家职业技术教育历史演进[M].上海:上海教育出版社,2008:473。
② Zabeck, J. *Geschichte der Berufserziehung und ihrer Theorie* [M]. Paderborn: Eusl-Verlagsgesellschaft mbH, 2009:472.

不再得到控制,合同降级为私人合同,只有合同的普遍条款还适用。① 也就是说,职业教育领域行会自治的传统遭到了毁灭性的破坏。行会在政治上的优势已经荡然无存。不仅如此,传统手工业还不得不遭遇经济萧条的重创。

德国统一(1871—1873年)后,就经历了严重的经济危机。出现了大萧条,价格大跌,生产大幅度缩水等经济现象。比如1875年,在生产领域尚有60.23%的劳动者从事小手工业(小手工业企业指的是从业人员为1人到5人之间的企业)。而到1882年则只有55.12%,到1895年,这一数据更是下降到了39.87%。在经济大萧条的时代背景下,传统手工业没落了,手工业培训形式也随之没落。②

面对政治上的劣势和经济上的萧条,手工业一蹶不振,手工业培训的形式也几乎不复存在。然而,到19世纪后半期开始,手工业又迎来了发展的契机。

"为了应对经济的大萧条以及自由主义振兴经济的乏力,政府开始实施中产阶级政策。其标志性的事件是贸易保护运动。"德国宰相俾斯麦倡导的这一项政策,固然是出于经济利益的考虑,但更多的是出于政治方面的考虑。"在新帝国成立之初,为了巩固根基,国家希望能够借助手工行业的力量。"这对于新帝国的根基巩固无疑有着积极的作用。与此相反,"自由主义政策则未能给他这样的信心"。因此,"出于稳定政治的考虑,国家开始采取一系列有利于中产阶级的保护主义政策"。"中产阶级包

① Greinert, Wolf-Dietrich. *Erwerbsqualifizierung jenseits des Industrialismus. Zu Geschichte und Reform des deutschen Systems der Berufsbildung* [M]. Frankfurt am Main: G. A. F. B.-Verlag, 2008:39.
② Rinneberg, K.-J. *Das betriebliche Ausbildungswesen in der Zeit der industriellen Umgestaltung Deutschlands* [M]. Köln/Wien: Böhlau Verlag, 1985:71ff.

括手工业者、小商人、小农民,尤其是手工业者占据了主力。"①
手工业的复兴,正是属于中产阶级运动的一部分。

中产阶级运动有步骤地推动了手工业的复兴。对此,格赖
纳特有着详尽的描述。在 1873 年开始的中产阶级运动,在手工
业领域,起初是要求成立一个自由手工业者和工业雇主的协会。
接着,人们要求雇主成立手工业行会和行业仲裁机构,将进修学
校的学习设为义务性教育,进一步实现专业事务方面的合作。在
1878 年经济形势进一步恶化后,行会化的趋势得到了加强。在
1882 年马格德堡的全德手工业者大会上,大部分的手工业者都认
可强制性加入行会的义务,以及对于从业者颁发能力证明的需
要。在政治上,德国保守党和中央党的大力支持,使得这一倡导
得以实施。因此,在 1878 到 1897 年间,以及在 1908 年,推出了一
系列的《手工业补充条例》,极其明显地提高了手工业者的权利。
而其中最为著名的则是 1897 年通过的《手工业保护法》。而对于
手工业者从业必须有能力证明的倡导,则几经波折,最后规定培
训学徒者必须拥有师傅头衔。② 也就是说,通过设立对手工业
的入行限制,行会重新拥有了权利。与以前不同的是,在 1897
年的《手工业保护法》中,行会的性质得到了明确,即"行会作为
公法机构(Körperschaften des öffentlichen Rechts)的性质"③。

与此相适应,德国行会也重新掌握了职业教育领域的主导

---

① Greinert, Wolf-Dietrich. *Erwerbsqualifizierung jenseits des Industrialismus. Zu Geschichte und Reform des deutschen Systems der Berufsbildung* [M]. Frankfurt am Main: G. A. F. B. -Verlag, 2008:41.

② 同上:42-44。

③ Greinert, Wolf-Dietrich. Der Beruf als ein Anker deutscher Arbeitskultur — oder wie erkläre ich einem Engländer unsere besondere Berufsausbildungsphilosophie? [A]. In Ulrike Buchmann & Richard Huisinga & Martin Kipp (Hrsg.). *Lesebuch für Querdenker* [C]. Frankfurt am Main: Verlag G. A. F. B, 2006:118.

权力。德国行会的职能表现在:"开展学徒教育;对学徒教育适用的法律法规的执行和监督;为相关职能部门提供咨询;出具职业教育的报告和年度报告;对于非行会学徒的考试组建考试委员会;对于考试决定组建聘任委员会。"①

"在 1897 年的《手工业保护法》中,第 126—128 条属于普通条款,第 129—132 条属于特殊条款。""这些条款主要是和手工业培训相关的",目的在于促进手工业学徒培训的发展。"立法者将手工业学徒培训的监控和管理,包括考核等重要事务全部委托给了手工业行会。"②

总而言之,中产阶级政策是德国民主化进程中,富有国家特色的政治行为。历史学家温克勒(Winkler)认为,这是德国"国内政治的双向保险"。③ 也就是说,在存在社会革命的危险情况下,维系国家政权的各种力量之间相依相存,进行相互保险,从而能够在议会中取得绝大多数的投票。温克勒认为,超党派的、以议会多数票为唯一准则的国家机器,受到社会利益集团的操控,这是德国国家制度的特点。因此,在经济和政治上都没有优势可言的中产阶级,能够实现某种程度上的"封建复辟"。也就是说,得以保证特定的阶层利益和保留特定的组织形式。这使

---

① Greinert, Wolf-Dietrich. *Erwerbsqualifizierung jenseits des Industrialismus. Zu Geschichte und Reform des deutschen Systems der Berufsbildung* [M]. Frankfurt am Main: Verlag G. A. F. B, 2008:49.

② Greinert, Wolf-Dietrich. Der Beruf als ein Anker deutscher Arbeitskultur — oder wie erkläre ich einem Engländer unsere besondere Berufsausbildungsphilosophie? [A]. In Ulrike Buchmann & Richard Huisinga & Martin Kipp (Hrsg.). *Lesebuch für Querdenker* [C]. Frankfurt am Main: Verlag G. A. F. B, 2006: 119.

③ Winkler, H. A. *Mittelstand, Demokratie und Nationalsozialismus* [M]. Köln, 1972:57ff.

得手工业者、小商人和农业能够在资本竞争的环境中,继续保留工业革命前的经济形式,继续获得与行业相符的收入。

德国在民主化进程中所体现出的国家特色,与法国形成了鲜明的对比。法国大革命进行得极为彻底,其所倡导的自由精神和德国的保守政治倾向是两种截然不同的风格。"在法国大革命的扫荡下,法国手工业阶层彻底没落,其所代表的阶层利益在自由革命精神前丧失了根基。因此,传统的手工业职业教育模式,即学徒式职业教育模式,也随之成为历史,不再有复兴的可能。"①

而德国则由于特殊的社会环境,尤其是保守主义倾向的政治环境,为传统手工业职业教育模式的再生提供了沃土。在19世纪末德国成立初期,为了保证新帝国的根基稳固,对于没落的手工业实行复兴的政策,倡导一系列有利于手工业复兴的中产阶级政策。传统手工业职业教育模式,正是在这样的背景中得到了复兴和再生。

二、行会自治原则下的职业教育机构化

行会对职业教育自治的原则在工业化进程中有了新发展,即职业教育机构化。

职业教育机构化,主要表现为职业学校、教学工场(Lehr-werk)②以及各类协会的成立。在职业教育机构化的过程中,国家权力的涉足是极其有限的,主要体现了一种行会自治原则。

职业学校的前身是进修学校。进修学校成立于18世纪,它

---

① 参见:Greinert, Wolf-Dietrich. *Berufsqualifizierung und dritte Industrielle Revolution* [M]. Nomos Verlagsgesellschaft. Baden-Baden, 1999:35.
② 注:Lehrwerk 也可翻译为培训车间。

既是已就业青年的进修学校(即星期日学校),又是行会特别是手工业行会进行职业培训的场所。当时的进修学校多为私人举办,教育状况堪忧,面临倒闭的危险。而到了 19 世纪后半期,随着人口的增长和城市化进程的加速,青年的教育问题日益突出。这样的局势倒是为进修学校的发展提供了契机。起初,国家试图参考国民学校的课程计划,将进修学校改造成专门为小市民和无产阶级青年开设的教育机构。然而这样的尝试失败了:普通教育的教学计划和政治教育无法结合起来。①

在这样的背景下,凯兴斯坦纳(G. Kerschensteiner)提出了对进修学校的改革方案:将进修学校改造成职业学校。凯兴斯坦纳认为,职业是连接专业教育、人格教育和政治教育的桥梁。凯氏的主张被当局所采纳,"在 1895 年至 1914 年间,政府对进修学校进行了大规模的改革、扩建和标准化"②。另外,"自 1870年开始,德国开始考虑实施强制职业技术教育的问题,并且于1891 年 6 月修改了帝国工业规则,规定 18 岁以下的徒弟和职工必须到补习学校学习,接受继续教育,否则予以处罚"③。由此,进修学校得以成为手工业学徒培训的有益补充。

"直到 19 世纪 90 年代,成立职业学校属于行会管辖范围。到 20 世纪,行会对于成立职业学校的兴趣有增无减。到 1910年为止,行会成立了 31 个进修学校。商贸学校和高级商贸学校

---

① Greinert, Wolf-Dietrich. Der Beruf als ein Anker deutscher Arbeitskultur — oder wie erkläre ich einem Engländer unsere besondere Berufsausbildungsphilosophie? [A]. In Ulrike Buchmann & Richard Huisinga & Martin Kipp (Hrsg.). *Lesebuch für Querdenker* [C]. Frankfurt am Main: G. A. F. B.-Verlag, 2006: 119 – 120.

② 同上:120。

③ 翟海魂. 发达国家职业技术教育历史演进[M]. 上海:上海教育出版社,2008:71。

排在了商务类进修学校的前面。"①然而,一战后,职业学校由行
会监控和管理的局面被打破。地方政府和国家开始越来越多地
干涉职业学校事务。职业学校逐渐成为国家权力的管辖范围。

对于行会的复兴以及职业教育的机构化,格赖纳特有着精
辟的评论:"如果说行会的复兴体现了一种保守的倾向,那么,职
业学校的成立则表达了一种自由主义的精神。"②并且,这两者
是相辅相成的。职业学校的成立是对保守主义思潮的一种反
击,弥补了行会举办职业教育的缺陷。职业学校的成立是对经
济现代化做出的反应,对行会举办的职业教育起到了一种完善
和补充的作用。

在职业教育机构化过程中,体现国家权力的另外一个方面
是教学工场。教学工场有着悠久的传统。在法国,它是法国大
革命之后成立的国家机构。而在德国,主要是于 19 世纪 70 年
代在国有铁路部门成立的。③ 在 1912 年,一共有 11 家教学工
场。而到 1919 年,则增加到 39 家。到了 1926 年,更是猛增到
175 家。④

教学工场的成立和工业化的背景是紧密相连的,它是针对

① 参见:Zabeck, J. *Geschichte der Berufserziehung und ihrer Theorie* [M]. Pad-
erborn: Eusl-Verlagsgesellschaft mbH, 2009:474.

② Greinert, Wolf-Dietrich. Der Beruf als ein Anker deutscher Arbeitskultur — o-
der wie erkläre ich einem Engländer unsere besondere Berufsausbildungsphiloso-
phie? [A]. In Ulrike Buchmann & Richard Huisinga & Martin Kipp (Hrsg.).
Lesebuch für Querdenker [C]. Frankfurt am Main: G. A. F. B. -Verlag, 2006:
119.

③ Bücher, K. *Die gewerbliche Bildungsfrage und der industrielle Rückgang*
[M]. Eisenach: J. Bacmeister Verlag, 1877:63.

④ Greinert, Wolf-Dietrich. *Erwerbsqualifizierung jenseits des Industrialismus.
Zu Geschichte und Reform des deutschen Systems der Berufsbildung* [M].
Frankfurt am Main: G. A. F. B. -Verlag, 2008:83.

工业化进程对专业工人的需求而出现的。工业生产对专业工人的技术水平要求较高,传统的职业教育模式无法满足这一要求。在专业工人的培养中,出现了三大问题。首先,培训者和受训者的身份问题。培训者和受训者的身份模糊,使得培训者缺位,受训者被当成廉价劳动力滥用。为改变这一情况,在某些地区,出现了领取报酬的学徒(Lohngesellen)。通过支付薪酬,让学徒得以接手某些具有一定难度的任务,从而避免一直重复某些毫无长进的下手活儿。其次,工业学徒的资质标准没有确定。1878年和1897年的《手工业补充条例》,窄化了学徒资质适用的职业领域。并且,学徒资质缺乏统一标准,不同企业差异很大。在这种情况下,学徒学习时间被随意安排,在某些岗位上培训时间过长,在另一些岗位上则培训时间过短。再次,培训的计划性不足。在1878年的《手工业补充条例》中规定,培训应当按照特定的专业范畴和顺序来进行。但是在实际上,培训过程经常受制于技术和经济的发展,由工业生产过程来决定。①

可以说,工业学徒培训处于一种无序、随意和低效的状态。正是为了改变这一局面,提高工业学徒培训的科学性,各类教学工场逐渐成立起来,并且发展成为职业教育培训的另一重大场所。

人们认为,教学工场是"未来的培训机构"②。"教学工场传承古老的手工业职业教育模式的优势,并且迎合了现代经济生活的要求。教学工场为学徒创造了条件,使得他们在工作中和

---

① 参见:Zabeck, J. *Geschichte der Berufserziehung und ihrer Theorie* [M]. Paderborn: Eusl-Verlagsgesellschaft mbH, 2009:432-434.

② Bücher, K. *Die gewerbliche Bildungsfrage und der industrielle Rückgang* [M]. Eisenach: J. Bacmeister Verlag, 1877:63.

工作之外都能够获得完整的专业技能、获得全面的身体协调训练，获得细心和精确的态度，获得方向感和审美能力。教学工场的好处在于，能将上述品质内化为人的'第二天性'。"①

以此，职业教育机构化了。另外，随着职业教育机构的成立，课程与教学得以标准化。"无论是对于职业学校，还是对于教学工场而言，最为核心的特征是强调课程的设置，在教学上强调技术心理学的指导。课程和教学内容进行了标准化，制定出统一的职业标准（Berufsbild）、培训计划和考试要求。"②同时，受到泰勒理论的影响，要求对工业学徒按照纪律和精细原则进行培训。在泰勒模式中，采用课程的方式进行学习，这意味着将工作过程分解为若干步骤，并且按照难易程度决定学习顺序。在 1873 年维也纳举行的世界博览会之后，这样的课程学习方式在全世界迅速地得到了普及。

三、跨地区协会的成立

在职业教育机构化的过程中，行会还通过成立跨地区的协会，来扩大它的政治影响力。

这一类协会（Verband）扮演的角色是不可忽略的。协会最主要的作用是代表了某一社会领域的专业权威。因此，在作出某项政治决策的时候，协会具有作出专业建议的权力。另外，协会的成员也行使各自的政治功能。对于职业教育领域而言，典型的协会有德国技术教育协会、德国商务领域的课程协会以及

---

① 参见：Zabeck，J. *Geschichte der Berufserziehung und ihrer Theorie* [M]．Paderborn：Eusl-Verlagsgesellschaft mbH，2009：438－439．

② Greinert，Wolf-Dietrich．*Erwerbsqualifizierung jenseits des Industrialismus. Zu Geschichte und Reform des deutschen Systems der Berufsbildung* [M]．Frankfurt am Main：G. A. F. B.-Verlag，2008：82．

教育、经济类学校的教师协会。

德国技术教育协会(DATSCH)的核心事务是培养专业工人。当时,普鲁士的商贸部门决定,取消专业学校提供专业咨询的资格。同时,委托德国工程师协会,从专业的角度来判断技术教育机构的学习年限是否合理。而德国工程师协会则认定,发挥 DATSCH 的重要作用,是解决技术教育问题的最佳方案。

这为 DATSCH 的发展提供了契机。起初,DATSCH 只是一个技术教育交流经验的平台,并不处理具体的事务。1910 年之后,这一情形有了变化。在 1911 年,DATSCH 对于专业资质作出不同层次的划分:专业工人、初学者以及未经培训者。并且对于不同层次的专业资质进行了清晰的界定。在此基础上,对专业工人的培养成为 DATSCH 的核心事务。

对于 1896 年成立的德国商务课程协会来说,它的成员有商业行会、政府、社区、学校以及企业和个人。他们有着共同的目标,就是最大限度地满足德国商务类的课程要求,提高教学质量。在 1914 年,协会更名为商务类教育协会。

教师协会的成员是个人。教师协会的职责在于,一方面,保证教师职业的专业性,另一方面,督促教师及时更新专业知识。查贝克认为,从教师协会的发展历史来看,一个明显的特点就是教师职业专业性的加强。也就是说,教师的入职条件越来越苛刻了。但入职条件的提高,教师行业专业化的加强,不利于年轻人的加入。如何在专业化和培养新生力量之间取得一个平衡,是教师协会的工作重点。[1]

---

[1] 参见:Zabeck, J. *Geschichte der Berufserziehung und ihrer Theorie* [M]. Paderborn: Eusl-Verlagsgesellschaft mbH, 2009:478 – 481.

　　综上所述,在这一时期,"职业性"满足了新合作主义发展的政治需求。回顾历史,可以发现,行会在政治上重新取得优势,维护了职业教育领域行会自治的传统。另外,为应对专业工人系统学习理论知识的要求,德国职业教育机构化了,职业学校和教学工场以及各类专业协会的成立,为合作主义注入了新的因素。这样,德国传统手工业职业教育模式通过工业化的洗礼,完成了现代化的历程,正式成为德国现代职业教育核心培养模式。

　　在传统手工业职业教育模式中,行会作为职业教育的组织机构,所采用的职业教育制度是职业导向的。行会作为职业教育的组织机构和职业教育的"职业性"特征,这两者之间是有亲缘关系的。行会是企业的代表,而企业是建立在特定的职业或者职业群基础之上的。在企业中进行职业教育,天生就有着以职业为资质化标准、以职业为学习过程之依托的倾向。也就是说,在企业中进行职业教育,直接导致了职业教育制度职业导向特征。因此,新合作主义传承了行会对职业教育的主导作用,从根本上确保了"职业性"的巩固和发展。

　　换言之,在工业化的过程中,传统手工业职业教育模式进行了渐变性的改革。行会仍旧作为主要的执行机构,配以职业学校、教学工场和各类协会为辅助,另设立教育职业作为资质化标准,完成了初始现代化的过程。这一过程是一个不断对自身进行扬弃的过程,体现为前一时期的制度按照一定的合理化原则转化为后一时期制度的构成部分。也就是说,在这一过程中,制度所追求的是合理、规范和稳定。

第三节　文化需求

　　在这一时期,对"职业"的理解出现了新的倾向,呈现出"市民-自由主义"(bürgerlich-liberal)的特征。市民阶层作为一个新兴的城市阶层,打破了原有的社会结构。自由主义则是和国家权威、行会垄断相对的一个概念。在德国,自由主义主要指的是突破行会限制,提倡个性张扬的一种主张。在职业教育领域,"市民-自由主义的职业概念,主张个人结合自身的天赋旨趣来选择职业,从而使得个人从事的世俗职业和个人人格的发展完美和谐地结合起来。"①

在职业教育领域,结合市民-自由主义的职业主张,发展出了一套古典职业教育理论。其中,最突出的代表性人物是斯普朗格(E. Spranger)、凯兴斯坦纳(G. Kerschensteiner)和费舍(A. Fischer)。这三位教育家,对于职业和教育的关系从不同的角度进行了阐述,从学理上论证了职业作为教育载体的合理性。古典职业教育理论对职业的教育意义的肯定,构成了这一阶段职业教育的文化需求。

一、斯普朗格:职业是文化和教育的媒介

爱德华·斯普朗格(1882—1963)在他的一生中,并未从事职业教育工作。因此,称他为专门的职业教育家,似乎欠妥。然而,他对于职业教育所做的贡献之大,又是任何职业教育家所无法企及的。

斯普朗格站在意识形态的高度,对职业教育作出独特的诠释。在他的文化哲学中,包含有众多的对于职业教育的阐述。

---

① Zabeck, J. Berufspädagogische Aspekte einer Sozialgeschichte des Berufs [A]. In Lothar Beinke (Hrsg.). *zwischen Schule und Berufsbildung. Schriftenreihe der Bundeszentrale für politische Bildung* [C]. Band 198. Bonn: Bundeszentrale für politische Bildung, 1983:27 – 42.

也就是说,斯普朗格把对于职业概念的理解,置入了文化哲学的背景中。他认为职业既包括客观维度,也包括主观维度。职业的客观维度,指的是职业活动所体现的文化价值。职业的主观维度,指的是个体的天赋秉性。职业之所以包含教育的因素,正是因为职业是连接客观文化和主观精神的纽带。职业概念中的客观维度,将职业和文化联系起来。职业概念中的主观维度,将职业和教育联系起来。也就是说,职业教育从学理上讲是可行的。职业、文化、教育这三者的关系如图所示:

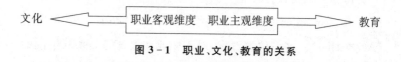

图 3 − 1　职业、文化、教育的关系

对于斯普朗格而言,教育问题聚焦在教育价值标准的选取上。也就是说,通过选择合适的教育活动,将职业的主观维度和客观维度结合起来。他认为,只有那些适合主体的,愿意主动接受的教育材料,才有教育价值。在这点上,他认为,教育价值和教育行为是一体的。"知识的价值领域和认知行为领域是相吻合的。经济—技术行为体现的是实用价值,美学行为体现的是美学价值,社会行为体现的是集体价值,统治行为体现的是政治价值,宗教行为体现的是宗教价值。"[1]也就是说,按照学生内心旨趣的不同,安排不同的教育活动,传递相应的教育价值。个人内心旨趣与不同的教育价值相结合的同时,也意味着职业的主观维度和客观维度得到了统一。

---

① Spranger, E. Berufsbildung und Allgemeinbildung [A]. In Kühne Alfred (Hrsg.). *Handbuch für das Berufs- und Fachschulwesen* [C]. Leipzig: Verlag von Quelle & Meyer, 1923:20.

如果要进一步追寻斯普朗格职业教育思想的理论基础,必须探究斯普朗格的教育思想体系。斯普朗格的教育概念总是和文化理念结伴而行。因此,他的教育理论具有浓厚的精神文化教育特征,被称为精神文化教育学。正是在文化哲学的理论背景下,斯普朗格为教育下了定义:"教育是个体在文化的影响下,所受到的统一的、分阶段的能力发展的培养。通过教育,个体获得进行文化活动的能力,从而能为丰富文化作出贡献。"①

因此,我们要正确理解斯普朗格的职教思想,必须探本寻源,追溯至他的文化哲学。斯普朗格的《生活形式论》一书,集中体现了他的文化哲学思想。在这部著作中,斯普朗格将人的内在精神和客观精神统一了起来。② 查贝克认为,斯普朗格的这一思想可以追溯至康德的经验论:获得经验的条件和获得接触经验对象的条件是一致的。因此,康德认为,客观真理和主观的判断是能够结合起来的。③ 斯普朗格从个体生活形式的角度,进一步发展了这一理论。

斯普朗格指出,人的心灵有着不同的功能领域,它们共同发生作用,从而指导着人的行为。他将此称为个人的精神活动(Geistesakte),并且认为个人的精神活动是文化创造的源泉。另一方面,文化也对个人的精神活动起着反作用。通过文化体验,文化对个人的精神活动起到潜移默化的影响。活动和体验

---

① Spranger, E. Berufsbildung und Allgemeinbildung [A]. In Kühne Alfred (Hrsg.). *Handbuch für das Berufs- und Fachschulwesen* [C]. Leipzig: Verlag von Quelle & Meyer, 1923:17.

② Spranger, E. *Lebensformen. Geisteswissenschaftliche Psychologie und Ethik der Persönlichkeit* [M]. Halle: Max Niemeyer, 1921:71ff.

③ 转引自:Zabeck, J. *Geschichte der Berufserziehung und ihrer Theorie* [M]. Eusl-Verlagsgesellschaft mbH, Paderborn, 2009:494.

是不可截然分开的。所有的活动等级并非对应某个孤立的体验等级，而是对应某个文化领域。斯普朗格认为，一共有下述六个文化领域。

—— 经济文化领域。指的是个体为了生存而进行的劳作，体现在经济—技术活动中。

—— 艺术文化领域。指的是艺术创作和其他艺术活动。

—— 科学文化领域。指的是对客观事实的研究，对人和自然的特性的理论研究。

—— 政治领域。指的是统治和管理，行使权力的活动。

—— 社会领域。指的是公共意志，其对象是人与人之间产生各种情感的交往。

—— 宗教领域。指的是对至高无上的宗教权力的维护。

"经济—技术行为体现的是实用价值"，从这句话中，我们可以看到，斯普朗格将经济—技术也纳入了文化的范畴。也就是说，经济—技术行为是体现实用性质的教育价值的一种活动，这是无可非议的。而经济—技术行为领域正是需要进行职业教育的主要领域。因此，在经济—技术领域开展职业教育，也理所当然地属于教育行为。

斯普朗格认为，个体如果对经济技术领域感兴趣，那么，通过合适的教育材料和教育过程，完全能够接受完整的教育。不仅如此，他认为只有通过体验，通过职业活动，才能真正地将客观文化进行内化，从而真正实现教育价值。因此，斯普朗格认为，职业活动是获取客观文化的最佳途径。由此看来，斯普朗格描绘了一幅表达职业和教育关系的理想画面：职业能为教育提供有教育价值的材料；职业能为教育提供最为合适的途径。

另外,斯普朗格认为,职业教育的目标,在于使主体获得从事职业活动所需的资质,获得具体的行业文化。斯普朗格从文化哲学的高度,将职业分成六类。并且认为,从事任何一个具体的职业,都能和上述的某种文化领域对应起来。也就是说,职业教育的目标就是对文化的适应和发展。

综上所述,斯普朗格的职业教育主张体现在两个方面。一方面,斯普朗格认为,通过择业自由,职业可以与教育有机结合起来。职业的主观维度呼应了主体内心的旨趣,职业的客观纬度行使了社会生产的功能。因此,在职业中受教育是一个极其和谐的画面。另一方面,在文化哲学的背景下,职业教育是一种适应性的教育过程。职业教育的本质是适应性的社会化。

二、凯兴斯坦纳:职业教育和公民教育的统一

对于职业和教育的关系进行深入探讨的另一代表人物是凯兴斯坦纳(1854—1932)。凯兴斯坦纳出生于德国巴伐利亚州首府慕尼黑的一个市民家庭,于 1895 年被任命为慕尼黑市教育局局长。[1] 他长期从事中小学教育工作,因此,他对职业教育的论述带有实践工作者的特点。他最为有名的论述就是解答如何应对"大众学校毕业后和服军役之间的空缺",并提出融合职业教育和政治教育的主张。

(一) 职业教育的政治功能

职业教育和政治教育关系密切。在如何应对"大众学校毕业后和服军役之间的空缺"的问题上,职业教育在客观上解决了

---

① 参见:Zabeck, J. *Geschichte der Berufserziehung und ihrer Theorie* [M]. Paderborn: Eusl-Verlagsgesellschaft mbH, 2009:485 - 486.

一个政治难题。①

德意志帝国成立之初,根基并不稳固。采用自上而下的方式进行的统一,隐藏了诸多的问题。主要表现在内部不稳定的因素较多,暗流涌动,阶层之间矛盾众多。如何实施灵活的政策,关系到帝国是否能进一步站稳根基。因此,为了"克服政治分裂和社会分裂,俾斯麦采取了一种消极的融合政策(Integrationspolitik)"。也就是说,将帝国的敌人和忠于帝国的利益集团生硬地捆绑起来。并且利用它们之间的矛盾,灵活地获得多数的选票。

"19 世纪 70 年代初期,工业无产阶级人数急剧上升。因为从 1871 年帝国成立开始,男性公民都有了选举权利。而始于1864 年的工人运动,也被社会民主党组织起来了。"因此,对于无产阶级男性青年的社会融合教育,成为一个中心议题。"在19 世纪末期,问题集中表现在如何应对大众学校毕业后和服军役之间的空缺。"

"为了解决这一问题,自由主义给出了答案。""自由主义希望能够通过进修学校,实现大众教育的普及。"只有普及了大众教育,才能在精神上实现统一。也就是说,通过精神层面的统一来实现社会融合,这就是进修学校的宗旨。

凯兴斯坦纳认为,进修学校有三个任务。首先,对学生的"职业陶冶",也就是公民的职业准备;其次,"职业陶冶伦理化";第三,实现"团体的伦理化"。② 也就是说,在凯兴斯坦纳的职业

---

① Greinert, Wolf-Dietrich. *Erwerbsqualifizierung jenseits der Industrialismus. Zu Geschichte und Reform des deutschen Systems der Berufsausbildung* [M]. Frankfurt. a. M. : G. A. F. B. -Verlag, 2008:54.

② 单中惠,杨汉麟.西方教育学名著提要[M].台北:台北昭明出版社,2002:319。

教育主张中,对于教育的理解是获得职业操守,获得公民素质,将职业教育和政治教育联系在一起。

　　进修学校教学遵循职业教育和政治教育相统一的原则。最能体现两者结合的一门课程是职业和公民学。[①] 在这门课当中,专业理论、商业理论和公民理论融为一体。它构成了后来兴起的职业学校课程的核心。职业学校的课程"集中体现了中产阶级的职业形象,体现了忠于国家的思想。从 90 年代中期开始,自由主义者和政府将这样的教育模式作为进修学校的主要教育模式进行推广"[②]。

　　也就是说,在这一时期,职业教育是政治教育的手段。职业教育,"一方面是现代经济政策的体现,另一方面,是保守的甚至是反动的社会政策的产物"[③]。凯兴斯坦纳作为职业教育政治化的代言人,从学理上论证了职业教育发挥政治功能的合理之处。按照教育即社会化的逻辑,在职业教育发挥社会化功能的时候,通过对青年进行公民教育和职业伦理教育,可以将年轻人培养成国家所需要的合格公民,从而解决社会不稳定的隐患。

　　事实上,教育政治化,并非源自凯兴斯坦纳。在德国,早已在费希特(J. G. Fichte)(1762—1814)和黑格尔(G. W. F. Hegel)(1770—1831)时代,即提出教育政治学的主张。费希特教

---

① Greinert,Wolf-Dietrich. *Erwerbsqualifizierung jenseits der Industrialismus. Zu Geschichte und Reform des deutschen Systems der Berufsausbildung* [M]. Frankfurt. a. M. : G. A. F. B. -Verlag,2008:63.

② Harney,K. *Die Preußische Fortbildungsschule* [M]. Weinheim/Basel,1980: 139ff.

③ 参见:Körzel,R. *Berufsbildung zwischen Gesellschafts-und Wirtschaftspolitik* [M]. Frankfurt a. M. : G. A. F. B. -Verlag,1996.

育政治学思想中最为基本的内容是民族主义教育观和国家主义教育观。① 而黑格尔认为,个人的人格、个性、自由和价值,只有当他成为国家的成员时,才能真正实现。② 因此,教育政治化,在德国有着悠久的传统。凯兴斯坦纳的职业教育政治化,是这一传统在职业教育领域的延伸。

(二)职业教育的文化功能

一方面,凯兴斯坦纳主张职业教育政治化,另一方面,他也坚持职业教育对人的发展的促进作用。

凯兴斯坦纳认为,职业教育的目的就在于,"对学生进行能力培养,使得他能够顺应内心的召唤,去从事适合他天性的工作"③。职业教育包含着个性的内容,因此能顺应个体内心的召唤。他认为,职业教育的意义远远不止于职业教育本身。它对于青年融入社会,有着不可估量的意义。通过伦理教育,能够使青年从内心产生一种认同感,从而将职业教育和内心的召唤结合起来。

在这一点上,我们可以发现凯兴斯坦纳和斯普朗格的教育主张有重合之处。凯兴斯坦纳的教育主张,是以斯普朗格的理论为基础的,并作出一定的补充。

比如,凯兴斯坦纳认为,文化价值只能通过体验获得。他以此否定了理论学习至高无上的观点。因此,概括起来,他的教育理论的核心是文化体验。他认为,"教育即依赖文化手段,主体

---

① 成有信等著.教育政治学[M].南京:江苏教育出版社,2000:15 - 18。
② 同上。
③ Kerschensteiner, G. *Theorie der Bildung* (1926) [M]. Leipzig und Berlin: Teubner Verlag, 1931:39.

得以内化为不同广度和深度的价值观"①。凯兴斯坦纳以此对教育的定义注入了文化体验的特性。从这个意义上讲,凯兴斯坦纳和斯普朗格的教育理论是一致的。凯兴斯坦纳认为,教育即灵魂的塑造。"教育实现的途径就是周围客观文化的影响或者说主体对这种客观文化的内化。"教育的过程就是客观教育精神在不同个体身上复苏的过程。凯兴斯坦纳认为,"要实现这样的教育任务,最理想的教育机构非职业学校莫属"②。因为,架构主体和文化客体之间的桥梁,只能是劳作。劳作和文化客体密不可分,它反映了伦理、智力、社会、美学、宗教和技术价值类型。因此,个体通过劳作,能够得到文化体验。从这个意义上讲,凯兴斯坦纳和斯普朗格的教育理论是互相补充的。

三、费舍:职业学校蕴含了教育的契机

深入阐述职业和教育关系的第三位代表人物是费舍(Aloys Fischer)(1880—1937)。费舍坚信教育和职业是能够融合在一起的。然而理想的融合状态总是因各种阻挠因素遭到破坏。比如,职业学校在开展实际教学工作的时候,并没有遵循和体现劳作学校的宗旨,甚至有人将劳作学校的宗旨窄化为培养手工业者、专业工人或者脑力劳动者。而对于职业学校何以无法实现劳作学校的宗旨,费舍进行了更深入的分析。他认为,职业学校的教师有着无法推卸的责任。因为职业学校教师本身的教育背景就有缺陷,受困于专业上的局限。另外,工业界对于低素质工

---

① Kerschensteiner, G. *Theorie der Bildung* (1926) [M]. Leipzig und Berlin: Teubner Verlag, 1931:17.

② Kerschensteiner, G. *Das Grundaxiom des Bildungsprozesses* (1917) [M]. Berlin: Union Deutsche Verlagsgesellschaft, 1924:7.

人的青睐,也是一大原因。工人满足于掌握特定流水线作业的技能。① 正是基于这样的现实情况,职业教育才沦为狭隘的专业教育。

尽管如此,费舍仍旧深信不疑,个人职业理想能够被唤醒,职业学校中人的教育理想能够被实现。"在人文教育和专业教育融合之时,也就是专业教育的局限得以突破之时。""设置劳作课程的出发点,是培养能够解决生活中各种困难的能力。"具体而言,"通过劳作课程,要培养发现问题的能力,唤醒提出问题的兴趣,培养实施解决方案的能力,以及反思能力。只有在这个意义上,职业教育才能突破专业教育的局限"。另外,在职业学校中,还需要对工作的伦理意义和职业的社会意义进行思考。② 费舍认为,在职业学校中,学生应当对未来的工作世界形成基本的观点和看法。而正是这样的时刻,蕴涵了教育的契机。

综上所述,以凯兴斯坦纳、斯普朗格和费舍为代表的文化教育学派对职业赋予了极高的教育学价值。文化教育学派的核心观点是职业中包含有丰富且充足的教育意义。也就是说,职业导向的职业教育,其教育的价值源自于文化的价值。职业教育的教育价值是不容置疑的。文化教育学派极力强调的是,职业教育的目的绝非局限在获得具体工种所要求的智力技能和体力技能上。职业教育的终极目标是促进个人的发展。而职业作为

---

① Fischer, A. Die Humanisierung der Berufsschule [A]. In Kreitmair Karl (Hrsg.). *Aloys Fischer. Leben und Werk* [C]. Bd. 2. München: Karl Kreitmair, 1950:315 – 384.

② 转引自:Gonon, P & Reinisch, H & Schütte, F. Zur Ideengeschichte der Berufs-und Wirtschaftspädagogik [A]. In Reinhold, N. & Pätzold, G. & Reinisch, H. & Tramm, T. (Hrsg.). *Handbuch Berufs-und Wirtschaftspädagogik* [C]. Stuttgart: UTB, 2010:430 – 431.

文化的载体,是实施教育的绝佳途径,甚至是最佳途径。

文化教育学派在意识形态领域高举文化—职业—教育的三角大旗,为职业教育进军教育领域并且稳当地占有一席之地铺平了道路。从此,在教育领域进行职业教育,包括商贸、手工业和工业的职业教育,成为理所当然。在此之前,人们认为职业教育不具有严格意义上的教育学价值,因此,职业教育被排除在教育领域之外。而斯普朗格认为,企业、职业学校、文理中学和高等学府,皆应按照学生内心的旨趣,实施相应的职业教育。这是教育必不可少的环节。斯普朗格将教育分成三个阶段:基础普通教育阶段、职业教育阶段和高级普通教育阶段。他赞同洪堡的观点,认为教育的第一步应该是实行普通教育,使受教育者的基本能力得到培养。并且树立基本世界观,能对自然和文化把握基本的方向。① 他认为,这种基本能力的培养只有通过和具体物体打交道的过程才能得以实现。因此,在教育的第二阶段,形式教育和实质教育应当结合起来。第二阶段的教育机构包括文理中学和职业学校。在教育的第三个阶段,教育不再局限在特定的教育机构中。因为生活的各个领域,都含有教育的契机。②

然而,正如查贝克所说,在19世纪,与普通教育不同,职业教育较少地具有教育—人类学范畴的特性,更多地被当成解决社会问题的工具。职业教育和精英教育不同,它是一种相对而言适合普通民众的教育选择。也就是说,职业中包含有社会化

① Spranger, E. Berufsbildung und Allgemeinbildung [A]. In Kühne Alfred (Hrsg.). *Handbuch für das Berufs-und Fachschulwesen* [C]. Leipzig: Verlag von Quelle & Meyer, 1923:25.
② 同上。

意义上的教育因素,而非纯人类学意义上的教育因素。因此,在社会现实层面,职业教育和普通教育依然是严格分离的。德国的教育体制体现出明显的双轨制特征。这是阶层社会教育价值双重性的表现。

第四节　本章小结

德国工业化进程中,传承了较多的传统因素。手工业经济经历了衰弱和复苏的过程,并且和工业经济长期共存。从本质上讲,工业资质化模式传承了手工业资质化模式,并且基于教育职业标准的引入进行了创新。"工业资质化模式的生成,是一种基于非现代化基础上的现代化(*Unmoderne der Moderne*)。"[①]这样的工业化特点所带来的社会需求,为"职业性"的保留和巩固提供了土壤。

在政治领域,行会的胜利使得"职业性"的保留和巩固有了机构基础。职业学校、教学工场以及各类协会的成立,体现了一种新合作主义的特征。新合作主义的政治局势,为"职业性"的巩固和发展注入了新的活力。

在文化领域,古典职业教育理论的兴起,赋予职业导向的职业教育以极高的教育价值。斯普朗格、凯兴斯坦纳和费舍分别从不同的角度论证了职业和教育的和谐关系,并为职业教育跻身教育领域奠定了坚实的理论基础。

---

① Wolf-Dietrich Greinert. *Erwerbsqualifizierung jenseits des Industrialismus. Zu Geschichte und Reform des deutschen Systems der Berufsbildung* [M]. Frankfurt am Main: G. A. F. B.-Verlag, 2008:72ff.

第四章 "职业性"的升华（20世纪60年代末—）

> 他们不了解如何相反者相成，对立造成和谐，如弓与六弦琴。
>
> ——赫拉克利特（Herakleitos）

第一节 社会需求

随着社会经济技术的发展，德国作为职业社会的特征日趋模糊。一方面，人们终身从事一个职业的情况越来越少见。所谓的终身职业变得越来越稀少。人们跳槽的频率越来越高。另一方面，职业本身的系统、完整和统一逐渐变得不可能。许多工种需要跨职业进行。而随着工作过程跨职业特征越来越明显，职业之间的界限越来越模糊。德国社会出现了"去职业化"（Ent-beruflichung）的趋势，它带来的后果是：劳动力市场灵活化了，职业个性化了，工作需要广义的职业能力。

一、劳动力市场的灵活化

历史上，德国劳动力市场的一大特点是同一职业群体通过行业机构被联系在一起。也就是说，手工业行会和工商行会以及其他行会组织高度发达,使得职业的概念在德国不仅指向具有相同职业资格的群体,更确切地说,指向的是社会机构化的具有相同职业资格的群体。

而新出现的变化,我们称之为"去职业化"。"去职业化"指的是劳动机构的市场化和劳工关系的市场化。原来固定的劳工关系将变得越来越松散,由"实时聘用"(Just-in-time-Beschäftigung)原则所取代。主要表现在以下几方面:1.固定编制的员工越来越少;2.聘用周期开始缩短;3.借用工人增多;4.合同工人增多。这种现象在国际上又被称为"美国化"和"巴西化",是因为在这两个国家"去职业化"较为典型。如美国 18 岁到 34 岁之间的年轻人,平均更换工作次数就高达 11 次[①]。

"去职业化"现象的出现,主要原因在于社会的转型。正是因为工业社会朝着服务型社会的转型,要求劳动力市场进一步灵活化。

服务产业的突出特点是多样性。由于工作条件、活动范围的林林总总,使得制定一个统一的职业标准日益成为不可能。正如一些学者认为的那样,"服务产业从一开始就在工作内容、工作组织和发展速度上呈现异质性"[②]。服务产业的兴起成为劳动力市场现代化的一个标志。服务产业的蓬勃发展,带来了德国劳动力市场结构性的转变。

随着服务型社会的到来,企业作为社会的缩影,它的组织结

---

① 转引自:陈莹,李树林.论德国劳动力市场"去职业化"趋势及对其职业教育的影响[J].河北师范大学学报,2007(11):131。

② 转引自:Dostal, W. Der Berufsbegriff in der Berufsforschung des IAB [A]. Gerhard Kleinhenz (Hrsg.). *IAB-Kompendium Arbeitsmarkt- und Berufsforschung. Beiträge zur Arbeitsmarkt- und Berufsforschung. BeitrAB 250*[C]. Nürnberg: IAB, 2002:463 – 474.

构也发生了变化。过去的二十年,工业国家几乎无一例外,在企业的组织结构上发生了明显变化。在泰勒时代,复杂工作被分解为多个简单工种,生产过程被划分为重复操作的简单程序,它注重的是大批量的工业化大生产。而现代企业面对巨大竞争压力,需要的不仅是成本的降低和生产力的提高,更需要提高对市场灵活应变的能力,提高产品的质量,即生产"零缺陷"的产品。这恰恰是较为僵硬的泰勒管理模式所做不到的。企业在改革的过程中,以德国和日本为代表,逐渐用后福特主义取代了原来的泰勒主义。在后福特主义的生产方式中,工作任务、目标、过程的设计和工作责任皆被分散化,并且这样的变化几乎覆盖了所有的工作领域,包括工作内容、技术、组织、合作方式、时间、地点等所有维度。这就要求员工在工作过程中,要充分发挥主观能动性,拥有独当多面的能力。工作过程以任务为导向,允许其跨职业进行。企业工作方式的变化,极大地推动了劳动力市场向灵活多样的特征转变。[①]

另外,随着社会朝着服务型社会的转型,随着新的交际手段和信息技术的使用,职业在时间上、空间上和专业上的限制被打破了。常规工作模式出现了新的变化:越来越多地被部分时间制的、短时合同制的和新型的就业关系所取代。

因此,职业特征的多样,职业界限的模糊,常规工作模式的瓦解,都冲击了传统职业概念的内涵。职业个性化的趋势越来越明显。

---

① 转引自:陈莹,李树林.论德国劳动力市场"去职业化"趋势及对其职业教育的影响[J].河北师范大学学报,2007(11):131。

二、个性化职业

如前文所述,职业的传统特征正日趋模糊。因此,在职业教育领域,人们"反对固守传统的职业原则,而主张开发一个开放的、职业特征不明显的能力模式,即个性化(subjektorientiert)的学习模式"①。

这一个性化学习模式的提出,主要依据是凯恩(H. Kern)和舒曼(M. Schumann)对社会学理论的发展。② 社会学理论最初是对泰勒主义以及福特主义进行批判,即对它所造成的工作过程的割裂进行批判。对于技术革新究竟如何影响资质要求,社会学理论提出了两种预测。一是认为会降低绝大部分劳动力的从业资质要求,这是经济合理化带来的必然后果。这一观点的论据是技术发展和自动化程度的提高,能够降低工作的难度,因此,绝大部分劳动力在从业资质要求较低的情况下就能胜任工作。这个观点一度在工业和工业社会学理论界盛行达数十年之久。二是劳动力需要更新资质的观点。因为在服务性领域产生了新的资质要求,对于原来以工业社会中专业工人为培养目标的职业教育来说,需要重新确定培养目标。随着工业社会向服务型社会转型,泰勒主义逐渐解体,专业工作内容日益宽泛化,合理化和人性化并存。也就是说,人的因素不仅没有随着技术的发展而降低地位,反而上升到更高的地位。只有人才能提供技术使用的最佳方案,使得技术资源发挥最佳效能。因此,技

① Georg, W. & Sattel, U. Berufliche Bildung, Arbeitsmarkt und Beschäftigung [A]. In Arnold, R. & Lipsmeier, A. (Hrsg.). *Handbuch der Berufsbildung* [C]. Wiesbaden: VS Verlag für Sozialwissenschaft, 2006:145.
② Kern, H. & Schumann, M. *Das Ende der Arbeitsteilung? Rationalisierung in der industriellen Produktion* [M]. München: C. H. Beck Verlag, 1984:145.

术的发展对于人的从业要求更高了。这一观点正逐渐得到证实。①

技术是可以设计的,而且需要由人来设计。技术的发展应当符合人类正当的使用目的。而对于技术成功的设计,劳动者的经验是关键因素。②

换句话说,对于工作过程而言,人的因素越来越突出。福斯(G. Voß)将此过程描述为"专业职业"向"个性职业"的转变。"专业职业"是专业化的、以合作主义机构为基础的、具有普遍化的特征。"个性职业"则是个人对工作过程进行设计、执行的职业,它带有个人的风格,且伴随有个人的自我反思。③ 也就是说,随着工作内容和形式的变化,劳动者的地位更加突出。劳动者的主观要求和需要也更受重视。

针对劳动者较高的从业要求,福斯和庞格来茨(H. J. Pongratz)提出"工人老板"(Arbeitskraftunternehmer)的概念。④ "工人老板"意味着劳动者和权力者合二为一。劳动者有权力对工作过程进行设计和监控。它最典型的特征是,工作过程由外部监控(Fremdkontrolle)改为自我控制(Selbstkontrolle)。也就

① 参见:Georg, W. & Sattel, U. Berufliche Bildung, Arbeitsmarkt und Beschäftigung [A]. In Arnold, R. & Lipsmeier, A. (Hrsg.). *Handbuch der Berufsbildung* [C]. Wiesbaden: VS Verlag für Sozialwissenschaft, 2006:145.
② 钟艳华,陈莹.德国设计导向职业教育思想中的能力问题[J].职教论坛,2009(6):13.
③ 转引自:Georg, W. & Sattel, U. Berufliche Bildung, Arbeitsmarkt und Beschäftigung [A]. In Rolf Arnold, Antonius Lipsmeier (Hrsg.). *Handbuch der Berufsbildung* [C]. Wiesbaden: VS Verlag für Sozialwissenschaft, 2006:146.
④ Voß, G. & Pongratz, H. J. Der Arbeitskraftunternehmer. Eine neue Grundform der Ware Arbeitskraft [J]. In *Kölner Zeitschrift für Soziologie und Sozialpsychologie*, 1998(50):131–158.

是说,劳动者拥有了更多的自由行动空间。同时,劳动者也肩负起更大的自我责任。劳动者应当以市场为导向,进行科学的自我管理,追求效率的最大化。为了应对工作的要求,劳动者需要发展跨专业的能力。这对私人生活也会产生影响:整个日常生活,都应当在职业的影响下进行自我合理化。也就是说,劳动者在闲暇时间所从事的活动,应当有利于劳动者提高自身的职业素质。

换句话说,一方面,自由设计空间的扩展使得劳动者有了更多的自主权,另一方面,对自由空间的利用一定要迎合日趋复杂化的工作要求。"非自我组织的自我组织"(fremdorganisierte Selbstorganisation)①是这一对矛盾的最好表达。也就是说,伴随自由设计空间而来的是新的压力。尽管没有外部强迫性的组织,劳动者自身需要对自己良好素质的获得和维护,进行合理化安排,进行一种科学的自我管理。

"个性职业"对劳动者提出了全新的资质要求。它意味着劳动者需要的职业教育应当是主体导向的。因此,在主体导向的职业教育模式中,"最重要的是要培养劳动者具备复杂的、尽可能开放的、多面的资质"。换句话说,"最受欢迎的资质不再是专业资质,而是跨专业的能力以及普通人格特征"②。劳动者应当能够对工作任务进行解构、设计,对可行性方案进行选择,并且

---

① Voß, G. & Pongratz, H. J. Der Arbeitskraftunternehmer. Eine neue Grundform der Ware Arbeitskraft [J]. In *Kölner Zeitschrift für Soziologie und Sozialpsychologie*, 1998(50):131 – 158.

② 转引自:Georg, W. & Sattel, U. Berufliche Bildung, Arbeitsmarkt und Beschäftigung [A]. In Rolf Arnold & Antonius Lipsmeier (Hrsg.). *Handbuch der Berufsbildung* [C]. Wiesbaden: VS Verlag für Sozialwissenschaft, 2006: 147.

承担责任。

三、广义的职业能力

(一)广义职业能力的内涵

1. 劳耐尔的设计导向职业能力

在个性化的职业中,对应的职业能力是对工作过程进行设计的职业能力。劳耐尔(F. Rauner)早在 20 世纪 80 年代中期就曾提出设计导向职业教育的初步构想。它的基本含义在于:职业教育培养的人才不仅要有技术适应能力,更重要的是要有能力本着对社会、经济和环境负责的态度,参与设计和创造未来的技术和工作世界。[1] 德国专家委员会于 1986 年和 1988 年对职业教育提出五个最基本方面:技术、工作组织、主体、社会发展、整体和设计。[2] 这几个方面相辅相成,共同构成了设计导向职业教育体系的大厦。设计导向职业能力正是在这样的框架体系中被提出来的。

我们可以将设计导向职业能力和以往的职业能力所依据的理论背景作一比较。"在设计导向职业教育思想产生之前,占主流地位的是适应导向职业教育思想。它的特点是:职业能力是为了完成某一工作任务而培养的职业资格。工作组织和技术方面的变化决定了职业资格标准的变化。职业资格是非独立变量。对此,设计导向职业教育思想提出了截然不同的观点。它认为对劳动者进行职业教育的最终目的应当是:要求劳动者能

---

① 赵志群,王炜波.德国职业教育设计导向的教育思想研究[A].姜大源,吴全全.
  当代德国职业教育主流教学思想研究[C].北京:清华大学出版社,2007:12。
② Felix Rauner. 'Arbeit und Technik'-Forschung [A.]. In Felix Rauner (Hrsg).
  Handbuch Berufsbildungsforschung [C]. Bielefeld: Bertelsmann Verlag,
  2005:465.

够胜任对工作世界的设计。通过职业教育,形成劳动者独立、自信、负责的人格。职业教育的内容和目标相对于工作和技术的关系,既有一定的依赖性,又作为独立变量存在。"①

这两种职业教育思想的基本区别如下图所示:

图 4 - 1　职业教育从过去时的适应性转向将来时的设计性

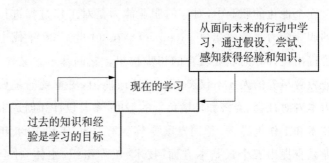

资料来源:Ute Büchele. *Lernen im Arbeitsprozess*:*Entdeckend*,*erfahrungsgeleitet*,*nachhaltig*〔R〕. http://www. werkstatt-frankfurt. de/fileadmin/Frankfurter_ Weg/Fachtagung/Vortrag_Ute_Büchele_zur_Fachtagung. pdf. 2006;5.

2. 德国各州文教部长联席会议界定的职业能力概念

对于"职业能力"广义内涵的理解也在德国各州文教部长联席会议(Kultusministerkonferenz)于 1981 年规定的教育合同中得到初步体现。借助罗特(H. Roth,1971)提出的"教育人类学"和劳耐尔(F. Rauner,1988)的"设计导向"概念,"职业能力"广义的内涵得到了确认:它包括专业能力(Fachkompetenz)、社会能力(Sozialkompetenz)和人格能力(Humankompetenz)这三个维度。②

---

① 转引自:钟艳华,陈莹.德国设计导向职业教育思想中的能力问题[J].职教论坛,2009(6):12。

② Howe, F. & Berben, T. Lern-und Arbeitsaufgaben〔A〕. In Felix Rauner (Hrsg.). *Handbuch Berufsbildungsforschung*〔C〕. Bielefeld:Bertelsmann Verlag,2005;386.

专业能力包括专业技能和方法能力。专业技能是劳动者胜任职业工作的最基本的能力。方法能力指的是劳动者在职业中所需要的工作方法和学习方法,包括在工作中解决实际问题的思路、独立学习新技术的方法等。

社会能力包括适应性能力和交际能力。它是个人需求和社会期望之间的一种平衡。它强调劳动者对社会的适应性,拥有良好的与他人交往的能力。

人格能力包括学习动力、价值观、行为举止。人格能力体现了劳动者作为主体,其心理状态、心理条件对于职业工作的决定性程度。

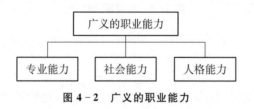

图 4 - 2　广义的职业能力

职业能力(Kompetenz)还需要和职业技能(Wissen u. Fertigkeit)、职业资格(Qualifikation)作一区分。职业技能建立在相对单一的岗位或者职业基础上,是劳动者是否能够胜任这一具体岗位或者职业的体现。职业资格建立在较为宽泛的岗位或者职业基础上,是劳动者能否胜任这种界限较宽的岗位或者职业的体现。而职业能力不仅涵盖了职业技能和职业资格的范畴,还包含了职业规范(Norm)、工作规则(Regel)和价值取舍(Wert)等影响因素,体现了劳动者在这些影响因素的框架内,对工作进行主观设计的能力。

职业技能、职业资格、职业能力的关系如下图所示:

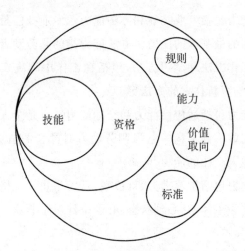

图 4 – 3　欧盟职业能力

资料来源:Erpenbeck,J. *Die Bedeutung von Kompetenzfindung Kompetenzmessung Kompetenzerfassung*〔R〕. 2007. www. gsi-consult. de/download/Erpenbeck_FFM_M? rz_07. pdf.

也就是说,在广义的职业能力的内涵中,包括了对人格形成起到关键作用的因素。对规则和标准的遵守和创新,对价值取向的判断和把握,既是职业能力不可分割的一部分,也是人格形成的关键因素。换言之,职业具有教育意义。职业是职业教育的最佳场所,是培养职业能力的最佳途径,这一点毋庸置疑。

四、对高级应用型人才的需求

如前所述,随着工业化社会朝着服务型社会的转型,随着信息革命的开始,经济中的知识含量迅猛增加。因此,20 世纪 70 年代初,产业界对于高级应用型人才的需求增加。尤其是一些大企业对于具有较强实践应用能力的高级管理、技术和服务性人才需求旺盛。这样的需求,对于当时的教育体系提出了挑战。

首先,传统的双元制一直局限在中等教育的范畴中,并未向高等教育领域延伸。双元制的培养目标是专业工人(Facharbe-iter)和专业职员(Sachbearbeiter)。双元制局限于操作层面人才的培养,层次较低。传统双元制职业教育模式,注重实践动手能力的培养,所培养的人才理论水平不能达到产业界的要求。其次,高等教育领域的两种高校类型,所培养的学生均不具备足够的实践应用能力。其中,传统综合性大学(Universitaet)在洪堡理念的引导下,注重原理研究,和产业界刻意保持着距离。应用型技术大学(Fachhochschule)虽然在一定程度上注重实践运用能力的培养,然而其教学主要在学校里进行,因此毕业生的实践应用能力仍然达不到产业界的要求。

因此,在1972年,在德国南部巴登符腾堡州,戴姆勒奔驰股份有限公司(Daimler Benz AG)、博世责任有限公司(Robert Bosch GmbH)和洛伦茨标准电力股份有限公司(Standard Elek-trik Lorenz AG)和巴登符腾堡管理经济学院(Verwaltungs-und Wirtschaftsakademie)一道,开发了一种新的人才培养模式,被称为斯图加特模式(Stuttgarter Modell)。1974年,巴登符腾堡州的文化部长作出决定,在斯图加特模式的基础上,成立职业学院。职业学院被实践证明是一种极其成功的办学模式,培养了大量高级应用型人才。

所谓的高级应用型人才,必须满足两方面的要求。首先,必须具备较高的理论水平。其参考标准是综合性大学或者应用技术大学本科毕业生的理论水平。其次,必须具备较强的实践应用能力。其参考标准是双元制职业教育人才的实践应用能力。对这样的高级应用型人才的需求,是新时代社会需求的表现。

总之,在工业社会朝着服务型社会转型的过程中,劳动力市场发生了明显的变化:呈现出"去职业化"的趋势。职业的个人风格日益凸显,因而有了个性职业的概念。个性职业要求劳动者具备广义的职业能力。另外,劳动力市场还出现了对高级应用型人才的需求。社会需求的变化,势必给职业教育制度、职业与教育的关系带来深刻的影响。

第二节　政治需求

1969 年《职业教育法》的颁布,确保了行会对职业教育的主导地位。为了弥补双元制职业教育的缺陷,出现了多元制的发展趋势,体现在全日制职业学校的发展和跨企业培训中心的成立。国家对弱势群体职业教育进行促进,是国家权力维护职业教育公平的重要举措。欧盟职业资格框架的出台,并没有动摇行会在职业教育领域中的主导地位。从这些事件中,我们可以得出结论,行会继续确保主导地位和国家权力加强干预,是这一阶段政治需求的体现。这样的政治需求为职业教育"职业性"的延续提供了发展动力。

一、行会的胜利:1969 年的《职教法》

尽管在工业社会朝着服务型社会转型的过程中,职业和职业能力要求都发生了变化,然而职业教育的承办者仍旧是行会。这一点,在 1969 年的《职业教育法》中,有着鲜明的体现。可以说,1969 年的《职业教育法》,是行会的又一次胜利。在该法中,再一次维护了行会对职业教育的自治权力。

查贝克等认为,1969 年的《职业教育法》,是利益集团博弈的产物,是权力斗争中行会获胜的结果。德国《职业教育法》正是在这样的背景下颁布的。

因此,行会是否能继续作为职业教育主办者?《职业教育法》是否贴近职业现实? 对此,人们是存有疑问的。也就是说,"1969 年《职业教育法》的颁布,远非意味着不同意见争执的结束,而更多的是一个开始。""这些不同意见的焦点集中在对企业教育质量的质疑上"①。

"不同的意见主要来自于社会党和民主党联合执政的政府、德国教育部门和经费专业委员会。他们要求实施改革项目,改革的重点是提高职业教育质量,提高普教和职教的融合度。成本和经费委员会通过间接作用的方式,对职业教育施加影响。认为在职业教育中,对成本的考虑在很大程度上影响着职业教育质量。因此,企业作为一个营利性机构,其职业教育目标是不纯粹的,企业作为教育机构是有问题的。"②其实,从客观上来讲,"影响企业参与职业教育积极性的因素中,费用问题并非是最为核心的因素。因为企业并非是为自身培养职业教育人才,而是为整个行业培养人才。企业培养职业教育人才本身就是非功利性的"③。尽管如此,从经济角度对企业教育的合理性进行质疑,仍旧是人们批判"双元制"的主要依据。

其次,对企业教育的合理性进行抨击的另一个重要依据是教育公平。企业教育不利于人的全面发展,相对于普通教育而言,企业教育因素先天不足。在职业教育中,教育目标往往局限于专业教育,因而不利于人格的养成。在这点上,职业教育相对于普通教育而言,处于弱势地位。也就是说,企业为主的职业教

① Sonderdruck aus: *Staatslexikon*, Görres-Gesellschaft (Hrsg.). 7. Auflage, BD. 1, Freiburg/Basel/Wien: Verlag Herder, 1985(1):682.
② 同上。
③ 同上。

育所占用的教育资源相对贫乏。另外,随着工业化进程的进一步展开,职业的内涵已经发生了变化。职业不再具有终身的、完整的特性。在工业化进程中开发出来的泰勒模式,其职业内涵是割裂工作过程的机械、单一的工作单元。那么,企业是否还能延续传统,作为职业教育的主要实施机构? 这是存在疑问的。

再次,反对企业教育的另一依据是:"教育是一种公共事务。"①因此,作为私法范围的企业是不适合充当教育主体的。也就是说,职业教育产品属性成为对企业教育进行批判的主要论据。认为职业教育产品具有公共(öffentlich)属性。

最后,全球化的加剧使得行会影响力减弱。"总的来看,当代全球化的中心逻辑就是市场逻辑,对国家来说,要想独自制定一套教育与培训的新规则,保护国内劳动力不受国际竞争的强大力量的影响几乎是不可能的。"②也就是说,在全球化背景下,行会的政治功能已经大不如前。行会对劳动力市场的控制,对职业教育的主导权受到了全面的冲击。

为了弥补企业教育的缺陷,应对行会功能的衰退,德国在20世纪六七十年代,采取了一系列的改革措施。

二、职业学院:"双元制"跻身于高等教育

如前所述,在20世纪70年代,劳动力市场出现了人才缺口。实践运用能力较强的高层次人才严重缺乏。因此,在1972年,戴姆勒奔驰股份有限公司(Daimler Benz AG)、博世责任有

---

① Deißinger, T. *Beruflichkeit als „Organisierendes Prinzip" der deutschen Berufsausbildung* [M]. Markt Schwaben: Eusl-Verlagsgesellschaft mbH, 1998: 21.

② 钱民辉. 教育社会学概论(第三版)[M]. 北京:北京大学出版社,2010:97。

限公司(Robert Bosch GmbH)和洛伦茨标准电力股份有限公司
(Standard Elektrik Lorenz AG)和符腾堡管理经济学院(Ver-
waltungs-und Wirtschaftsakademie)一道,开发了一种新的人才
培养模式,被称为斯图加特模式(Stuttgarter Modell)。

1974 年,巴登符腾堡州的文化部长作出决定,在斯图加特
模式的基础上,成立一所职业学院。所不同的是,斯图加特模式
中的管理经济学院由研究学院(Studienakademie)所取代。

职业学院作为高校中的一种特殊类型,它的成立,无疑是德
国教育体系的一项重大改革。它打破了原有的教育机构所代表
的利益格局。那么,职业学院代表了哪方利益呢?

关于这一点,我们可以从下面几个方面进行分析。

首先,从 20 世纪 70 年代开始,高等教育出现扩张的发展趋
势。有数据为证:在 1970 年,高中生毕业人数(高中毕业即意味
着拥有就读大学的资格)占总人数的 10.7%,1980 年上升至
16.5%,1993 年更是上升到了 26%。[①]

从政治方面分析,高等教育的扩张,是 20 世纪六七十年代
倡导教育公平运动的产物。当时,教育公平的呼声,同样也波及
到了高等教育领域。普通民众接受高等教育,成为教育公平的
体现。因为,德国小学后实行三轨分流的教育体系,在很大程度
上实现了社会阶层的复制。高等教育资源被社会中上阶层所垄
断。普通家庭的孩子往往选择接受职业教育,而和高等教育无
缘。要打破这一局面,高等教育必须扩大办学规模。

职业学院的成立,能够丰富高等教育资源,为满足更多人接
受高等教育创造了客观条件。因此,可以说,追求教育公平的政

① Bundesministerium fuer Bildung, Wissenschaft, Forschung und Technologie.
Grund-und Strukturdaten 1994/95. Bonn. 1994:81.

治需求是促成职业学院成立的一大动力。那么,追求教育公平的受益者是谁呢? 显然是原本并不占有高等教育资源优势的社会中下层民众。

分析一个教育机构代表什么人群的利益,我们还需要分析它所招收的学生来源于哪个阶层。有数据显示,职业学院作为一种新型的高校类型,吸引的是喜欢实践运用的那部分中学毕业生。按照查贝克的观点,当时巴登符腾堡州的高校完全能够容纳毕业生,即使不成立职业学院,也没有问题。因为在 1970 年有资格上大学的高中毕业生总人数仅为 87200 人。因此,他认为职业学院的成立,并非是因为高等教育资源不够用,而是因为高等教育资源类型不够丰富,无法满足各类人群的需要。① 对于实践环节兴趣浓厚的毕业生而言,高等专科学校并非是最理想的选择。传统的综合性大学以学术研究为宗旨,更是无法满足这类毕业生的需求。查贝克认为,对于实践运用环节兴趣浓厚的学生,原本就是双元制教育的学生。因此,可以说,职业学院是为双元制的毕业生设置的,是为“双元制”的毕业生提供接受高等教育机会的机构。

因此,无论是从教育公平运动获益者的角度,还是从招收的学生兴趣旨向的角度,我们都可以得出同一个结论,即职业学院主要是针对来自于社会中下层的青年,为参加“双元制”教育的毕业生提供一个上升的空间。也就是说,成立职业学院的政治

① Juergen Zabeck & Thomas Deissinger. Die Berufsakademie Baden-Wuerttemberg als Evaluationsobjekt: Ihre Entstehung, ihre Entwicklung und derzeitige Ausgestaltung sowie ihr Anspruch auf bildungspolitische Problemloesung. In: Juergen Zabeck & Mattias Zimmermann (Hrsg.). Anspruch und Wirklichkeit der Berufsakademie Baden-Wuerttemberg——eine Evaluationsstudie. Weinheim: Deutsche Studien Verlag, 1995:2.

动力之一,就是在教育公平背景下,社会中下层的民众为自己争取利益的体现。

其次,从成立职业学院的历史来看,最初的推动者其实是来自于经济界。这一点,为我们解读职业学院背后隐藏的利益关系提供了切入点。在斯图加特模式中,正是在几个大公司的推动下,才有了教育模式的创新。戴姆勒奔驰股份有限公司、博世责任有限公司和洛伦茨标准电力股份有限公司一道,成为斯图加特模式的主力军。因此,可以说,职业学院在这一点上和"双元制"很相似:以企业为办学主体。因此,它毫无疑问应当代表企业的利益。

再次,职业学院的定位之争,从侧面反映了职业学院所代表的政治利益。

职业学院是否能算作高等教育机构? 这一问题成为多年议而未决的问题。职业学院实际上并非是严格意义上的独立机构。它实际上指的是一种办学模式。在这个办学模式中,有两个机构,两个学习地点,两个法律框架,互相之间进行合作。[1]也就是说,"职业学院并非是独立的法人"[2]。这一点,使得职业学院和传统的高等教育机构有了本质的不同。

---

[1] Erhardt M. Rechtsgrundlage und Rechtsgestalt der Berufsakademie. In: Unabhaengige Kommission Berufsakademie (Hrsg.). Materialienband zum Bericht zur Fortentwicklung der Organisation der Berufsakademie Badenwuerttemberg. 1993.06.

[2] Juergen Zabeck & Thomas Deissinger. Die Berufsakademie Baden-Wuerttemberg als Evaluationsobjekt: Ihre Entstehung, ihre Entwicklung und derzeitige Ausgestaltung sowie ihr Anspruch auf bildungspolitische Problemloesung. In: Juergen Zabeck & Mattias Zimmermann (Hrsg.). Anspruch und Wirklichkeit der Berufsakademie Baden-Wuerttemberg—eine Evaluationsstudie. Weinheim: Deutsche Studien Verlag, 1995:4.

按照德国《高等教育法》70 条 I 项中的规定,高等学校必须具有如下特征:要么具有同质性(Homogenitaetsvoraussetzung),并且由成员自主管理。要么是在综合性大学和应用技术大学或者其他国家认可的高等教育机构所举办的"双元制"教育。职业学院显然不属于上述两种情况。也就是说,职业学院无法和现有的高等学校对应起来。它既无法归到综合性大学这一类,也无法归到应用技术大学这一类。

因此,1976 年,德国各州文教部长联合会议决定,职业学院和综合性大学、应用技术大学一道,同属"第三级教育领域",但是它不属于高等学校(Hochschule)范畴。

从这一定性来看,我们可以得出清晰的结论。在传统上,德国高等教育机构遵守的是《高等学校法律》,属于各州政府管辖,在管理形式上有着自治的特征。而职业学院有着显著的非政府性质的办学主体的参与,因此,它难以跻身于传统的高等教育机构行列。换句话说,正是因为职业学院代表的是以行会为代表的企业的利益,它要进军高等教育领域的步履,才变得如此举步维艰。

最后,职业学院的胜利是行会的胜利。

1993 年,巴登符腾堡州进一步决定,和柏林等五个联邦州一起,相互承认职业学院的学历和证书。并且,认定职业学院和应用技术大学等值。1994 年 5 月,德国高教评议机构学术委员会(Wissenschaftsrat)对于巴登符腾堡州的职业学院进行了全面评估。评估的结果是积极的:职业学院技术、经济和社会学领域的毕业生,和应用技术大学的毕业生相比,整体水平基本持平。在此基础上,1995 年 9 月各州文教部长联席会议作出决定,职业学院属于高等教育范畴,并且与应用技术大学的文凭等值。1997 年 7 月,职业学院毕业文凭被纳入欧盟"高校文凭准则"。

在传统上,德国教育体制有着明显的分轨制的特征。高等教育属于精英教育,职业教育属于平民教育。高等教育强调学术自由,并且认为,只有摆脱各种工具性的办学目的,才能迈入学术自由的境地。因此,高等教育不应当直接服务于任何世俗的目的,包括宗教、政治和经济。而职业学院的兴起,对于这样一种教育文化而言,无疑是一种赤裸裸的挑战。

职业学院的胜利,是行会的胜利。"与综合性大学和应用技术大学相比,职业学院带有更加浓厚的国家性质的色彩。这也是公法性质团体的典型特征。"①可以说,职业学院代表的正是作为公法性质团体的行会的利益。职业学院能够打破根深蒂固的传统,在高等教育领域拥有一席之地,无疑是行会的一个巨大胜利。

三、"多元制":弥补"双元制"教育功能的缺陷

为了弥补"双元制"教育功能的缺陷,德国职业教育呈现出多元制的发展趋势,主要表现在全日制职业学校的发展和跨企业培训中心的成立上。

(一) 全日制职业学校

"双元制"体系之外的学校,主要有职业专科学校(Berufsfachschule)、专科学校(Fachschule)和同等学力的职业学校

---

① Hailbronner, K. Rechtsfragen einer staatlichen Anerkennung der Berufsakademien des Landes Baden-Wuerttemberg nach 70 HRG, 89 FHGBW. In: Unabhaengige Kommission Berufsakademie (Hrsg.). Materialienband zum Bericht zur Fortentwicklung der Organisation der Berufsakademie Badenwuerttemberg. 1993.06;1－76.

(gleichberechtigte Berufsschule)。①

一是职业专科学校。这一名称最初出现在 1937 年希特勒政府颁布的一个法令中。这类学校的培养目标是为手工职业、商务职业和家政职业作职前准备。职业专科学校所采用的教学形式是全日制教学，没有实践的环节。因此，它和"双元制"职业教育有着较大区别。在 1971 年，文教部长联合会决定拓展职业专科学校的职能范围。1978 年颁布条例，规定职业专科学校的学习时间可以折算成"双元制"时间。

二是专科学校。进入专科学校之前，学生必须获得职业教育初级结业证书。专科学校的培养目标是拓展职业能力。专科学校的学制分为全日制和非全日制两种。全日制学制为一年。非全日制的学制相应长一些。专科学校全日制学制也有两年的，其培养目标是培养中层的技术人员，结业形式是一个国家考试，且由国家颁发证书。

三是同等学力的职业学校。包括职业拓展学校、职业高级中学以及职业文理中学。职业拓展学校的成立始自 1949 年。其培养目标是拓展专业能力，为下层民众的子女提供往上流动的可能性。职业拓展学校在 60 年代中期达到发展顶峰。第一所职业高级中学成立于 1969 年。职业高级中学的毕业生是以进入应用技术大学为目标的。职业文理中学的学生包括 11 年级到 12 年级的学生，以升入普通大学或应用技术大学为目标。

这三种职业学校的设置，体现出一定的价值取向。首先，职业专科学校学习时间和"双元制"学习时间可以换算的规定，体现了学校职业教育价值的上升。其次，同等学力的职业学校的

---

① Sonderdruck aus: *Staatslexikon*. Görres-Gesellschaft（Hrsg.）. 7. Auflage. BD. 1. Freiburg/Basel/Wien: Verlag Herder, 1985(1):679 – 680.

设置,使得职业教育和普通教育得以互相衔接。这体现了职业教育和普通教育等值的追求。

(二)跨企业培训中心

一方面,现代社会分工越来越细化,另一方面,在整个生产链中,劳动者需要对于生产过程有整体性把握。而小企业培训的特点是,学徒以特定、具体的工作岗位上的培训为主。工作的琐碎和零散影响了职业教育的展开。在这样的环境中,学徒无法获得完整、系统的职业知识,无法达到教育职业的要求。因此,"由几个小型企业联合或者由几个小型企业、手工业行会与职业学校联合举办跨企业培训中心"。

跨企业培训中心不仅为手工行业服务,同时也为工商行业服务。目前,大多数跨企业培训中心只针对一方。"德国大多数地区仍处于工商协会与手工业协会各自依托不同中心提供培训的分散局面。"①

可以说,跨企业培训中心的成立,是对企业教育因素不足的情况所作出的回应。应当说,这在相当大的程度上弥补了企业教育的缺陷。跨企业培训中心的成立是一项成功的机构建设。

四、第三条道路:促进弱势群体的职业教育

从20世纪七八十年代以来,随着经济结构的调整和年轻人就学就业高峰的到来,企业培训位置不足的问题开始突现。为此,"双元制"之外的第三条道路开始形成。对于弱势群体进行职业教育,是国家维护社会公正职能的体现,是国家发挥有效职能的体现。

---

① 吴晓天.德国职教新模式——跨企业培训中心研究及对我国的启示[J].中国培训.2008(4):18,19。

　　对弱势群体职业教育促进的实践领域主要包括四大块：预防措施，准备职业教育，职业教育促进和补习职业教育。①

　　1. 预防措施。预防措施属于源头领域，它的成败得失，对后续的实践领域影响重大。它包括两个方面，一是预防辍学（指未能获得普通教育毕业证书或者职业教育毕业证书者），二是预防无法获得培训机会。

　　这两方面的工作，对学校提出了很高的要求。无论是师资还是学校管理，都必须得到专业化的培训和指导。这样才能使预防措施得到真正落实。这也是政府在监督促进措施的实施时一再强调的。

　　2. 准备职业教育。为了提高"双元制"职业教育的参与率，提高学生参加"双元制"职业教育的成熟度，2003 年 1 月 1 号起，《德国职业教育法》中增添了准备职业教育的内容。

　　从理论上说，准备职业教育的对象是学习有障碍或者社会交往能力有待加强的青年弱势群体。准备职业教育的目标是：通过传授基础性的职业能力，帮助他们获得参加职业教育的资格。准备职业教育的内容包括：专业理论、专业实践、社会交往能力和主要学校文凭的补足等。其中，提高社会交往能力尤其重要。以提高社会交往能力为目的的职业准备教育，指的是在联邦劳动局的资助下，由社会教育工作者对年轻人进行的个性化辅导。社会教育工作者是相当专业化的：必须拥有大学文凭

---

① 参见：Bundesministerium für Bildung und Forschung (BMBF). *Gutachten zur Systematisierung der Fördersysteme, -instrumente und -maßnahmen in der beruflichen Benachteiligtenförderung* [R]. Band 3 der Reihe Berufsbildungsforschung. Bielefeld: W. Bertelsmann Verlag, 2009:70 - 80; BIBB. A7 Regelangebote und Maßnahmen der Benachteiligtenförderung [DB/OL]. http://datenreport. bibb. de/html/75. htm. 2009:204 - 206.

或者拥有相应资格证书,并且在准备职业教育领域拥有一定的工作经验。另外,社会教育工作者不得由企业内人士兼任。

为实现灵活性,提高学习者的成就感,按照《职业教育法》第69条第1款,准备职业教育以学习单元的方式进行。制定学习单元的依据是教育职业的基本质量模块,学习单元明确规定了学习的内容和时间。

准备职业教育提供了一种和学校教育截然不同的学习途径,即年轻人通过情景化的环境,通过参与企业工作过程,来习得职业技能,以此来提高获得"双元制"培训位置(Ausbildungsplatz)的几率。

3. 职业教育促进。职业教育促进有两方面的含义,一是帮助弱势青年获得培训位置;二是对已经获得培训位置的弱势青年,帮助其完成培训。

因为多种因素的影响,弱势青年完成职业培训的地点通常是在企业外,较为典型的培训地点是生产学校(Produktions-schule)。因此,职业教育促进的场所也以生产学校为主。首先,生产学校对学生进行一个能力诊断,判断其强项所在。以发挥强项的教学策略来打破失败的恶性循环。其次,在生产学校,其教学价值取向是整体性的。教学目标不仅在于传授专业能力,也在于培养良好的社会举止,提升公民行使民主权利的能力。再次,教学完全是实践导向的,理论也是从实践中导出和习得。

生产学校与传统学校最大的区别在于,它不是以"结业"(Abschluss)为目的,而是以"连接"(Anschluss)为目的。所谓的"连接",指的是和职场的连接、和社会的连接。生产学校让学生体验到成功的经历,从而使得厌学者和辍学者拥有稳定和积极的情绪。并且,它帮助学生进行职业定向,进行人生设计,以此来帮助这些学生融入职场和融入社会。

4. 补习职业教育。

尽管政府、学校和企业作出了种种努力,然而,仍有相当一部分年轻人未能成功完成职业教育。在 2007 年,20—25 岁的年轻人中,这一比例达到 15%,其中移民占 36%。失败的原因是多种多样的:学校和学习的挫折经历埋下失败的种子;结业考试成绩很差或者未能毕业,导致未能获得"双元制"培训机会,而本人又拒绝企业外培训;错误的职业选择;职业要求和个人能力以及促进措施之间存在着剪刀差;到了需要挣钱养家的尴尬年龄,而继续教育的可能性不明朗,障碍太多;过早地怀孕和生育;长时间生病或者被囚禁;在学校毕业后因打工延误了"双元制"培训等等。

即使是由于上述原因,前面所有环节的促进措施都失败了,还有这最后一个补救的环节。这一最后的教育救助环节体现了浓郁的人文关怀。补习职业教育的目的是多样化的,比如帮助学员获得学校毕业证书,获得职业培训机会,获得就业机会等等。因个人情况不同,补习职业教育体现出强烈的个性化的特点。①

对弱势群体的职业教育促进,已经形成了一个完整的体系。联邦层面、联邦州层面和地方层面密切配合,依据相关法律、在固定的学习地点对弱势群体提供职业教育服务。从下表所示的弱势群体常规促进措施中,我们可以清楚地看到这一点。

---

① 参见:陈莹,马庆发.比较视野下的德国青年弱势群体职业教育[J].职教论坛,2011(34)。

表 4 - 1 对弱势群体的常规促进措施

	联邦层面	各个联邦州层面	地方层面
职业定向			
法律基础	《社会法Ⅲ》(Sozialgesetz Ⅲ)关于职业定向的规定,关于入职辅导的规定,关于救助的规定	《学校法律》(Schulgesetz)对学校实践和课程的规定	《社会法Ⅲ》对职业定向、对毕业生提供咨询和教育伴随的规定
学习地点	教育机构,普通教育学校	普通教育学校	普通教育学校和青年救助机构
准备职业教育			
法律基础	《联邦职业教育法》关于准备职业教育的规定。《社会法Ⅲ》关于准备职业教育、关于初始资质化和关于提供教育伴随和组织支持的规定	《职业准备年法律》(BVJ)、《职业基础教育年法律》(BGJ),关于学制一年的没有结业证明的职业专业学校的规定	
学习地点	教育机构,企业	职业学校	
职业教育			
法律基础	《社会法Ⅲ》关于企业外职业教育的规定,关于教育伴随的规定,关于企业培训中组织支持的规定,关于培训补助的规定		《社会法Ⅲ》关于青年救助的规定
学习地点	教育机构,企业		青年救助机构

续　表

	联邦层面	各个联邦州层面	地方层面
其他资质化措施以及补习职业教育			
法律基础	《社会法Ⅲ》关于入职救助、关于就业援助、关于资质补足的规定		《社会法Ⅱ》关于工作事务的规定
学习地点	教育机构，企业		地方机构，教育机构

资料来源：BIBB. A7 Regelangebote und Maßnahmen der Benachteiligtenförderung. http://datenreport. bibb. de/html/75. htm. 2009:204 – 206.

除了常规的促进措施以外，还有众多的临时促进措施，如关于东德增添职业培训名额的项目等。这些项目针对性强，为青年弱势群体提供更多的机会。

五、欧盟职业资格框架的出台及其影响

在 2002 年 11 月，欧盟发表了《哥本哈根宣言》，提出大力发展欧洲维度的职业教育和培训，促进和推动成员国间的教育交流及机构间的合作。为此，扫清职业资格证书认可的所有障碍，就成了首要任务。欧盟职业资格框架（简称 EQF）随之诞生。EQF 共分 8 个层次、贯穿人的一生。EQF 的出台，要求欧盟各个成员国建立国家资格框架（下文简称 NQF）与之对接，以实现各国职业资格的透明性和可比性。

"现代德国的职业证书制度的确立依据的是 1969 年的《职业教育法》。德国的职业证书遍及 13 个专业领域、450 多种职

业种类。目前,德国尚没有统一的职业资格证书框架。"①

德国的行业协会是职业资格认证的主体。德国最大的行会是德国工商行会和手工业行会,他们负责颁发学徒证书和师傅证书。另外,各个行业可以按照实际需求设置资格证书等级。如在20世纪末,IT行业将IT领域职业资格证书分为四个层次:技术工人、技术专家、实施专家和战略专家。②

一旦按照欧盟职业资格框架进行资格论证,对德国以行会为主导的职业教育体系来说,是一个很大的冲击。德国在构建NQF之时,为保障行会主导地位,提出下列举措。

首先,提出以自下而上的方式,将职业作为构建职业资格框架的基准点。

"EQF设计方案提出之后,参与2010教育与培训计划的32个国家、欧洲社会合作伙伴、相关协会组织、非政府组织和欧洲行业协会,都积极对欧洲资格框架议题展开讨论。"③基本的观点分为两类:一类是采用自上而下的方式,一类是采用自下而上的方式,在各国资源的基础上进行趋同。

德国职教界主张采用后一种方式。④ 他们认为,EQF以自上而下的方式进行构建,背离了职业教育的"职业性"本质,是错误的。人们应当转变思维角度,以自下而上的方式,将欧洲核心职业作为基础,来创建欧洲学分体系,从而实现欧洲职业资格的

---

① 陈莹.德国职业资格框架的构建[J].职教论坛,2010(21):93。

② 吴全全.终身教育导向的德国"双证"一体化模式分析[J].中国职业技术教育,2005(6):58。

③ 严璇.欧盟职业资格证书一体化发展研究[D].华东师范大学硕士论文,2007:34。

④ 参见:Grollmann, P. & Spöttl, G. & Rauner, F. (Hrsg.). *Europäisierung Beruflicher Bildung — eine Gestaltungsaufgabe* [C]. Hamburg: Lit Verlag, 2006.

互认和转换。

随着全球化和经济一体化进程,各个职业趋同性加剧。比如汽车产业工作过程基本是一致的。因此,职业作为职业资格证书一体化的基础,具有可行性。按照瑞士的经验,有大约 250 种核心职业。目前,德国"双元制"包括 359 种教育职业。而按照经济和劳工市场发展的趋势,传统的职业范畴将被消解,形成更为宽泛的职业范畴。典型的例子是汽车机械工和汽车电工两个职业合成汽车机电工。也就是说,未来的职业将以工作任务为导向,以核心职能范围为基础,具有宽泛的职业范畴。因此,欧洲职业资格体系应当以这 250 种核心职业为基础,以行业为依托,以工作任务为重点,采用自下而上的方式,来实现欧洲层面职业资格的统一。①

因此,德国在构建国家资格框架的时候,舍弃了 EQF 自上而下的标准制定方式,而将职业视为基准点来构建。

其次,确保输入原则。

德国传统职业教育体制注重对职业教育过程的监督和保障。它有固定培养年限、有特定的培养途径,以行业组织的考试作为学习成果的检验手段。而 EQF 资格框架仅以单一的学习成果作为等级标准。

按照 EQF 的文件,EQF 的八个能力等级将作为欧盟国家不同教育与培训系统中资格证书进行比较的转换器。每个等级都包括学习者了解、掌握和能够应用的知识、技能和能力。也就

---

① 参见:Rauner, F. & Grollmann, P. & Spöttl, G. Den Kopenhagen-Prozess vom Kopf auf die Füße stellen [A]. In Philipp Grollmann & Georg Spöttl & Felix Rauner (Hrsg.). *Europäisierung Beruflicher Bildung — eine Gestaltungsaufgabe* [C]. Hamburg: Lit Verlag, 2006:325.

是说,EQF 是以输出为导向的。因此,引入 EQF 意味着理念的
变革,即从对于过程的注重转移到对于学习结果的注重。

这一理念的变革受到了以劳耐尔为代表的德国职业教育专
家的反对。因为一旦将职业教育的重心转移到学习结果上,那
么,采用何种培养途径的问题,就成为无足轻重的事情。而职业
导向的德国职业教育,正是因为突出"双元制"的培养途径,才获
得了极大成功。一旦舍弃"双元制"培养途径,那么职业教育赖
以存在的根基就岌岌可危了。①

因此,如何将输出导向的理念和"双元制"培养途径结合起来,
是一个复杂的过程。这两者是一个博弈的过程。只有在继续肯定
双元制培养途径的基础上,向输出导向的理念倾斜,变革才能成功。

综上所述,行会地位的确保是一以贯之的政治诉求。另一
方面,在全球化背景下,在欧盟一体化过程中,国家的权力介入
加大了力度。表现在各类职业学校的成立、跨企业中心的成立,
以及对青年弱势群体的职业教育促进等。在对待欧盟职业资格
框架的问题上,仍旧体现了行会的主体地位。总的来说,尽管在
政治领域发生诸多变化,然而职业教育的政治需求没有发生本
质性的变化。

第三节 文化需求

一、职业与教育和谐关系的转向

在职业教育古典理论中,职业和教育的关系是相得益彰的。

---

① Grollmann, P. & Spöttl, G. & Rauner, F. (Hrsg.). *Europäisierung Beruflicher Bildung — eine Gestaltungsaufgabe* [C]. Hamburg: Lit Verlag, 2006.

职业作为连接客观文化和主观需求的媒介,在个体进行社会化的过程中发挥了决定性的作用。

然而,在这一结论中,人们忽略了它必须具备特定的前提条件,忽略了教育现实和理想之间的差距。

首先,"要实现职业和教育的和谐关系,要求就业市场上必须有足够数量的、能满足个体不同兴趣旨向的职业,以此来确保每个人都有相同的融入社会的机会。但是这样的梦想在工业化之始就被击得粉碎"。

其次,"工业化进程表明个体的兴趣旨向和职业需求之间绝非是和谐的。因为在漫长的历史发展过程中,职业逐渐脱离个体的主观需求,发展成了一个独立的系统"①。也就是说,职业系统在个体出生之前就已经客观存在,并且独立于人的主观需求。因此,客观职业的从业要求和具体内容绝不可能按照个体的主观需求作出改变。职业是个体发展的外部框架条件,它在很大程度上束缚着个体的行为。

再次,社会分工的进一步发展造成了工作过程的割裂。工作过程割裂的后果是"工作沦落为简单的、独立的工作单元。这样的工作单元已不再包含有'身体,精神,灵魂'的人格特征"。"职业复杂的功能结构的解体,是现代工业的一个标志。""职业的解体,是伴随着泰勒主义的兴起而产生的一个现象。泰勒主义以科学企业管理为标志,倡导企业通过合理化(Rationali-

---

① Zabeck,J. Berufspädagogische Aspekte einer Sozialgeschichte des Berufs [A]. In Lothar Beinke (Hrsg.). *zwischen Schule und Berufsbildung. Schriftenreihe der Bundeszentrale für politische Bildung* [C]. Band 198. Bonn: Bundeszentrale für politische Bildung,1983:28.

sierung),来达到效率的最大化。"①具体而言,"合理化"指的是企业应当合理地使用技术,通过设置合理的目标来实现科学的企业管理。"合理化"的后果,是将完整、系统的职业割裂成独立的工作单元,为每一个工作单元设置特定的工作目标,以此来实现生产的高效率。

上述三个方面,极大地冲击了古典职业教育理论所提出的职业和教育关系和谐的命题的正确性。在这样的背景下,从新的角度去寻求职业中所包含的教育意义,就成为寻求职业教育学理合法化的必要工作。职业是否具有教育意义? 职业教育是否能作为一种独特的教育类型? 职业教育是否能被普通教育代替? 对于这几个问题的回答,必须重新论证职业中包含教育意义这个命题。

二、科隆学派:企业教育的合理性

在泰勒时代,企业并未失去作为职业教育实施机构的主体地位。在二战后,人们重新认可了文化教育学派的主张,认为在职业中包含有教育的因素。并且在这样的假设前提下,认为企业是理想的实施职业教育的机构。对此,科隆学派进行了学理上的论证。可以说,在企业作为教育机构具有合理性这点上,科隆学派和文化教育学派是一脉相承的。

科隆学派的基础理论是建立在神学基础上的:世界是上帝创造的,万事万物皆存在于一个和谐的系统中。基于这样的前

---

① Zabeck, J. Berufspädagogische Aspekte einer Sozialgeschichte des Berufs [A]. In Lothar Beinke (Hrsg.). *zwischen Schule und Berufsbildung. Schriftenreihe der Bundeszentrale für politische Bildung* [C]. Band 198. Bonn: Bundeszentrale für politische Bildung, 1983:28.

提,科隆学派采用系统的角度去分析职业教育。科隆学派的代表人物施力坡(F. Schlieper)认为,社会、经济、技术、国家和职业是紧密联系的。因此,职业教育是一种处于各种因素影响下的教育。职业教育相关影响因素有:企业成员;经济因素(指的是发挥为大众谋福利功能的经济);为人服务,同时又压迫人的技术;国家的调节和援助;对人格和技能有着双重要求的职业。

这些因素都是潜在的职业教育的影响因素。施力坡同时又强调,并非所有的因素都能泛泛地称为教育因素。只有那些真正促进人格发展的因素,才能称得上是教育因素。教育的目的在于促进人去实现自身的存在意义。因此,教育从根本上说是无法从外界给力的,只有人本身才具有决定性。而人与生俱来带有某种自然本性。顺应自然本性的圆满修行,同时意味着人存在意义的实现。教育的任务在于促使人去挖掘、去实现其自然本性。自然本性尽管在日常生活中有所体现,然而它的完整开发需要依赖于特定教育途径。通过教育手段,将自然本性外化为"道德的人格"。① 以这样的逻辑为前提,施力坡认为,企业是潜在的教育机构。

对此,阿伯拉哈默(K. Abraham),科隆学派的另外一位代表人物,在他的博士论文《企业作为教育机构——现代企业中的职业教育》中作了探讨。在主要部分的第一章中,他就探讨了企业作为教育机构的制度合法性。他从系统的视角出发,探讨了哪些因素影响着企业教育作用的发挥。另外,对于企业应当达成何种教育目标,他也进行了界定。②

---

① Schlieper, Friedrich. *Allgemeine Berufspädagogik* [M]. Freiburg, 1963:22.
② Abraham, Karl. *Der Betrieb als Erziehungsfaktor. Die funktionale Erziehung durch den modernen wirtschaftlichen Betriebs* [Z]. Habilitationsschrift. 1953.

科隆学派致力于突出企业教育的合理性和重要性。"企业指的是工业化背景下的现代企业。""现代企业与历史的关系如何? 企业与社会制度之间的融合度有多高? 这两个问题是科隆学派探讨的重点问题。"他们认为,脱离历史渊源,脱离制度背景,孤立地谈论企业如何发挥教育作用,完全不可取。因为,人的天性决定了他会将企业行为放在一个历史的背景中去衡量。比如说,"一个工人学习灯光知识,那么他自然而然有了解照明史的欲望"。因此,论证现代企业和历史的紧密联系,是论证企业作为教育机构的合理性的必要步骤。同时,"企业制度通过全方位、高密度、持续性的辐射作用,影响着个人生活的各个方面"①。企业制度对人格的塑造发挥着积极的影响力,给人格的形成打上鲜明的制度烙印。企业制度是社会制度的体现,它直接作用于个人。个人对企业制度的认同和接受,意味着对社会制度间接的认同和接受。因此,企业的教育功能体现在,它能够促进个体的社会化。

科隆学派正是从历史和制度两个方面,对企业的教育作用进行了探讨。从历史角度来说,企业作为某历史阶段的产物和特定历史的体现者,能够促进个体历史意识的形成。从制度角度来说,企业作为社会制度的缩影,能够促成个体的社会化。

然而,对于科隆学派的批判集中在,"它对于自己的主要理论未能进行经验论证。这不能不说是科隆学派的一大理论缺憾"。对于企业教育功能,如果未能进行经验层面的验证,那么,空谈企业具有重要的教育功能,是站不住脚的。企业是教育的

---

① 转引自:Zabeck, J. *Geschichte der Berufserziehung und ihrer Theorie* [M]. Paderborn: Eusl-Verlagsgesellschaft mbH, 2009:697 – 700.

推动器还是教育的绊脚石,单单依赖于逻辑论证,尚不足以得出正确的答案。因为在现实情况中,不乏反面例子。另外,"在一个神学早已失去权威的时代,科隆学派的主张显得不合时宜"。因此可以说,科隆学派在成立伊始,就带有浓厚的复古倾向。"科隆学派的致命缺陷在于,它的主张未能深入到教学层面。"①尽管施力坡在他的《经济类学校的一般教学法》一书中,集中分析和阐述了教学方法,然而真正接受并实施其教学理论的人,寥寥无几。②

三、李特和布朗克孜:用普通学校教育来弥补企业教育的缺陷

(一)李特:重新梳理职业教育理论

在法西斯独裁统治结束后,以斯普朗格和凯兴斯坦纳为主要代表的古典职业教育理论再次得到复兴。但是李特(T. Litt)(1880—1962)在对古典职业教育理论进行深入剖析的基础上,提出了不同的看法。

李特冷静地批判了凯兴斯坦纳和斯普朗格的职教理论。他认为,古典职业教育理论中的两个核心概念,即职业和教育的内涵,都随着时代的变迁而发生了变化。他同意费舍(A. Fischer)的看法,即职业概念和教育概念都已变得疑义丛生。③ 在古典职教理论中,职业具有双重维度,包括客观职业和内在的召唤。

① 转引自:Zabeck, J. *Geschichte der Berufserziehung und ihrer Theorie* [M]. Paderborn: Eusl-Verlagsgesellschaft mbH, 2009:697-700.
② 同上。
③ 转引自:Gonon, P. & Reinisch, H. & Schütte, F. Zur Ideengeschichte der Berufs- und Wirtschaftspädagogik [A]. In Reinhold, N. & Pätzold, G. & Reinisch, H. & Tramm, T. (Hrsg.). *Handbuch Berufs-und Wirtschaftspädagogik* [C]. Stuttgart: UTB, 2010:433.

在现实情况中,客观职业已经因为劳动力市场的流动性加剧,而打破了稳固和持续终身的特性。因此,客观职业所具有的内涵已经改变。内在的召唤则遭到严峻现实的践踏:人们仅仅为了生存而工作。完全无法顾及工作是否符合自己的天赋秉性,是否应和内在的召唤。因此,职业概念已经失去了原有的内涵。另外,古典职业教育学派认为,正是职业中的第二个维度,即内在的召唤,孕育了教育的契机,使得职业和教育的结合成为可能。因此,职业和教育这两个核心概念在逻辑上是紧密相连的。一旦职业的内涵发生根本性的变化,那么,教育的内涵必将发生变化。古典职业教育理论大厦的根基也就随之动摇了。

也就是说,既然职业中所包含的教育因素已经逐渐流失,那么,职业教育免不了沦落为狭隘的技能教育。职业教育能促成人格的养成,变成了教育家一厢情愿的幻想。

李特转而集中研究了职业教育和普通教育的关系。在德国,职业教育和普通教育是截然分开的两种教育类型。随着职业中包含的教育因素日益匮乏,职业和教育关系和谐的命题被推翻,研究者的目光必然会审视职业教育和普通教育的关系。这是一种合理的逻辑。李特正是在这样的时代背景下,从历史角度去分析两种教育类型的起源,从而探讨职业教育和普通教育的关系。

在德国教育史上,普通教育主要是在新人文主义者的倡导下发展起来的。李特分析了新人文主义者洪堡(A. von Humboldt)和尼特哈默(F. I. Niethammer)的教育理论。李特认为,从历史的视角来看,新人文主义的教育理论实质上是落后于时代的。新人文主义诞生在 18 世纪末期。当时,资本主义萌芽已经产生,自然科学和技术开始崭露威力。而恰恰在这样的时代背景下诞生了新人文主义。可以说,从诞生之日起,新人文主义就有悖于时代发展的潮流。新人文主义推崇人文知识,提倡普通教育,将专业教育排除在教育领域之外。李特认为,现代世界是建立在数学—自然科学的认知和技术基础上的,人的教育就应当以对数学—自然科学的认知和技术为基础。新人文主义所倡导的普通教育,不符合现代世界的要求。因此,新人文主义代表了一种反时代的声音。可以说,从理论提出之日起,新人文主义就落后于时代。李特认为,正是新人文主义者对于自然科学和技术的排斥,人为地导致了普通教育和职业教育的相互对立,导致了德国教育走上普教和职教严格分开的错误道路。

并且,两次世界大战尤其是法西斯政权的血腥统治,与新人文主义的主张背道而驰。它证明了新人文主义在现实生活中的彻底失败。作为一种权威的教育理论,对于现实的影响苍白无力甚至获得反面效果,这不能不让人提出质疑。

正是在批判古典职业教育理论和新人文主义的基础上,李特提出了自己的观点。他于1947年和1959年发表了关于专业教育和人格教育的研究成果,提出了有机结合普通教育和职业教育的理论。

李特借鉴了黑格尔的自然辩证法中关于内在世界(Innen-welt)和外在世界(Außenwelt)的观点。黑格尔认为,整个世界包括内在世界和外在世界,两者是统一的、辩证的。李特将这一观点引入到教育领域中,引申出内在世界和外在世界都是教育王国的观点。[①] 按照这样的逻辑,内在世界和外在世界在教育的层面上具有同等地位。内在世界对应的概念是人。在教育上,内在世界的发展或者说人的培养是普通教育追求的目标。外在世界对应的概念是自然。外在世界或者说自然则代表专业教育领域。因此,李特得出结论,普通教育和专业教育的关系是统一的、辩证的、等值的。

李特认为,将普通教育和专业教育分开进行,势必造成这样的后果:"一方面,职业教育变成了狭隘的专业教育,放弃了生活教育,因而失去了完整性;另一方面,普通教育变得无边无界,忽视了专业教育,因而失去了生活中心。"[②]

对于教育机构的设置而言,李特认为,"我们完全可以舍弃将职业教育和普通教育分成两个机构的做法。无论是将职业教育和普通教育同时进行,或是分成先后进行,都是不必要的。"[③]

总之,李特重新探讨如何在职业中寻找教育的契机,这无疑有着积极的时代意义。随着工业化进程的发展,社会分工加剧了,工业生产流水线往往只要求劳动者进行机械化操作。劳动者沦落为某种意义上的"单面人"。传统的整体性职业教育彻底遭到销蚀。正是在这样的时代背景下,李特提出在职业教育中引入普通教育因素的主张,丰富了职业教育理论。他的理论兼顾了现代企业工作的动态多变性,去除了古典职业教育理论中

---

① 转引自:Gonon, P. & Reinisch, H. & Schütte, F. Zur Ideengeschichte der Berufs- und Wirtschaftspädagogik [A]. In Reinhold, N. & Pätzold, G. & Reinisch, H. & Tramm, T. (Hrsg.). *Handbuch Berufs-und Wirtschaftspädagogik* [C]. Stuttgart: UTB, 2010:434.
② 同上。
③ 同上:435。

的理想成分,使职业教育理论有了更多务实的特征。

(二) 布朗克孜:加强基础理论教育

布朗克孜(H. Blankertz)是文化现实主义职业教育学派的另外一位代表人物,是和李特同时代的教育家。与李特相反,布朗克孜的理论是以洪堡的新人文主义为基础的。他认为,职业教育应当加强基础理论教育,而普通教育应当以职业为基准适度聚焦。因为知识的增长已经让百科全书式的教育变成了荒谬的行为,而经验研究也无法证明,获取物质的过程和教育毫不相干。他认为,要对教育概念作科学的界定,必须追溯到洪堡的教育理论和康德哲学。职业相关的学习与研究性的学习相比,只是在内容上有区别,形式上是无异的。

因此,"布朗克孜反对将教育内容绝对化从而上升为教育标准的做法"[1]。他赞同康德和哈贝马斯的教化理论,认为教育应当培养基础性的思维方式和批判能力。也就是说,通过教育,获得对具体的内容进行思考和批判的能力。从这个意义上说,既然教育的目标是相同的,那么,普通教育和职业教育的对立就失去了理论依据。

布朗克孜对职业教育的性质表述如下:"职业教育作为教育,其目标前提即是普通教育。因此,那种反对职业教育的普通教育是站不住脚的。职业教育本身就代表了一种教育思想。"[2]在布朗克孜的这个定义中,他消除了职业和教育,专业教育和普通教育之间的鸿沟。他认为,任何形式的教育最后都是指向特

---

① 转引自:Gonon, P. & Reinisch, H. & Schütte, F. Zur Ideengeschichte der Berufs- und Wirtschaftspädagogik [A]. In Reinhold, N. & Pätzold, G. & Reinisch, H. & Tramm, T. (Hrsg.). *Handbuch Berufs-und Wirtschaftspädagogik* [C]. Stuttgart: UTB, 2010:437.

② 同上。

定职业的。因此,任何形式的教育内容都具有同等价值。①

因此,布朗克孜在继承古典职业教育理论的基础上,注入了时代的因素,更新并发展了古典职业教育理论。对于传统职业教育理论而言,他主张在职业教育中增添普通教育内容,增添了一种科学主义的倾向。同时他强调职业教育的重要性,认为职业活动场所在工业社会中仍旧是最理想的教育场所。他提出职业教育和普通教育应当并轨的主张。并且,他将自己的职业教育理论付诸实践。在德国北威州(Nordrhein – Westfalen)实行职业教育和普通教育融为一体的综合高中教育。

总之,以李特和布朗克孜为代表的文化现实主义学派,认为在泰勒式职业中寻求教育因素,无异于缘木求鱼。他们主张将职业教育和普通教育结合起来,设置统一的机构来融合两种教育类型。在实践中,布朗克孜的主张体现在综合高中的设置上。综合高中同时设置职业教育与普通教育。这两种教育类型互相融通。

四、企业教育的关键在于养成个体的批判能力

在德国职业教育历史上,以来姆普特(W. Lempert)为代表的解放职业教育理论,是影响深远的职业教育思潮。认为在职业和教育的关系中,只有突出个体的主体性,对职业现实进行批判和改造,才能培养人的批判能力,从而实现职业教育的目标。在解放职业教育理论中,对于职业教育如何促进人格养成的问

---

① 转引自:Gonon, P. & Reinisch, H. & Schütte, F. Zur Ideengeschichte der Berufs- und Wirtschaftspädagogik [A]. In Reinhold, N. & Pätzold, G. & Reinisch, H. & Tramm, T. (Hrsg.). *Handbuch Berufs-und Wirtschaftspädagogik* [C]. Stuttgart: UTB, 2010:437.

题,其答案集中在对个体批判能力的培养上。

(一)来姆普特解放职业教育理论

来姆普特的解放职业教育理论主要受到西方马克思主义的影响,认为职业教育目标在于养成个体民主方面的成熟度,进而推进民主进程。为了实现这一教育目标,个体应当积极参与职业教育过程,参与企业生产过程。

对于职业中的教育因素,解放职业教育理论与文化教育学派的不同之处,主要体现在对社会化概念的不同理解上。对于社会化的概念,哈贝马斯曾经有过深入的分析。哈贝马斯认为教育,即人的社会化整个过程有一个基本的出发点,就是要改变(不合理的、非平等对话原则的)自我及社会现状。[①]

哈贝马斯认为,社会化理论在很长时期内受帕森斯(T. Parsons)的社会角色分工理论影响,这种传统的模式将个性培养和发展的结构过于简单化,没有看到个体发展过程中的价值取向和心理需求,而只用现存价值观点来看主体的成型与发展。所以,哈贝马斯认为,社会角色分工理论对主体社会行为的分析是机械的、静止的。以此作出的社会行为的分析不一定符合实际社会化过程。[②] 而哈贝马斯的社会化主体是能动的,是参与性的。[③]

来姆普特的职业教育理论是以哈贝马斯的教育理论为基础的。职业教育作为教育的一种类型,在本质上同样是社会化的过程。并且在这个社会化过程中,要突出主体的价值取向和心理需求,通过参与职业教育过程,通过改变不合理、不平等的社会现状,来养成个体的批判能力。因此,职业教育不应以适应性

---

① 转引自:范捷平.德国教育思想概论[M].上海:上海译文出版社,2003:62。

② 同上:65。

③ 同上:62。

的教育为主,而应突出个体批判的作用。

另外,解放教育学派对于职业概念有着特殊的理解。他们认为,只有在"去职业化"的基础上,职业教育才能实现其教育的目标。在这里,"去职业化"指的是劳动者不必终身或者长久地从事某种特定的职业。他们认为,在泰勒模式的职业中,工作过程被割裂成细小的工作单元,工作任务机械、单调,人沦落为机器的一部分。因此,"去职业化"实际上是反对在泰勒模式职业中进行职业教育的一种主张。通过"去职业化",人们希望能够克服泰勒模式下职业的弊端,寻找在职业中进行教育的契机。

在解放教育学派的理论中,"去职业化"的另外一层含义,指的是对职业归属感的一种否定。"去职业化"的主张,和古典职业教育理论通过养成"职业形象"来进行社会化的主张是背道而驰的。"职业形象"的养成,依赖于劳动者从事特定的职业,在特定的职业环境中养成职业的归属感。而"去职业化"的主张,则认为正是固定的职业形象,正是职业的归属感,不利于个体批判能力的形成。只有在经常更换职业的情况下,才能挖掘教育的契机。

(二)马克思的综合技术教育

"去职业化"的主张,早在马克思的理论中就有了清晰的体现。马克思对于"去职业化"的主张,有着另外一种论述,即综合技术教育的主张。马克思正是在审视泰勒式职业对于人格形成极其不利的基础上,提出职业教育不能局限于岗位技能教育,而应当进行一种综合技术教育。综合技术教育,是针对泰勒职业中的分散、零碎、机械等不利于职业教育展开的职业特征而提出来的。

马克思在《德意志意识形态》中描绘道:"在共产主义社会里,我们有可能随自己的兴趣今天干这事,明天干那事,上午打猎,下午捕鱼,傍晚从事畜牧,晚饭后从事批判,这样就不会使我老是一个猎人、渔夫、牧人或批判者。"①

马克思认为,"大工业生产的'本性'要求,是用那种把不同社会职能当作互相交替的活动方式的全面发展的个人,来代替只是承担一种社会局部职能的个人。"也就是说,大工业生产的本性与教育的目的是一致的。生产力一旦发展到大工业生产阶段,职业活动理应促进个人的全面发展。然而,现实却不尽如此:"在资本主义社会中,由于机器大工业的生产力和资本主义生产关系的矛盾,由于生产社会化和资本主义私有制之间的矛盾,生产力发展所创造的人的全面发展的可能性不但不能变成一种现实性,反而导致新的分工的凝固化,产生新的片面、畸形的发展。"②

马克思、恩格斯认为,"个人的全面发展,只有到了外部世界对个人才能的实际发展所起的推动作用为个人本身所驾驭的时候,才不再是理想、职责等等。"

综合技术教育是人的全面发展教育。不过,"这种全然地满足美好生活的职业教育还只是一种愿景目标,综合技术教育具有理想主义色彩"③。

五、阿贝尔:社会科学转向

二战后,基于德国的经济和技术发展状况,人们对教育概念

① 马克思. 马克思恩格斯选集(卷一)[M]. 北京:人民出版社,1995:37-38.
② 成有信等著. 教育政治学[M]. 南京:江苏教育出版社,2000:39-41.
③ 徐平利. 职业教育的历史逻辑和哲学基础[M]. 桂林:广西师范大学出版社,2010:292.

进行形而上学的探讨的热情减弱了，如何培养符合工业社会要求的劳动力的问题，成了人们关注的焦点。也就是说，学科讨论的中心话题不再是教育问题，而转向工业社会中劳动力资质化的问题。

在 20 世纪 60 年代，德国掀起了关于国民教育水平在何种程度上影响着经济发展的大讨论。教育的经济学视角成为人们审视教育的立足点。调查显示，西德国民的教育水平明显低于东德和其他西方工业国家。这一调查结果令人震惊，促使公众的注意力开始集中到教育政策上。对当时教育政策的不满和质疑，直接促成了德国教育改革运动。在这样的背景下，职业教育当然也成了教育改革的主要阵地之一。政治界呼吁学者不要再纠结于职业和教育关系的哲学层面的探讨，而是将注意力集中到实践层面上。学者应当根据实证调查的结果，对教育拿出可靠的设计方案。

正是为了迎合这样的要求，以学者阿贝尔（H. Abel）为主要作者，以德国教育委员会的名义，发表了《1964 年德国职业教育鉴定书》。在该鉴定书中，阿贝尔提出，斯普朗格为代表的古典职业教育理论已经完全过时。古典职业教育理论的两个核心概念，即职业概念和教育概念的内涵解释都已经失去说服力。古典职业教育理论的根基已经动摇，职业教育已经意识形态化（Ideologisierung）。因此，它无法再提出适合于时代的、面向未来的开放的方案。总之，在该鉴定书中，以阿贝尔为代表的学者否定了文化学作为职业教育基准学科的合理性，而转向社会科学作为其基准学科。

对于《鉴定书》所体现的基本思想以及教育改革建议，布朗克孜公开发表了针锋相对的见解。他的批判集中在两个方面：

一方面,认为阿贝尔对以斯普朗格为代表的古典职业教育理论进行了曲解。阿贝尔对职业的内在维度和外在维度进行了武断的解释。阿贝尔极力贬低职教理论和职业概念的意义,未作任何解释和说明,将职业教育和普通教育直接对立起来。这背后的逻辑显然就是认为职业教育和普通教育的对立是理所当然的。另一方面,布朗克孜认为阿贝尔糟蹋了向公众重新解释教育概念和职业概念的机会。

布朗克孜采用哲学思辨的方式,为古典职业教育理论进行辩护。可以说,他的批判具有一定的合理性。然而,事实证明,古典职业教育理论一统天下的局面已经结束,职业教育的社会学转向是不可遏制的。

社会科学作为职业教育的基准学科,其含义是,从职业教育邻近的社会学科中,寻找职业教育学科进一步发展的理论支撑,比如社会经济学、职业和经济教育、教—学研究,心理学、企业经济学、社会研究等。这些构成了 20 世纪 60 年代末之后职业教育研究的重点。

六、查贝克:职业学院的合理性

在 1994 年学术委员会(Wissenschaftsrat)对于职业学院进行评估的时候,对于职业学院预设的目标,即培养学生的双重能力,包括实践应用能力和学术能力,最初是抱着怀疑态度的。因为,职业学院的培养方案,包含了一对显著的矛盾:要同时培养学生的实践应用能力和学术能力。培养学生的实践应用能力,意味着教育模式应当向传统的学徒模式靠拢。也就是说,在真实的工作场景中,通过完成特定的工作任务,来习得特定的职业能力。而培养学生的学术能力,则意味着教育模式应当向传统的高等教育模式靠拢。通过体系化的理论学习,来打下扎实的理论根基。众所周知,传统的学徒模式和高等教育模式之间壁垒森严,属于性质完全不同的两种教育类型。根据传统的经验,要培养学生的实践应用能力,就得舍弃体系化的理论学习。要进行体系化的理论学习,就得大大限制实践环节的设置。职业学院的培养方案,要糅合这样两种性质不同、教学内容和教学手段迥异的培养模式,是否是人们一厢情愿的乌托邦式的幻想呢?

学术委员会的评估结论有些出乎预料。通过全面细致的评估,学术委员会认为,职业学院基本完成了预设的目标。尤其认为职业学院在培养学生的实践应用能力方面可圈可点。而对于职业学院毕业生学术能力究竟如何,学术委员会的态度则有所保留。原因在于,在职业学院为期三年的学制中,只有一半时间用于理论学习。在有限的时间之内,如果密集地传授大量的理论知识,势必影响学生对知识的消化和吸收。因此,专业委员会在抽查毕业论文时,发现有的毕业论文理论论证部分比较欠缺。另外,职业学院用于科研的基础设施较为缺乏。比如图书馆里专业类书籍的藏书量远远比不上其他高校。还有,以兼职教师为主的师资无法保证对学生进行足够的辅导。①

学术委员会的这一评估结果,并未受到广泛认可。比如职业学院院长联合会主席认为,学术委员会采用的评估方法是错误的。因为学术委员会在评估职业学院的时候,参照的标准有误。他认为,学术委员会将应用技术大学的理想值(Sollvorstellungen)当作实际值,和职业学院的实际值(Ist-

---

① Wissenschaftsrat. Stellungnahme zu den Berufsakademien in Badenwuerttemberg. Schwerin. 1994:67ff.

zustand)进行了比较。① 这势必得出不利于职业学院的结果。

针对学术委员会的结论,查贝克等德国学者专门就职业学院的学术性维度(Wissenschaft)作了评估。并且,评估的结果否定了学术委员会最初的结论。职业学院所培养的学生,在学术性方面没有明显的劣势。②

首先,查贝克定义了学术性(Wissenschaftlichkeit)的含义。他认为,学术性远远不止于对建立在概念和规律基础上的学术体系的习得和应用。最新的研究成果赋予学术性以动态的特征。比如迪莫认为,科学的特征并非存在于科学结果中,而是存在于并且仅仅存在于科学研究的过程中。③

查贝克的评估结果包含了四个结论。

1. 在技术领域,职业学院和应用技术大学在学术性方面没有明显差异。从某种意义上来说,职业学院对于学术性的强调反而甚于应用技术大学。三大机构相比较,综合性大学重视理论研究和科学认知的程度远甚于应用技术大学和职业学院。同时,综合性大学在实践环节方面较为薄弱。总的来说,在应用和实践方面,职业学院的优势最为明显。

2. 学术性这个概念在不同的学科中有着不同的体现。在

---

① Schneider W. Redebeitrag anlaesslich der Fachtagung zum Thema "Zukunft und Perspektiven der Berufsakademien". In: Landtagsfraktion der CDU Baden-Wuerttemberg (Hrsg.). Redebeitrag anlaesslich der Fachtagung zum Thema "Zukunft und Perspektiven der Berufsakademien". Stuttgart. 1994;37.

② Zimmermann M. & Zabeck J. Berufsakademie und Wissenschaft. -Zur Wissenschaftlichkeit im Profil der Berufsakademie Baden-Wuerttemberg. In: Juergen Zabeck & Matthias Zimmermann (Hrsg.). Anspruch und Wirklichkeit der Berufsakademie Baden-Wuerttemberg. Weinheim: Deutscher Studien Verlag, 1995;279-297.

③ Diemer A. Was heist Wissenschaft? [M]. Meisenheim am Glan. 1964;20ff, 31.

经济领域和社会学领域,其他两类大学对于学术性的要求在教学中得到更彻底的强调。相比之下,职业学院没有那么重视理论的习得和研究。

3. 职业学院和其他两大机构相比,最为明显的差异体现在毕业生的科学价值观上。经济专业和社会专业的毕业生较少对科学研究和科学知识持有批判反省的态度。大多毕业生持有对科学保持一定距离这样的态度,或者是幼稚的科学至上。在社会学领域尤其有这样的迷信科学的倾向。

4. 社会学专业办学能力相对薄弱。无论是学科设置对学术性的强调程度,还是教师评价结果,抑或是学生的科学价值观,这几个方面都反映了这样的特点。

因此,总的来说,学术委员会的评估结果确实适用于社会学专业。因为无论从学生的理论水平还是从方法能力来看,职业学院的学生和应用技术大学的学生相比,都是有距离的。相比之下,经济专业比社会学专业的情况好得多,但是也存在着这方面的不足。而技术专业则属于职业学院的强势专业。和应用技术大学相比,职业学院技术专业毕业生的理论修养毫不逊色。另外,在对职业学院毕业生的问卷调查中,证实了图书馆资源的欠缺和选修课程的贫乏,但否定了教师辅导不够的结论。

由此,查贝克认为,学术委员会评估结论大部分是符合事实情况的。对于职业学院的毕业生是否具备了足够的理论修养的问题,不能一概而论。因为不同的专业有着不同的情况。因此,如果说和其他两类高校,尤其和应用技术大学相比,职业学院毕业生的理论修养不足,这个结论并不符合事实。

另外,对于职业学院是否应当和高等专科学校具备一样的理论水平,两者是否可以在同一个水平上进行比较,查贝克对此

持否定的态度。他认为,社会需求决定了人才必须按照不同的
规格要求进行培养。职业学院只有具备自己双重满足实践和理
论的特色,才能切实满足社会需求。如果盲目追求和应用技术
大学同等水平的理论修养,那么,势必损伤职业学院本身的办学
特色。

因此,可以说,在对职业学院的科学性进行论证的时候,查
贝克为职业学院的学术性进行了辩护,并且肯定了职业学院的
办学特色。职业学院作为双元制在高等教育领域的延伸,继续
了双元制的成功。职业学院是一种卓有成效的办学模式,这一
点,得到了职业教育学术界的论证。

总之,在这一阶段,较少从文化角度探讨职业中含有什么样
的教育意义,而更多地从职业促进人格发展的角度来论证职业
的教育意义。主流观点从不同的角度挖掘了职业对人格发展的
促进作用。去除文化意识形态的影响,使教育更加回归本真
意义。

第四节　本章小结

在工业社会朝着服务型社会转型的过程中,劳动力市场出
现了"去职业化"的趋势。传统职业的形式和内容特征逐渐消
隐,传统的职业边界变得模糊。职业的个人风格凸显,因而有了
个性职业的概念。个性职业要求劳动者具备广义的职业能力。

这对行会主导的合作主义有一定的影响。在 1969 年的《职
业教育法》中,行会的主导地位得以确保。国家则通过各种措施
来加强对职业教育领域的干涉,具体体现在加强全日制职业学
校的教育、成立跨企业培训中心、对弱势群体进行职业教育促

进。欧盟一体化对合作主义职业教育制度产生了很大的冲击。欧盟职业教育资格体系的设置,对德国职业教育资格体系的构建提出了改革的要求。行会则通过独特的方式,在确保自己主导地位的基础上作出有限的改革。

职业和教育的关系有了升华。职业和教育之间的和谐关系开始转向,因此,必须从新的角度去寻求职业中所包含的教育意义。科隆学派以神学为基础,从历史和制度两个方面入手,论证了企业教育的合理性。以李特和布朗克孜为代表的文化现实主义学派认为在泰勒式职业中寻求教育因素,无异于缘木求鱼。他们主张将职业教育和普通教育结合起来,设置统一的机构来融合两种教育类型。而解放教育学派则认为职业教育目标在于培养批判能力。批判的含义是:在突出个体价值取向和心理需求的前提下,通过参与职业教育过程,通过改变不合理、不平等的社会现状,来养成主体的批判能力。阿贝尔则认为职业教育不应当再以文化学为基准学科,提倡职业教育的社会学转向。查贝克论述了职业学院培养高级应用型人才在学理上的合法性。总的来说,在这一阶段,从职业对人格发展具有促进作用的角度,论证了职业的教育意义。

第五章 借鉴德国职业教育成功经验的局限性

美是一种和谐。

——毕达哥拉斯

第一节 "发展动力"的作用

如前所述,职业教育的发展是一个复杂的历史过程。职业教育系统的本质特征,并不是或者说并不仅仅是有意识的计划和政策所能左右的。德国职业教育系统的产生和发展,带有特殊社会和文化印记,是对一系列的具体历史问题作出某种反应而形成的结果。社会需求、政治需求和文化需求为职业教育发展提供了源头动力,是决定职业教育发展的最根本因素。依据前几章的论述,我们可以归纳出以下的结论。

一、社会需求是职业教育发展动力

劳动力市场的风格是千差万别的。即使职业形态相近,劳动力市场的风格也不尽相同。如第一章所述,英国、法国和德国三个国家,工业化开始的时期比较接近,且均获得良好的发展,都属于发达国家,然而,"在劳动力使用方面,却有着极为明显的差异。比如英国培养劳动力的市场化程度很高；法国培养劳动力则以学校为主，权威现象比较盛行；而德国则属于职业导向类型，即劳动力的培养和使用以职业为标准"[①]。这一例子生动地说明：劳动力市场的风格深受社会历史文化的影响，具有民族特点。

就德国而言，劳动力市场职业导向的风格为职业教育本质特征"职业性"的生成和发展提供了决定性的发展动力。如第一章所述，德国劳动力市场职业导向的特点体现在两个方面：一是雇佣专业工人（Facharbeiter）是用人的核心标准；二是用人标准的稳定性、同质性和自动化。[②]

对专业工人而言，保证其"专业"的标准是教育职业。教育职业克服了单一岗位的封闭、零碎和异质性，保证了宽广的职业能力的获得。在这点上，英国的做法提供了一个反例。英国劳动力市场准入的标准表现为特定的职业资质。而职业资质是通过完成一定数量的模块来获取的。模块化的一个突出特征就是割裂工作过程，将职业能力进行分解。这与德国的专业工人所要求的宽广的职业能力是截然不同的。职业资质的获取，远非意味着能够把握和设计工作过程。

同时，教育职业设定了稳定而统一的入职条件。通过与法国的比较，我们可以更好地理解这一点。在法国，职业资质的获取过程并没有在就业之前完成，而是作为企业特殊的、可变的企业工作来完成的。员工获得的是企业导向的、具有企业特殊性的资质。而在德国，专业工人的资质具有充足的稳定性、同质性

---

① Deißinger, T. *Beruflichkeit als „Organisierendes Prinzip" der deutschen Berufsaus-bildung* [M]. Markt Schwaben: Eusl-Verlagsgesellschaft mbH, 1998:151.

② Maurice, M. & Sellier, F. & Silverster, J.-J. Die Entwicklung der Hierarchie im Industrieunternehmen: Untersuchung eines gesellschaftlichen Effektes [J]. *Soziale Welt*, 1979(30):295 – 327.

和自动化。

总的来说,在德国,职业标准在劳动力的使用和流动方面,起着决定性的作用。特定职业资质是劳动力市场的必要准入条件,也是劳动力在市场上流通的依据。拥有特定级别职业资质的劳动力在市场上流通时不会损失其使用价值和交换价值。也就是说,不会影响劳动力的薪资报酬和升迁机会。

德国劳动力市场的职业导向,折射到了职业教育领域,使得职业教育形成了"职业性"的特征。德国劳动力市场的职业导向,为劳动力资质化提出如下要求:职业资质化过程应当在企业外实现;资质化应当具有专业标准;资质化意味着不依赖于企业的相对自治的能力。[①] 德国职业教育体系中,以职业能力为本位来制定能力培养目标,以教育职业作为考核标准,以参与工作过程为核心设计课程。整个职业教育过程都体现了职业导向。也就是说,德国劳动力市场的职业导向风格,为职业教育的本质特征"职业性"的生成和发展提供了发展动力。这是社会需求作为职业教育发展动力的体现。

纵观德国职业教育历史,劳动力市场的职业导向这一特点,没有本质性的变化,为职业教育提供了稳定的动力来源。

社会分工的细化,直接导致了职业教育的产生。在德语文献中,到 14 世纪,出现了"学徒"(Lehrling)这个词语。当时的"学徒"指的是,在社会分工体系下,为从事一个或多或少具有复杂性的工种,而在工作过程中接受资质培训的人。[②] 换言之,职

① Deißinger, T. *Beruflichkeit als „Organisierendes Prinzip" der deutschen Berufsausbildung* [M]. Markt Schwaben: Eusl-Verlagsgesellschaft mbH, 1998: 167 - 169.

② Zabeck, J. *Geschichte der Berufserziehung und ihrer Theorie* [M]. Paderborn: Eusl-Verlagsgesellschaft mbH, 2009:41 - 42.

业教育是直接在工作过程中进行的。"可以肯定的是,建筑工人是在工地上进行技能学习的。其他的职业,比如铁匠、木匠和磨坊主,职业教育的情形都极其相似。"学徒都在工作过程中学习职业技能。"在中世纪早期,就存在有手工业者聚集区,在那里进行初始萌芽式的职业教育。"①也就是说,在特定的社会需求的刺激之下,职业教育产生和发展起来了,并且隐约显现出"职业性"的特征。

在德国工业化的过程中,工业经济和传统的手工业经济有机地结合起来了,保留了相当多的传统因素。德国工业化的特点从很大程度上决定了职业教育的发展走向。"在 19 世纪末 20 世纪初,德国正处于工业化进程中的时候,德国的资本家有了一个天才式的想法,将传统的职业教育培训模式转换为工业培训模式。传统职业教育模式的核心是以手工业为主的。将其转化为工业培训模式,意味着对工作过程导向的、企业内部的学徒培训模式进行改造,在吸收其合理成分的基础上进行现代化,来培养专业工人以及后来的专业职员。这种类型的职业教育,为德国工业输送优质劳动力,使得德国的工业水平保持世界领先地位达一百年之久。"②

在后工业社会,随着职业特征的多样化,职业界限的模糊,常规工作模式的瓦解,职业个性化的趋势越来越明显。"个性职业"是个人对工作过程进行设计、执行的职业,它带有个人的风

---

① Hägermann, D. Technik im frühen Mittelalter zwischen 500 und 1000 [A]. In König Wolfgang (Hrsg.). *Propyläen Technikgeschichte* [C]. Bd. 1. Berlin, 1997:441ff.

② Baethge, M. *Ordnung der Arbeit-Ordnung des Wissens: Wandel und Widersprüche im betrieblichen Umgang mit Humanressourcen* [J]. SOFI-Soziologisches Forschungsinstitut Göttingen, Mitteilungen. 2004(32):14.

格,且伴随有个人的自我反思。① 也就是说,随着工作内容和形式的变化,劳动者的地位更加突出。劳动者的主观要求和需要也更受重视。在广义的职业能力的内涵中,包括了对人格形成起到关键作用的因素。对规则和标准的遵守和创新,对价值取向的判断和把握,既是职业能力不可分割的一部分,也是人格形成的关键因素。

尽管职业特征出现了重大变化,然而劳动力市场职业导向的特征没有改变。对于职业教育而言,个性职业在本质上也无异于传统职业。因此,劳动力市场仍旧为职业教育提供了一以贯之的发展动力。

相比之下,劳动力市场如果缺乏职业导向的风格,却要在职业教育领域贯彻职业导向原则,那么必定步履艰难。即使是同处欧洲的法国和英国,即使政府当局对德国"双元制"职业教育推崇有加,其在职业教育领域实施的改革措施也收效甚微。

二、政治需求是职业教育发展动力

(一) 合作主义的传统

如前所述,合作主义是一个历史性的概念。在中世纪,它指的是传统的手工业者通过行会联合培养新生劳动力的组织形式。当时,职业教育领域属于手工业行会的"私家花园"。手工业行会对学徒的招收、管理和结业有着绝对的话语权。

---

① 转引自:Georg, W. & Sattel, U. Berufliche Bildung, Arbeitsmarkt und Beschäftigung [A]. In Rolf Arnold, Antonius Lipsmeier (Hrsg.). *Handbuch der Berufsbildung* [C]. Wiesbaden:VS Verlag für Sozialwissenschaft, 2006:146.

伴随着工业化的进程和民主国家的诞生,产生了新合作主义,"指的是雇主、雇员和国家三方共同合作培养新一代的劳动力。"①新合作主义最直接地体现在"双元制"体系中。"双元制"主要指的是办学主体有企业和学校这两元。其中,企业承担了职业教育的主要部分,职业学校作为企业职业教育的补充,为学生提供理论学习等适合以课堂形式进行的教育。行会是企业的代表,国家是学校的代表。在"双元制"体系中,企业和学校的合作关系,追溯到其上位因素,就是行会和国家之间的关系。从根本上说,职业教育权力还是掌握在行会手中。

合作主义是"职业性"生成和发展必不可少的动力来源。

我们可以比较一下法国和德国的职业教育制度。法国和德国作为邻国,在中世纪时拥有同样的职业教育制度。行会掌管职业教育,采用合作主义的方式来培养劳动力。职业教育贯彻职业导向的原则。而随着工业化进程的展开,两国的职业教育体制走上了完全不同的道路。法国采用了学校体制,而德国依旧传承了学徒制度。从深层次上分析,我们可以发现,根源在于合作主义的废与存。在工业化初始阶段,法国大革命将传统合作主义彻底摧毁,传统的"职业性"特征也就不复存在。而德国的传统合作主义在工业化过程中得以再生,传统的"职业性"特征也获得重生。因此,通过初始工业化时期两个国家的职业教育完全不同的发展道路,我们可以得出结论,即合作主义是"职业性"的根基,为"职业性"提出了政治需求。合作主义的一以贯之,为"职业性"提供了稳定的发

---

① 参见:Greinert, Wolf-Dietrich. *Erwerbsqualifizierung jenseits des Industrialismus. Zu Geschichte und Reform des deutschen Systems der Berufsausbildung* [M]. Frankfurt. a. M. : G. A. F. B. -Verlag, 2006:210.

展动力。

（二）合作主义的特点

行会的自治原则构成了合作主义的核心。查贝克在《职业教育历史及其理论》一书中指出，自治原则（Selbstverwaltungs-prinzip）的含义是：在行会和国家的权力关系中，行会可以无视国家意志，独立行使权力。也就是说，行会开展职业教育，并非如某些学者所表述的那样，是在国家的委托下进行的。职业教育是行会的分内之事。只不过职业教育事务并不仅仅是私人的（privat），也是公共的（öffentlich）事务而已。但职业教育属于行会管辖范围，这是毫无疑问的。行会对职业教育所拥有的权力的内容包括：确定职业教育的目标；成立职业教育的机构；自主决定职业教育机构的经费来源等。对于国家来说，国家对于专业事务不加干涉，它仅仅是监督行会在行使权力的过程中，不得触犯法律。①

行会自治原则的形成，有着历史的原因。

首先，在历史上，职业教育一直属于经济界的自治领域。职业教育主要是行会的事务。因此，国家对职业教育表现出一种漠不关心的态度。

其次，国家认为职业教育并非属于教育领域。国家认可的教育类型是学术教育，只有学术教育才是国家管辖的范围。格赖纳特从历史角度进行分析后提出，国家对学术教育的情有独钟实质上是一种政治行为的反映。他认为，以洪堡为代表的新人文主义，其本质考虑并非是纯粹的教育理想，而是工业革命过程中处于上升地位的市民阶层争取统治地位的一种政治行为。

---

① 参见：Zabeck, J. *Geschichte der Berufserziehung und ihrer Theorie* [M]. Paderborn：Eusl-Verlagsgesellschaft mbH，2009：472-473.

当时,德国在政治上缺乏像英法那样强大的中央集权。政治上的四分五裂,造成了经济上的落后。新人文主义者希望通过对人的改造,通过教育途径来改变这一社会现实。即通过文化的统一来达到国家和社会的统一。另一方面,市民阶层希望通过教育手段,形成新的精英阶层和贵族相抗衡,来实现社会统治。也就是说,从一开始,普通教育就被打上了精英教育的烙印。而在工业革命中发展起来的职业教育,则基于社会公平的民主思想,成为一种大众教育。因此,从历史发展渊源来看,德国职业教育和普通教育最为显著的特点即两者的严格分离。① 职教和普教的严格分离,以及国家对普教的专注,造成了国家对职业教育的不闻不问。

在具体的职业教育实践中,"职业教育合同的双方,从表面上看是个人和企业。但是如果我们从深层次上进行解读,职业教育合同的双方,其实是个人和行会"②。

合作主义最核心的特征就是行会对职业教育事务的主导权力。行会作为职业教育的主办单位,为"职业性"的生成提供了天然条件。行会是企业的代表,行会办教育,意味着职业教育在企业中展开。企业作为特定职业的集合体,在企业中以职业为依托进行职业教育,是自然不过的事情。因此,行会掌握职业教育事务的权力,直接促成了"职业性"的生成和发展。

---

① 参见:Greinert, Wolf-Dietrich. Berufsbildungsforschung ohne historische Orientierung — statt eines Nachrufes [A]. In Eveline Wuttke & Klaus Beck (Hrsg.). *Was heisst und zu welchem Ende studieren wir die Geschichte der Berufserziehung?* [C]. Opladen & Farmington Hills: Budrich UniPress Ltd, 2010:115-129.

② Zabeck, J. *Geschichte der Berufserziehung und ihrer Theorie* [M]. Paderborn: Eusl-Verlagsgesellschaft mbH, 2009:475.

（三）利益博弈和"职业性"

尽管行会对职业教育拥有自治权力,是促成"职业性"生成和发展的必要条件。然而,必要条件并非充分条件。从根本上说,"职业性"的生成和发展,是合作主义主要利益群体博弈的结果。

在职业教育领域,政治需求作为职业教育发展的动力,实质上反映了一种利益博弈的格局。最终,这种利益博弈的格局以制度的形式固定下来。可以说,"制度是利益博弈结果的体现。职业教育制度同样是职业教育领域各个利益集团博弈的结果"①。

从某种程度上说,德国职业教育合作主义制度的生成和发展就是利益集团操纵的结果。那么,职业教育涉及哪些利益集团呢?孙玫璐认为,职业教育制度的利益相关者有国家、职业教育机构、企业以及目标群体。对于国家来说,它的利益目标是实现社会整合与社会控制;通过人力资本积累实现经济的快速与持久增长。对于职业教育机构来说,它从职业教育中获得的主要受益有:确立、提升作为一种组织的价值和社会地位;收获经济利益。对于企业来说,它的利益目标具体有:节约招工费用;节约适应期费用;节约培训期费用;节约管理费用;通过参与职业教育为企业赢得社会声望。而对于目标群体,即职业教育可能的施教对象来说,他们希望通过职业教育能够获得一份可以谋生的工作;实现上升的社会流动。②

在德国职业教育模式中,上述利益群体中,国家和职业教育机构的影响力未占主导地位。占据主导地位的利益群体是企业以及目标群体,即雇主和雇工。以"职业性"为标准进行职业教育,符合雇主和雇工的利益。

---

① 参见:孙玫璐. 职业教育制度[D]. 华东师范大学博士论文,2008(5):91-97。
② 孙玫璐. 职业教育制度[D]. 华东师范大学博士论文,2008(5):95-97。

对于雇主来说,以职业为标准进行职业教育,是符合其利益的。首先,在企业中培养劳动力,可以通过学徒的劳动产出来抵消一部分成本。从表面上看,企业支付学徒报酬,似乎得不偿失,但从另一方面来看,学徒参与企业生产环节,为企业节约了劳动力成本。这一点对于德国企业有着相当的吸引力。因为在德国,企业聘用正式员工的成本是很高的。其次,它有利于节约聘用成本。如果劳动力职业资质不统一,那么寻找合适劳动力所需要的成本就会大大增加。再次,以职业为标准进行学徒培训,可以增加谈判资本。因为以职业为标准进行学徒培训,而非以企业特殊需要为标准,意味着企业并没有聘用该学徒的义务。另外,职业仅为职业教育提供了最低标准。企业可以额外进行特殊资质的培训。从表面上看,企业培训遵循职业标准,而不是企业自身的需要,因此损害了企业的利益。但是,企业在实际操作的时候,只要达到职业标准,灵活操作的空间很大。企业在培训时可以制定出更适合本企业的详细的教学计划,使得学徒在经受三年的培养后,可以直接上岗,成为本企业的熟练技术工人。

对于雇工或者学徒来说,以"职业性"为标准进行职业教育的优势是显而易见的。首先,以职业为准绳的职业教育,提高了学徒的使用价值和交换价值。学徒在接受职业教育的过程中,不仅习得了技能和知识,而且也获得了通行的职业资格证书。也就是说,在获得使用价值的同时,也获得了交换价值。相对于狭窄的、个别企业适用的职业教育而言,以"职业"为资质标准,大大提高了学徒在劳动力市场上的竞争力。其次,以职业为标准,有利于年轻人的心理发展。在年轻人融入社会的过程中,明确的职业形象能够帮助他们找准自己在社会上的位置,习得和本行业相符的社会习俗规范。而且,经过三年的企业培训和熏陶,学生熟悉企业的情况,热爱企业的文化,有强烈的企业归属感。明确的职业形象和企业归属感对于年轻人的社会化来说,是至关重要的因素。因此,以职业为标准,能够大大促进年轻人的社会化。

综上所述,在德国职业教育历史上,合作主义具有悠久的传统。合作主义的本质就是行会对职业教育拥有自治权力,它为"职业性"的生成和发展提供了必要条件。同时,"职业性"是合作主义主要利益群体互相博弈的结果。因此,以合作主义为关键特征的政治需求为"职业性"的生成和发展提供了重要的发展动力。

三、文化需求是职业教育发展动力

德国社会为职业教育提供了良好的舆论支持,认为职业教育具有重大的教育价值。具体而言,体现在下列几个方面。

(一)对职业和教育和谐关系的信仰

职业具有教育意义,这一信仰为职业和教育的关系定下了主基调。无论社会如何变化,职业形态如何迥异,有一点是一致的,即在职业中进行教育是可能的。职业和教育之间是一种和谐的关系,而非一种冲突的关系。那么,在职业发生变化之时,如何从职业中挖掘教育因素呢?这是学者始终要面对的一个问题。可以说,这是一个永恒之问。而从德国人对于这个问题的解答的过程中,我们可以看到,对于职业中是否有教育因素的问题,主流的观点总是持肯定的态度。无论是在阶层社会中,还是在民主社会中,无论是具有固定内容的终身职业,还是内容多变、界限模糊的现代职业中,职业包含有教育因素始终是德国学界的一种信仰。德国学者对此从不同的角度和方面对职业和教育的和谐关系进行了论证。这从学理上证明了开展职业教育的必要性，以及在职业中进行教育的可能性。因此，职业和教育之间具有和谐关系，这样的信仰是牢固的、始终不变的。

在中世纪，人们对教育理解为在阶层社会中的社会化。通过对职业伦理的强调，通过新教的强大力量，在职业中进行社会化的效果是理想的。也就是说，职业和教育表现出一种带有阶层社会烙印的和谐关系。

到了工业化时期，随着民主化进程的展开，一方面，人们对于教育的理解从对阶层社会的适应转向促进个人人格的生成，另一方面，人们有了择业的自由。职业和教育的关系所面临的新问题是，如何在择业自由的前提下，在职业中实现人格发展的教育目标？以斯普朗格为代表的文化教育学派认为，职业作为客观文化的载体和个人内在需求的表达，能够将客观文化和主观需求结合起来，从而实现职业和教育的绝对和谐的关系。

随着工业化进程的进一步展开，斯普朗格的这一观点受到了挑战。工业职业的零碎和单一，使得职业不再具备客观文化载体的特征，同时，它也无法满足个体的内在需求。因此，如何在职业中进行促进人格发展为目标的教育，成为新的课题。解放教育学派从培养人的批判能力的角度，对这个问题进行了解答。在解放职业教育理论中，教育的目标是养成人的批判能力，这是人格养成的关键。职业教育的首要目标是发现职业教育过程中的不公正现象，并对之进行纠正。因此，职业和教育的关系应当呈现一种基于批判性的和谐。

到了后工业时代，职业的特征日趋模糊，终身职业逐渐消失。人们将这一现象称为"去职业化"的现象。德国学者认为，在"去职业化"的背景下，传统职业打上了个性化的烙印，因而提

出个性职业的概念。个性职业要求从业者具备更为宽泛的职业
能力范畴,包括专业能力、社会能力和人格能力。另外,在工作
过程中劳动者养成勇于承担责任(Selbstverantwortung)的职业
伦理。也就是说,通过拓展职业能力范畴和养成职业伦理,实现
个人人格发展的教育目标。因此,在这一阶段,职业和教育呈现
出基于个性化的和谐关系。

表 5-1 职业形态和教育的关系

历史上不同的职业形态		职业和教育的关系
手工业		宗教意义上的和谐关系
工业	初始工业	文化意义上的和谐关系
	泰勒式工业	批判意义上的和谐关系
	个性化工业(后工业)	个性化意义上的和谐关系

(二) 对社会化功能的强调构成了职业教育的教育内涵

社会化的有效与否,是衡量职业教育的教育性是否充足的
标准。正如哈贝马斯所说,"社会化是教育的别名",这个命题尤
其适用于职业教育。套用他的话,我们完全可以说,"社会化是
职业教育的别名"。当然,不同的历史时期,对于社会化的理解
是不一样的。比如在手工业职业教育模式中,社会化意味着一
种宗教本位的强制性社会化,在初始工业的职业教育模式中,
社会化意味着一种以适应主流文化为主的、带有一定主体选
择自由的"文化导向"的社会化,在泰勒式工业的职业教育模
式中,社会化意味着一种"批判性"的社会化,而在后工业化职
业教育模式中,社会化意味着一种突出主体选择自由的"个性
化"的社会化。可以说,对社会化功能的强调构成了职业教育
的教育内涵。

表 5 - 2　职业形态及其教育内涵

历史上不同的职业形态		教育内涵
手工业		强制性的社会化
工业	初始工业	适应性的社会化
	泰勒式工业	批判性的社会化
	个性化工业（后工业）	个性化的社会化

（三）"内在论"理论作为方法论

不仅如此,为其辩护所采用的方法论也体现出一贯性的特征,即采用一种"内在论"理论。有学者认为,教育对于人性发展作用的认识,引发了"外在论""内在论"的观点分歧。"外在论"的观点持有者认为,发展学生品格主要取决于外在因素,教师的主要任务是向学生传授知识,从外部进行塑造。它的典型特征是忽视了学生的能动性、创造性和主动性。而"内在论"则提出儿童中心论的观点,要求培养"积极的""生产型人格"。[①] 职业教育对于促进人格发展的作用,正是基于一种"内在论"理论。在职业中获得直接的经验,获得整体的技能和技巧,在职业中熟悉变动的世界。在工作过程中促进人格的养成和发展。这构成了对在职业中进行教育的合理性辩护的基本思维。无论是路德宗教本位的职业教育,斯普朗格文化本位的职业教育,还是后来发展起来的人格本位的职业教育,都体现出这样的思维特征。

（四）民众的理念

按照马丁·路德新教的观点,任何职业都是上帝对人在尘世间修炼的一种安排,因此,世俗意义上的职业并无高低贵贱之分。做好自己的本职工作,同时意味着对上帝召唤的回应。敬

---

① 参见:舒志定.教育哲学引论[M].北京:中国社会出版社,2007:107-108。

业程度同时也表达了对上帝的忠诚度。而职业一旦上升到宗教的高度,便对普通民众的职业观打上了深刻的烙印。一句谚语印证了这一点:"Schuster, bleib bei deinem Leisten",这句话的直译是:鞋匠,别离开你的楦子。楦子是工匠做鞋、帽时不可或缺的工具。也就是说,每个人都应当恪尽职守,兢兢业业地做好自己的本职工作。这样才能充分实现自我价值,并为社会做出更大的贡献。

在对职业有着敬畏精神的德国社会氛围中,职业教育是一种独立于普通教育的特殊的教育类型。职业教育是义务教育的一种,是众多青少年的教育选择。在德国的教育体系中,选择接受职业教育的学生,约有三分之二。学术教育仅仅是约三分之一学生的选择。因此,职业教育完全是与学术教育等值的一种教育类型。

综上所述,信仰、内涵、方法论、民众的理念这几个方面体现出一贯性,为"职业性"提供了稳定的文化支持。文化需求作为职业教育的发展动力,为职业教育的教育价值进行了辩护,促进了职业教育的良性发展。

第二节　德国职业教育模式难以复制

一、我国引进"双元制"的特点

"从 20 世纪 70 年代末开始,我国政府实行改革开放政策之后,德国政府积极与中国政府开展职业教育合作,特别是从人员、装备和资金等方面进行支持。中国合作项目首先在北京、上海、天津、南京、沈阳、青岛、潍坊等东部地区开展起来。进入 90

年代后,配合中国西部大开发战略,中德职业教育合作活动逐步加强了在中西部和农村地区推广合作项目经验和成果的工作。其合作活动的范围也从课程开发、专业设置和教师培训等领域延伸到学校管理、教育发展政策和综合性地区社会发展规划等方面,其中基于实践的教育研究和社会发展研究也成为双方合作的重心。"①

"截至目前,与中国在职业教育领域开展合作交流的国际组织达十几个,与中国开展职业教育交流合作的国家达 30 多个。中国与德国在职业教育领域的交流与合作,是其中起步最早、历史最长、项目最多的。"回顾中德职教合作 30 年的经验,教育部职业教育与成人教育司司长葛道凯如是说。②

那么,德国政府对我国实施的职业教育合作项目有什么特点呢?

按照合作的广度,德国政府对于发展中国家实施的职业教育援助,可以分成两种类型。第一种是项目援助。指的是通过开展具体的项目,由下而上地促成革新的实现。第二种是系统援助。指的是为决策层提供理论支撑,由上而下地提供改革的方案。③ 在我国,借鉴德国职业教育成功经验的方式属于第一种。也就是说,通过项目进行试点,由点及面地推广项目的成功

① 刘邦祥,程方平.中国职业教育与中德职教合作的发展趋势[DB/OL]. http://www.cnier.ac.cn/snxx/xsjl/snxx_20070109150507_1896.html,2007-01-09。
② 中德职教合作 30 年.人民日报海外版.2009-12-4(06)[EB/OL]. http://frankfurt.china-consulate.org/chn/sbwl/t631687.htm。
③ 参见:Greinert,W-D. Die Übertragbarkeit des Dualen Systems in Entwicklungsländer-Möglichkeiten und Begrenzungen einer politischen Strategie [A]. In Thomas Deißinger (Hrsg.). *Berufliche Bildung zwischen nationaler Tradition und globaler Entwicklung* [C]. Baden-Baden: Nomos Verlagsgesellschaft,2001:45-60.

经验。

　　按照对现有职业教育系统的影响力度,德国政府对于发展中国家实施的职业教育援助,可以分为三种类型。第一种类型是,德国职业教育援助对现有的职业教育系统影响不大。援助的主要目的在于在一定程度上提高职业教育的质量。第二种类型是,德国职业教育援助对现有职业教育体系进行有益的补充。比如针对新的培训群体,对于新出现的资质要求或者说结业水平,提供一种"双元制"的职业教育选择。第三种类型是培训机构的建设或者"双元"的制度模式的引进。① 对我国而言,本意是要引进德国职业教育"双元"的制度模式。也就是说,属于第三种援助类型。然而事实上就其影响力而言,德国对我国的职业教育援助项目更符合第一种类型。

　　按照合作的效果,德国政府对于发展中国家实施的职业教育援助,也可以采用可持续发展的标准进行衡量。可持续性发展可以分为内生性的可持续发展和外部性的可持续发展两个维度。内生性的可持续发展,主要指的是相关执行机构所具有的能力。针对所存在的问题,相关执行机构能够开发出解决问题的方案,并且能够排除无法抗拒因素的干扰,达到预期目标。通过开展这样的项目,相关执行机构能够提高解决问题的能力,从而能够拥有长期适应不断变化的外部世界的能力。外部性的可持续发展,主要指的是外在领域预期目标的达成。比如在职业

---

① 参见:Greinert, W-D. Die Übertragbarkeit des Dualen Systems in Entwicklungsländer-Möglichkeiten und Begrenzungen einer politischen Strategie [A]. In Thomas Deißinger (Hrsg.). *Berufliche Bildung zwischen nationaler Tradition und globaler Entwicklung* [C]. Baden-Baden: Nomos Verlagsgesellschaft, 2001: 45－60.

教育培训系统和就业系统中,项目是否达到预期目标。[①] 就我国的情况来说,内生性可持续发展的能力差强人意。

"双元制"项目的援助,有两个阶段。一是机构建设阶段,指的是为开展"双元制"职业教育而进行机构建设。第二个阶段是系统建设阶段,指的是促进双元合作的模式建设,也就是促进私人机构和国家机构之间进行合作的模式的建设。[②] 从这个角度来看,对于我国引进德国职业教育模式的情况而言,大多局限于机构建设的阶段。一般观点认为,德国职业教育的特征就是企业和学校共同参与职业教育。也就是说,对于德国职业教育,我们还仅停留在对其表面特征的认识上,对于第二个阶段认识较少。对于如何深层次地促进私人企业和国家机构之间的有效合作,缺乏必要的认识。

我们有必要回顾下中德职业教育合作项目的初衷。中德职业教育合作项目的大规模开发,其目的在于,通过合作项目实施,由点及面地产生辐射效应,逐渐引导我国职业教育体系整个朝着"双元制"的方向发展。其根本目的在于,以"双元制"为标准模板,培养我国职业教育体系以"双元制"为导向的内在可持续发展的能力。

然而,从实际情况看,"双元制"职业教育模式的引进,对于解决我国关键性的职业教育难题并没有提供本质帮助。这些试点项目,尽管在局部取得了一定的成就,开拓了一定的培训市场

---

① 参见:Greinert,W-D. Die Übertragbarkeit des Dualen Systems in Entwicklungsländer-Möglichkeiten und Begrenzungen einer politischen Strategie [A]. In Thomas Deißinger (Hrsg.). *Berufliche Bildung zwischen nationaler Tradition und globaler Entwicklung* [C]. Baden-Baden:Nomos Verlagsgesellschaft,2001:45–60.

② 同上。

和就业市场。然而,这与人们所期待的能够通过试点项目,由点及面,深层次地、大范围地提高我国职业教育的质量,尚有很大的落差。比如,职业教育毕业生就业质量不尽如人意;企业参与职业教育的积极性没有本质提高,企业并未将新生劳动力的培养视为己任;我国鄙薄职业教育的传统观念并未改变,职业教育仍旧是人们最不愿意选择的教育类型。所有这些情况,并未通过"双元制"项目的引进而得到些许改善。

"双元制"项目的援助,对我国职业教育影响不大,内生性可持续发展的能力尚未生成,还停留在机构建设阶段。可以说,中德职业教育合作项目实施的效果离人们的期望甚远。并且,这些"双元制"职业教育项目,更因为维持其运转需要昂贵的费用,而让人们怀疑其存在的合理性。

中德合作项目实施的效果差强人意,原因是多方面的。然而不能否认的是,对于职业教育模式和社会历史文化之间的关系缺乏足够的思考,是其中一个最为重要的原因。

"江苏、山东、天津等地就尝试引进德国教育模式,但都没有成功。最重要的一个原因,是中国还没有发展职业教育的良好传统。发展职业教育需要社会传统环境匹配,目前中国还没有完全建立这样的传统环境,德国职业教育模式在中国还不可'移植'。"[①]

在《教育思想的演进》中,涂尔干提出,一方面,教育的组成器官无论在什么时代"都密切联系着社会体中的其他制度、习俗和信仰,以及重大的思想运动",另一方面,"这些器官也各自有其生命,有其相对自主的演进,在这段历程里,也留存了各自前身的许多结构特征",在有的情况下,"它们会依赖于各自的过

---

① 转引自:孙玫璐.职业教育制度分析[D].华东师范大学博士论文,2008:5。

去,以此来抗拒来自外界的种种影响"。①

可以说,由于社会背景的不同,职业教育发展历史的迥异,职业教育模式是无法简单移植的。

二、我国职业教育的本质特征分析

我国职业教育有其自身的特点。按照实然类型的标准划分,我国职业教育制度是学校—官僚模式的。职业教育主要是以学校教育为主的,并由政府设计。按照戴辛阿的应然类型的划分标准,我国职业教育的本质特征应当是科学导向。对于这一本质特征,我们可以从宏观、中观和微观三个层面进行解读。

从宏观层面来看,劳动力市场用人的标准主要是学历。按照劳动力市场的分割理论,如果把我国劳动力市场粗略地分为主要劳动力市场和次要劳动力市场,那么,我们可以从图 5 - 1、5 - 2 中清楚地看出学历对于就业的决定性影响。

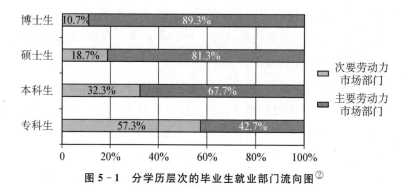

图 5 - 1　分学历层次的毕业生就业部门流向图②

---

① 爱弥儿·涂尔干著,李康译,渠东校.教育思想的演进[M].上海:上海人民出版社,2006:2 - 3。

② 马莉萍,　岳昌君.我国劳动力市场分割与高校毕业生就业流向. http://www.cnsaes. org/homepage/html/magazine/jyfzyj/jyfzyj_jcck/5212. html. 2011 - 5 - 31。

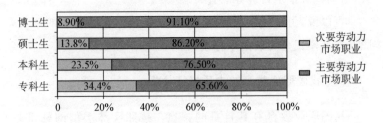

图 5 - 2　分学历层次的毕业生职业流向图①

　　从图 5 - 1 和图 5 - 2 中,我们可以看出,学历越高,越容易流向主要劳动力市场部门,从事主要劳动力市场职业。因此,学历层次可能是影响毕业生就业部门和职业差异的重要原因。"学历是决定进入主、次要劳动力市场的重要决定因素。"②

　　从中观层面来看,我国职业教育的办学主体当属各大职业院校。这是计划经济的产物。在计划经济体制下,学校本位模式是我国职业教育的绝对主导模式。20 世纪 90 年代以来,随着计划经济的解体,我国职业教育作出了很多改革,然而职业教育由学校主导的局面仍然存在。比如在产学合作中,职业学校肩负着联系企业的重任。

　　就微观层面而言,职业教育教学活动主要在职业学校里面进行,采用学科本位的教学方法。学科本位的特点在于,它所传授的是显性知识,即陈述性知识。这类显性知识一般指的是理论性知识,主要陈述事实和概念,讲解原理和规律。这是培养学术人才的一条主要途径。相比之下,职业导向则强调在实践情境中获取隐性知识——过程性知识。这类隐性知识的获得依赖

① 马莉萍,岳昌君. 我国劳动力市场分割与高校毕业生就业流向. http://www.
　　cnsaes. org/homepage/html/magazine/jyfzyj/jyfzyj_jcck/5212. html. 2011 - 5 - 31.
② 同上。

于学习者在实践情境中,建构起相应的经验和策略。这是培养职业人才的主要途径。因此,从微观层面来说,我国职业教育有着明显的"科学导向"特征。这一特征的形成,有其独特的历史文化背景。职业教育学科标准是参照学术标准设置的。它完全丧失了自己作为一种独特的教育类型所应当具备的特色。正因为如此,形成了"科学导向"的特征。

引入德国"双元制"职业教育制度,从根本上讲,引入的是职业导向的职教模式。这与我国科学导向的职教模式形成了尖锐的冲突。有学者认为,引入不同的职教模式,正是改革现有职教模式的需要,正是解决现有职教模式弊端的需要。然而,这两种职教模式的冲突并不仅仅表现为风格的迥异,更深层次的冲突在于职业教育系统和环境的不兼容和不匹配。

三、我国缺乏"双元制"的发展动力

在我国的社会环境中,存在有诸多和德国双元制职业教育模式不兼容的因素。主要表现在劳动力市场的差异、制度负累和文化负累三个方面。

(一)我国劳动力市场的特点

在我国,存在一个巨大的次要劳动力市场,成为职业教育人才的归宿。我国产业层次较低,绝大部分产业仍然是劳动密集型企业。大量劳动力从事的是可替代的工作。因此,从企业方面来讲,在对技术没有太高要求的时候,企业参与职业教育的积极性不高也是理所当然的事情。相比之下,德国劳动力市场以主要劳动力市场为主。德国的高端制造业需要大量技术人才。比如机电制造、汽车工业就吸纳了大量高素质、高技能的技术工人。这些技术工人所从事的工作是不可替代的。这是德国"双

元制"得以蓬勃发展的重要因素。

如前所述,在我国,学历高低是决定就业质量的重要因素。拥有相当高的学历,才能够进入主要劳动力市场。职业教育作为一种低学历的教育,其毕业人才不可避免地流落到次要劳动力市场。

与上述情况相适应,在我国,职业教育人才经济收入偏低。职业教育面向的两大人群,即农村流动人口和城市工人,就业境况堪忧。在城镇化的进程中,农村流动人口连基本劳动权益也难以得到保证。"和拥有资本、技术、资金者相比,除了拥有自己之外,一无所有的劳动者能够出卖的就只有劳动力,甚至有时能够出卖的还包括尊严、健康和性命。他们在收入分配中能够得到的是最微薄的份额。"[①]其实城市工人的境遇也好不了多少,工作辛苦、待遇偏低、不稳定也是他们的基本工作状况。[②]

另外,我国社会福利体系的不完善,更恶化了职业教育人才的生存境况。由于我国社会福利的行业差别巨大,工人和农民的实际收入远远不及公务员和事业单位工作人员。

因此,个人在进行教育选择的时候,就会理所当然地把职业教育视为次等教育。

相比之下,德国有着严格的专业资质认证体系。从事任何行业的工作,都必须具备相关的专业资质证书。在完成职业教育,获得相关职业资质证书的情况下,劳动力的就业前景颇为广阔。并且,由于完善的社会福利体系,各个阶层间贫富差距较小。一般技术工人的实际收入和普通公务员差别不大,有些企业的技术工人的报酬甚至超过公务员。因此,个人在进行教育

---

① 钟伟. 中国制造的生命补贴[J]. 读者,2006(11)。
② 徐国庆. 职业教育原理[M]. 上海:上海教育出版社,2007:77。

选择的时候,很自然地将职业教育视为一种理想的选择。

总之,我国劳动力市场的特点决定了企业对职业教育的漠视和个人对职业教育的冷落。从我国劳动力市场的特点来看,并不存在"双元制"发展的基础。

(二) 职业教育的制度负累

在职业教育现代化的过程中,制度的变迁并非可以人为设计。由于社会历史文化因素的作用,制度的变迁存在着路径依赖。"纵观我国职业教育的发展历程,其制度变迁的路径主要依赖于'苏联模式'和'延安模式',是两者综合作用所致。"并且,"苏联模式和延安模式对我国职业教育制度的最初的那些影响一直程度不同地延续至今。"[①]

在职业教育制度变迁的过程中,传统制度文化所造成的路径依赖的影响极其明显,具体体现在以下几个方面。

首先,集中管理和计划模式积重难返。在历史上,职业教育的"苏联模式"和"延安模式",就是高度集中的政治体制与计划体制的产物。虽然在新中国成立初期,这样的体制有利于集中社会资源投入职业教育,反映了后发国家现代化建设初期某种带有普遍性的客观要求,但是,"随着时间的推移,沿着既定的变迁路径,原有的职业教育制度以新的形式不断强化,已经产生诸多弊端。"[②]这种单纯依靠行政命令的自上而下的管理体制,越来越明显地暴露出了效率低下的局限。职业教育对市场反应迟缓,人才培养和劳动力市场脱节。

尽管如此,要对现有职业教育体制进行改革创新,却似乎面

---

① 董仁忠."大职教观"视野中的职业教育制度变革研究[M].长沙:湖南教育出版社,2012:67。

② 同上。

临着不可逾越的障碍。原因在于,集中管理和计划的模式不具有开放性,不利于新鲜事物的生长。它不仅阻碍了职业教育办学机构改革创新的积极性,也扼杀了潜在办学主体参与职业教育的积极性。

其次,国家主导造成地方政府的无作为。

我国国家主导的政治体制和德国的联邦制有着本质的不同。区别主要体现在中央和地方的关系上。在我国国家主导的政治体制下,地方性教育决策权力有限,容易出现下列弊端:一是地方教育行政部门不顾本地实际情况,原原本本地照搬照抄国家教育政策,把国家教育政策和地方教育政策等同起来。事实上,我国国土辽阔,各地发展水平相差悬殊,教育领域更是千姿百态。国家教育政策缺乏切合地方实际的可操作性,大多无法真正贯彻落实。也就是说,适合地方性的教育政策有其名,无其实。另外,地方性教育政策,原本应当依据各地教育发展的实际情况作出及时、迅速的反应。然而,地方政府往往要等相关的中央教育政策出台之后,再制定相应的地方性教育政策。这样的教育政策往往是滞后的,延误了解决问题的最好时机。

因地制宜,及时、迅速地对当地经济发展的需求作出回应,这是德国职业教育"双元制"模式的一个突出特点。对企业来说,这一点正是"双元制"的魅力所在。我国国家主导的政治体制,扼杀了地方政府在教育决策上的灵活性。可以说,正是地方政府的无作为,使得"双元制"难以真正发挥其作用。

再次,国家主导造成教育决策的合法性让位于合理性。

祁型雨认为,由于我国政党政治和行政组织在教育领域占主导地位,因而教育决策就成为了政治支持的一种手段。在这种情况下,教育政策的质量判别往往是以教育政策是否合法为标准,而忽视了对教育决策是否合理的价值判断。[①] 以此,造成了这样的局面:"人们既不去批判和质疑教育决策过程的合法性,也不去追求教育决策过程的合理性。这种片面追求合法性的教育决策常常以教育发展需要稳定的政治环境为由而排斥公众的决策参与,阻塞了不同利益主体政策诉求的通道。"[②]对于职业教育而言,如果一项政策的出台未能经过严密的论证,未能经过充分的试验,在其合理性尚且需要推敲的时候,就已经以合法性的面貌出现,那么,其结果只能是阻碍职业教育的发展。

最后,我国的企业、行业在职业教育发展中主体地位缺失。

据调查,和行业企业的联系非常密切的学校占 14.8/%;有一点联系,但不密切的,占 14.8%,形式上的联系较为密切,但缺乏校企合作的长效机制,都是各学校利用各自的资源和人脉主动找上门的,占 54.4%。甚至有 8.1%的学校和行业企业几乎没有什么联系。[③] 企业、行业在职业教育中的缺位,一个重要的原因是,在我国现行国家主导的政治体制下,行业企业未能获得足够的发展空间,因此未能深度参与职业教育。

在德国职业教育双元制模式中,企业占据主导地位,企业是办学主体。行会作为企业的代表,在职业教育中发挥了重大的作用。我国企业行会在职业教育中的缺位,成为引入德国职业教育"双元制"模式的最大障碍之一。

(三)职业教育的文化负累

我国的传统文化不利于职业教育的发展,成为职业教育的

---

① 祁型雨.利益表达与整合——教育政策的决策模式研究[M].北京:人民出版社,2006:339。
② 同上。
③ 董仁忠."大职教观"视野中的职业教育制度变革研究[M].长沙:湖南教育出版社,2012:130。

文化负累。从宏观层面来说,儒家文化对职业教育形成了文化负累。从微观层面来说,传统的教育价值观不利于职业教育的发展。

　　首先是儒家文化的影响。在我国传统文化中,儒家文化占据主导地位。儒家文化的核心主张体现为:修身、齐家、治国、平天下。《大学》提出:"古之欲明明德于天下者,必治其国。欲治其国者,先齐其家。欲齐其家者,先修其身。欲修其身者,先正其心。欲正其心者,先诚其意。欲诚其意者,先致其知。致知在格物。"这就是先秦儒家的"内圣外王"之学,被视为儒家价值观的核心。也就是说,在强调个人道德修养的基础上,推己及人,来达到齐家、治国、平天下的目的。这样的价值观,忽视了对科学、知识的研讨,摒弃了对技术、技能的追求。因此,对于职业教育而言,儒家文化形成了一种文化负累。

　　其次是传统教育价值观的影响。传统教育价值观是在儒家文化的影响下形成的。儒家文化主导下的人才选拔制度,直接影响了民众的教育价值观的形成。历史上,延续了一千三百多年的科举制度,以选拔维护封建统治的官僚人才为宗旨。这使得民众形成了根深蒂固的"官本位"的思想。"读书就是做官",成为延续千年的传统,固化了民众对于教育的期望,形成了民众教育价值观的核心。也就是说,如果所受的教育无法达到做官的期望,那么,这样的教育必定是无价值的。因此,传统的教育价值观对职业教育的发展极为不利,形成了一种文化负累。

　　董仁忠对于制约我国职业教育发展的观念因素曾经作过问卷调查,调查对象是 79 位中等职业教育学校的校长(包括副校长)和 70 位中等职业学校骨干教师,调查的结论是,鄙薄和轻视职业教育的观念是制约我国职业教育进一步发展最主要的观念。[①]

著名社会学家韦伯曾指出,任何一项伟大事业的背后都存在支撑这一事业,并维系这一事业成败的无形文化精神。[②] 从我国传统文化来看,并没有"双元制"职业教育的支撑因素。

四、职业教育的民族性

早在 1933 年,康德尔在他的名著《比较教育》一书中采用"民族性"一词,并且指出,各国教育制度之间的区别,乃是由于历来并仍旧在模塑各民族以及民族的特性(national character)和观点的一系列力量。因此,教育的性质和组织必须强烈地具有一个民族的特性和观点的色彩,由无数其他因素来范型和模塑。[③]

马林森进一步探讨了"民族性"的概念。并用图 5-3 来揭示了民族性的内涵。[④]

德国劳动力市场、政治制度和文化的特点,具有鲜明的"德国特色"。德国劳动力市场以主要劳动力市场为主,专业工人从事的是不可替代性的工作。合作主义制度为相关利益团体深度参与职业教育提供了制度保障。德国文化中,崇尚技能、劳动光荣的传统提升了"双元制"职业教育的价值。这些具有"德国特色"元素,赋予双元制职业教育鲜明的"民族性"特征。正是双元制的"民族性",使得双元制难以为其他国家所借鉴。

---

① 董仁忠."大职教观"视野中的职业教育制度变革研究[M].长沙:湖南教育出版社,2012.04:154。

② 转引自:何光辉.职业教育发展的文化视角[J].教育发展研究,2006(11):74。

③ 转引自:王承绪主编.比较教育学史[M].北京:人民教育出版社,1998:215。

④ 同上。

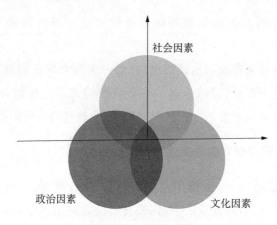

图 5 - 3 "民族性"概念

民族性这个概念也曾经引起很多争议。澳大利亚的比较教育家琼斯博士（P. F. Jones）将民族性比作一个"装杂物的容器"。[①] "民族性"内涵的难以界定使得它成为一个不可捉摸的概念。不过，劳锐思的观点更为客观。他认为，民族性的概念尽管有缺陷，但这概念有启发的价值：它有助于提出问题和指导研究。事实上，任何假设，不管它如何有缺点，或含糊，或不能令人满意，总要比没有假设好。[②] 因此，在此借用"民族性"这一概念，来概括德国职业教育成功经验之所以难以借鉴并具有局限性的原因。

第三节 本章小结

在德国，职业标准在劳动力的使用和流动方面，起着决定性作用。获得特定职业资质是劳动力市场的必要准入条件。劳动

---

① 转引自：王承绪主编. 比较教育学史[M]. 北京：人民教育出版社，1998：216。
② 同上。

力在市场上的流通也是以职业资质为标准的。拥有特定级别职业资质的劳动力在市场上流通时不会损失其使用价值和交换价值。也就是说，不会影响劳动力的薪资报酬和升迁机会。德国劳动力市场的职业导向，折射到了职业教育领域，使得职业教育形成了"职业性"的特征。也就是说，德国劳动力市场的职业导向风格，为职业教育的本质特征"职业性"的生成和发展提供了发展动力。纵观德国职业教育历史，劳动力市场的职业导向这一特点，没有本质性的变化，为职业教育提供了稳定的动力来源。

在德国职业教育历史上，合作主义具有悠久的传统。合作主义的本质就是行会对职业教育拥有自治权力，它为"职业性"的生成和发展提供了必要条件。同时，"职业性"是合作主义主要利益群体互相博弈的结果。因此，以合作主义为关键特征的政治需求为"职业性"的生成和发展提供了重要的发展动力。

文化需求作为职业教育的发展动力，为职业教育的教育价值进行了辩护，促进了职业教育的良性发展。对职业和教育和谐关系的信仰、职业教育的教育内涵、方法论和民众的理念这几个方面具有一贯性，为"职业性"提供了稳定的文化支持。

德国职业教育发展历史证明，正是社会需求、政治需求和文化需求为职业教育提供了稳定而充分的发展动力。因此，在缺乏这些发展动力的情况下，要借鉴德国职业教育制度，必定无果而终。中德合作项目实施的效果证实了这一观点。

按照实然类型的划分标准，我国职业教育制度是学校—官僚模式的。职业教育主要是以学校教育为主的，并由政府设计。按照应然类型的划分标准，我国职业教育的"本质特征"应当是科学导向。

　　引入德国"双元制"职业教育制度，从根本上讲，引入的是职业导向的职教模式。这与我国科学导向的职教模式形成了尖锐的冲突。另外，在我国的社会环境中，存在有诸多和德国"双元制"职业教育模式不兼容的因素，主要表现在劳动力市场的差异、制度负累和文化负累三个方面。

第六章　借鉴德国职业教育
成功经验的可能性

人之所以是人,是因为人具备了这样的力量:将已发生的,为现时所用。用历史来开创新的历史。

——尼采

从系统和环境的视角看待职业教育比较研究,不可避免得出悲观的结论。职业教育系统和环境之间有着交错复杂的关系。职业教育环境并非只是作为背景因素存在,它的影响内化在每个具体的行为中。鉴于职业教育环境的不确定性,比较研究也就失去了比较的前提。因此,"比较研究是不可能的"①。

那么,比较教育研究者的使命何在?

首先,根据霍姆斯的主张,比较教育研究者的使命并不在于对教育体系进行设计。霍姆斯认为,比较教育研究者不应去假

---

① Maurice, M. Methodologische Aspekte internationaler Vergleiche: Zum Ansatz des gesellschaftlichen Effekts [A]. In Martin Heidenreich & Gert Schmidt (Hrsg.). *International vergleichende Organisationsforschung — Fragestellungen, Methoden und Ergebnisse ausgewählter Untersuchungen* [C]. Opladen: Westdeutscher Verlag, 1991:85.

设什么灵丹妙药，而是要反驳、证伪政策。① 霍姆斯主张根据不同时期的变化条件进行预测，在不同时期的变化条件中识别教育问题，从而消除错误，进行政策证伪，为政策的科学性和有效性做出贡献。②

因此，从发展动力的角度，论述"双元制"作为一种职业教育制度移植到我国的谬误所在，即完成了比较教育研究的一项重要任务。这也是前面章节重点着力之处。

其次，正如萨德勒所说，比较教育并非是期望从外国教育制度中直接发现有多少可实际模仿的东西，而是"最好先从总体上去探究外国教育制度所蕴含的精神，然后再去从别国对待所有熟悉的教育问题的完全不同的解决办法的研讨、思索中获得间接启发"③。

尽管"双元制"作为一种国家职业教育制度完全移植到我国是不成功的，但是，德国职业教育制度所蕴含的理念带给我们诸多启发。

那么，如何剖析德国职业教育制度所蕴含的精神，来进一步推动我国职业教育事业的发展呢？在这点上，合理的研究视角显得尤其重要。需要强调的是，促进德国职业教育走向成功的理念和因素，并非静止不变，它们和具体的历史环境密切相关。比如德国职业教育本质特征"职业性"及其发展动力就富有动态的特征。因此，在谈到德国职业教育给我国带来什么样的启示时，历史视角至关重要。

---

① 转引自：王承绪.比较教育学史[M].北京：人民教育出版社，2000：125-127.
② 同上。
③ 同上：64。

第一节　职业教育现代化的研究视角

在这方面,俞吾金对于比较文化研究的观点具有参考性。他认为,比较文化研究"既不是闲来无事的诗词,也不是浪漫主义的自由联想,它是生存意向在精神领域的具体表现"。并且,"在对比较文化研究前提的反思中,仅仅意识到生存意向的存在和作用还是不够的,更重要的是认识这种生存意向的历史性"。历史性"指的是研究者们置身于其中的这种文化在研究者生活的历史时期的本质发展趋势,这种趋向实际上是生存意向在确定的历史时期中的具体化"。并且,"当代中国文化的历史性是追求以现代性为主导的价值体系"[①]。

这一观点同样适用于职业教育领域。在我国,职业教育的发展不尽如人意,改善职业教育的发展现状,成为千万人的生存诉求。并且,时代的主旋律决定了这样的生存诉求具体化为职业教育的现代化需求。

对于现代化,最基本的理解就是,在朝着工业社会发展的过程中,在多重因果关系作用下所呈现出来的景象。现代化涉及方方面面,包括经济现代化、政治现代化、社会现代化,以及文化现代化等。可以说,现代化是一个无所不包的概念。因此,采用现代化视角进行理论研究,需要进一步明确特定研究范式中现代化概念的内涵。

"罗(Hans van der Loo)和雷金(Willem van Reijen)开发了现代化视角下的研究范式。针对不同领域,现代化的研究范式是不一样的。总的来说,可以归结为四大研究领域。一是结构

---

① 俞吾金.生活与思考[M].上海:复旦大学出版社,2011:191-192。

的差异化（struktuelle Differenzierung）。二是文化的合理化
（kultuelle Rationalisierung）。三是人的个性化（Individuali-
sierung）。四是自然的开发（Domestizierung）。"①当然，这四个
领域的划分并非绝对，而是时有交叉。这四个现代化的研究范
式，区分了现代化在各个领域的不同内涵。

因为现代化内涵具有多个维度，多个研究范式，无法笼统起
来。因此，本研究舍弃了现代化的内涵分析，转而从宏观角度分
析职业教育现代化模式。

职业教育现代化的模式总的来说，可以分为两大类。

一是早发内生型职业教育现代化。它主要是指在世界上发
动时间最早并主要依靠本国内部因素来推行的职业教育现代化
运动。德国职业教育现代化的模式就是典型的早发内生型。这
种职业教育现代化类型不仅发起时间最早，而且肇端于民间的
自然生长。以德国职业教育现代化为例，它显示出三大特征。
一是自发性。德国职业教育现代化以社会需求为原始动力，在
政治团体谋求利益的过程中，在教育创新达到足够水平的前提
下，以一种自然而然的方式得以推行。二是渐进性。德国职业
教育现代化是一个漫长的渐进演化的历史过程。从中世纪盛行
的传统学徒制度转变到如今的"双元制"职业教育，历经了好几
百年的时间。其间，德国职业教育历经了好多历史的起落。回
眸几个历史时刻，能清晰地看到这样的发展态势。比如18世纪
末行会影响力减弱导致的学徒制度的名存实亡，比如行会重新
得势后学徒制度重新登上历史舞台，比如工业化时期对学徒制

---

① Patrick Elgg. Berufspaedagogische Rationalisierung unter dem Primat des
politischen?—zur Vollendung des Dualen Systems der Berufsausbildung im
"Dritten Reich" [D]. 2012:3-4.

的逐步改造。这些历史画面为我们展现了德国职业教育现代化的渐进性。三是自下而上的方式。在德国历史上，政府对于职业教育不闻不问。职业教育的现代化是在以行会为代表的企业界的推动下进行的。在工业化过程中，在企业需求发生变化之时，职业教育模式以其开放性，不断进行改革创新。经过长期的演进，被纳入国家法规形成制度。

二是后发外生型职业教育现代化。它主要是指发动时间较迟，且注重引入国外先进模式为特征的职业教育现代化。与早生内发型职业教育现代化模式相比，它发起时间晚，而且多是由外力强行推动。我国职业教育现代化的模式，就是典型的后发外生型职业教育现代化。自鸦片战争以后，我国开始被迫从传统的农业社会向现代工业社会转型。其间多次试图走向以现代化为取向的发展道路，但遭遇多次中断与重启。中国共产党十一届三中全会以来，现代化进程才真正踏上正轨。我国职业教育现代化模式显示出如下特征。首先是模仿引入。通过大量模仿引入先进国家职业教育经验，来推进职业教育现代化。在我国职业教育现代化的过程中，参考了众多发达国家的经验，尤其是德国职业教育成功经验。其次是跳跃式发展。和早发内生型职业教育模式不同，在后发外生型职业教育现代化模式中，要在较短的时间之内，完成职业教育现代化的过程。因此，原有的自然发展逻辑被斩断，从而产生跳跃式发展。三是由上而下的方式。在我国，职业教育现代性尚低的情况下，通过政府行为强行启动现代化进程，能够早日实现职业教育的现代化。总之，无论是从时间还是性质上看，中国都属于典型的后发外生型现代化模式。

在此，有一个无法回避的问题是，作为后发外生型职业教育现代化模式的典型代表，我们国家如何扬长避短，花费最小的代价，来换取职业教育的现代化？依据本书特有的研究框架，这一问题也可以表述如下：在我国职业教育现代化的过程中，如何学习国外职业教育先进经验？

在 1966 年，美国经济学家列维（M. Levy）从现代化理论角度，分析了后进国家与先进国家在经济发展前提条件上的异同，指出后发外生型现代化与早发内生型现代化的条件有着明显的差异。他指出，维持现代化水平的必备条件不一定就是实现这种现代化水平的前提条件。早发型现代化国家目前的发展条件与它早期获得这种现代性的启动条件完全不同。现代化的条件并不是一成不变的，因此，不必照搬目前发达国家的某些模式，必须考虑各国实际和阶段性这个因素。①

按照他的观点，我们可以得出结论：职业教育现代化的路径和结果并没有必然联系。照搬德国职业教育"双元制"模式，来解决我国职业教育问题，来完成我国职业教育现代化，这样的思维是错误的。另外，通过前面几章的论述，我们同样发现借鉴德国职业教育成功经验具有极大的局限性。换言之，照搬德国职业教育"双元制"模式，既无必要性，也无可能性。

回答我国如何借鉴德国职业教育成功经验的问题，答案应该是开放性的。因为，实践情况的千变万化，使得任何职业教育构想都显得苍白无力。正如德国学者格赖纳特所言，在否认一种做法的同时，不要急于构建任何新的模式。因为，事实的发展往往有违学者的初衷，甚至走向它的反面。因此，学者最主要的

---

① M. Levy. Modernization and the structure of societies: a setting for international relations [M]. Princetonuniversity press, 1996.

任务在于，从理论上澄清一些误区，并提出一些原则性的设想。[①] 他的这一说法同样适用于此。

第二节　德国职业教育的启示

按照德国职业教育现代化特有的发展规律，结合我国职业教育现代化的特点，我们可以从下列几个方面去解读德国职业教育，总结它带给我们的启示。

一是培养宽广的职业资质。宽广的职业资质满足知识经济对人才的要求，也符合劳动者个人的利益。二是培养高级应用型人才。培养高级应用型人才同样是知识经济的呼唤。高级应用型人才的培养，满足了企业的用人需求，也满足了职业教育体系的学生接受高等教育的需求。三是正确行使国家权力。政治合理化是我国职业教育得以发展的先决条件。四是构建积极的职业教育价值观。职业教育应当以人为本。矫正我国目前过度强调职业教育工具价值的现状，是提高职业教育价值的有效途径。五是建设职业教育系统。作为后发外生性职业教育现代化类型，我国职业教育系统的建设尚未完成。明晰职业教育系统的基本理念，优化职业教育的环境，是职业教育系统得以有效运转的关键。我国职业教育现代化的进程刚刚开始，这为人们提供了发展才能的广阔空间。职业教育的发展期待人们的积极有为。

---

① Greinert，W-D. *Erwerbsqualifizierung jenseits des Industrialismus. Zu Geschichte und Reform des deutschen Systems der Berufsbildung* [M]. Frankfurt am Main：G. A. F. B.-Verlag，2008：234.

一、培养宽广的职业资质

我国作为现代化后发外生型国家,经济模式同时具有工业经济和知识经济的特点。总的来说,现代化进程分为两个阶段。第一次现代化是从农业社会向工业社会的转化。第二次现代化是从工业社会向信息社会的转化。在我国,第一次现代化取得了长足的进展,但任务远远没有结束。特别是我国地区差异大,一些地方至今没能摆脱农业社会的落后状态。而在信息技术应用广泛的时代,第二次现代化的进程又已开始。因此,我国同时面临着两次现代化的历史任务,经济模式兼具工业经济和知识经济的特点。

纵观德国职业教育发展历史,无论是工业经济还是知识经济,培养宽广的职业资质这一点,始终没有改变。德国职业教育发展的经验证明,培养宽广的职业资质,能够克服工业经济企业教育的缺陷,提高职业教育的教育质量,从而提升职业教育的吸引力。培养宽广的职业资质,尤其符合知识经济对人才的需求。

事实上,培养宽广的职业资质,在传统的手工业职业教育模式中,就已经有所体现。学徒参与整个生产过程,以耳濡目染的方式,习得全方位的手工技能,并且完成了程度极高的社会化。而后,在职业教育现代化的过程中,顺应工业经济和知识经济的到来,德国职业资质标准发生了两次变革。第一次变革是教育职业的出现,第二次变革是教育职业的灵活化。在这两次变革中,职业教育以培养宽广的职业资质为目标的传统得以延续。回顾历史我们可以清晰地看到这一点。

(一)教育职业的出现

如同在第三章中所述,德国工业化达到一定程度后,引进了泰勒模式。泰勒模式中的职业和手工职业的一个巨大的区别：大量的工业岗位不再要求劳动者具有全面的专业技能，只要求人像机器一样准确地行使某个单一的功能。可以说，在泰勒模式中，任何具体的工作岗位在教育意义上都有着较大的局限性。

为了克服这样的局限性，德国职业教育界有着独特的创新：将具体岗位和资质区分开来。资质应当是为多个工作岗位，即岗位群服务的能力。资质是超越具体岗位能力要求的，是多个具体岗位的能力要求的综合。随后，德国职业教育界基于资质的概念开发了统一的职业标准，即教育职业（Ausbildungsberuf）。

教育职业是相对于具体工作岗位提出来的一个教育意义上的职业。在现实生活中，它是不存在的。然而，设定教育职业有着重大的意义。教育职业克服了具体职业的单一、零碎、异质性的缺陷。教育职业的设定，使得职业和教育能够结合起来。从而保证了职业教育的人本价值。

现阶段，我国主要的生产模式仍然是泰勒模式。我国"多数企业的生产仍然是批量生产，个性化生产在我国并没有得到普遍推广。汽车、电视机、冰箱等无不如此，即便是服装这种个性化程度很高的产品，也是批量生产的"①。在这样的生产模式中，生产过程被割裂，每位工人只需要像机器一样，完成单个操作就行。因此，提高劳动力技能，并未真正成为企业的需求。

在这样的情况下，如何保证职业教育的广度和完整性，成为职业教育不可回避的问题。职业教育出于迎合工作岗位的需要，沦落为简单的技能培训，这已成为我国职业教育的一大通病。德国在工业化的进程中，曾经面临同样的问题。如何平衡

---

① 徐国庆.职业教育原理[M].上海：上海教育出版社，2007：121。

职业教育的工具价值和人本价值,德国经验为我们提供了很好的借鉴。

(二) 教育职业的灵活化

如同在第四章中所述,服务产业的蓬勃发展,对劳动力市场的冲击是巨大的。服务产业的突出特点是多样性。由于工作条件、活动范围的林林总总,使得制定一个统一的职业标准日益成为不可能。企业在改革的过程中,以德国和日本为代表,逐渐用后福特主义取代了原来的泰勒主义。在后福特主义的生产方式中,工作任务、目标、过程的设计和工作责任皆被分散化。这就要求工作过程以任务为导向,允许其跨职业进行。企业工作方式的变化,极大地推动了劳动力市场向灵活多样的特征转变。[①]另外,随着新的交际手段和信息技术的使用,职业在时间上、空间上和专业上的限制被打破了。常规工作模式出现了新的变化:越来越多地被部分时间制的、短时合同制的和新型的就业关系所取代。

对于许多现代的、开放的、动态变化着的行业,包括 IT 行业、大部分手工业及传统的学术含量较高的职业,如医生、工程师等,初始职业教育面临着两方面的变化:一方面,职业教育需要拓宽知识面。如果仅仅过于功利地传授一些技术表面知识的话,将使培养的人不能胜任工作任务,更不能满足其终身学习的需要。另一方面,职业教育还要注重关键能力的培养,包括专业关键能力、方法关键能力与社会能力。只有这样,劳动者才能胜任不断发展变化着的工作任务,具有不断克服知识老化而终身持续学习的能力。

---

① 转引自:陈莹,李树林. 论德国劳动力市场"去职业化"趋势及对其职业教育的影响[J]. 河北师范大学学报,2007(11):131.

对企业继续教育而言,不仅要求岗位知识的更新加快速度,而且意味着职业培训必须具有个性化的特点。即强调个体参与设计学习活动的作用,使得学习过程变成一个"个性化"的过程。其具体含义是:学习的自主性(内容、方法、手段和学习时间的自由选择);学习地点的自主性;考虑学习者的学习能力。[①]

在德国,为应对这样的变化,人们对教育职业进行了灵活化的改革。教育职业除了保留最为核心的部分以外,为个人留下了自主设计的空间,体现出个性化的特征。

在我国,计划经济体制的解体,"使我国劳动力的就业结构发生了根本变化:铁饭碗被彻底打破,职业流动率大大提高,'跳槽'成了非常普遍的事情。在经济增长率下降,失业率升高以及产业结构大调整时期,更是如此。一个劳动力可能同时兼做几种工作"[②]。

生产方式的转变,体制的改革,给职业教育提出了新的挑战。徐国庆认为,为了满足劳动者不断变换职业的需要,降低其失业风险,职业教育必须拓宽专业面,以职业群而不是单个职业为基础来确定专业设置和培养目标。职业教育必须加强基础教育,为个体的继续职业教育和变换职业做好准备。同时,改变同一学习阶段只允许学生学习一个专业的规定,开发模块课程,实行学分制,建立弹性学制,鼓励学生跨专业选课,由培养专才变为培养"多面手",允许学生同时学习多个职业或工种。[③]

生产方式的转变,体制的改革,不仅对初始职业教育产生了

---

① 参见:陈莹,李树林.论德国劳动力市场"去职业化"趋势及对其职业教育的影响 [J].河北师范大学学报,2007(11):132。

② 徐国庆.职业教育原理[M].上海:上海教育出版社,2007:133。

③ 同上。

极大的影响,而且对职业继续教育提出了极高的要求。它意味着职业培训应当具有个性化的特点。即强调个体参与设计学习活动的作用,使得学习过程变成一个"个性化"的过程。学习者对学习拥有极大的自主性,对学习内容、学习时间、学习地点可以自由选择。采用何种学习方法、使用什么学习手段也完全是开放的、个性化的。目前,我国继续职业教育还在极大程度上存在形式主义、一刀切的弊病。"个性化"是我国职业教育培训应当努力的方向。

和德国的"教育职业"相对应,我国职业教育理论界提出的"宽基础、活模块",是对宽广的职业资质的另外一种表达。无论是从德国职业教育的成功经验来看,还是从我国经济发展水平来看,宽基础、活模块,是我们应当坚持和追求的。

总之,宽广的职业资质,既满足了社会需求,也满足了人的发展需求。一方面,它保证了企业的发展。尤其在知识经济时代,宽广的职业资质顺应了经济发展的要求。从经济发展趋势来看,"去职业化"是其关键性的特征。传统职业界限变得模糊,工作内容变得灵活而多变,经常需要跨职业来进行。培养宽广的职业资质,正是对这一经济发展趋势的回应。另一方面,它也保证了人的发展。培养宽广的职业资质,是马克思所提倡的促进人的全面发展的必要手段。只有培养宽广的职业资质,才能彻底摆脱职业的单维性对人的发展的片面化扭曲,才能兼顾职业教育的社会需求和教育要求。因此,它是提升职业教育吸引力的关键因素。

二、培养高级应用型人才

工业经济向知识经济的转变,给职业教育提出了新的要求,即提高职业人才的培养规格。知识经济需要大量的高级应用型人才。① 培养高级应用型人才,成为时代所需。如前所述,从 20 世纪 70 年代开始,德国劳动力市场上开始出现高级应用型人才短缺的问题。经过几十年的发展,高级应用型人才的培养获得了极大的成功。

目前,在我国劳动力市场上,同样出现高技能人才大量短缺的问题。高技能人才的短缺,直接影响了企业的发展。因此,关注德国高等职业教育,对于提高我国高等职业教育的办学质量,具有重要的意义。

在中德比较研究中,对于双元制中等教育阶段的介绍和评述甚多,而对于双元制高等教育阶段的关注尚且不够。主要是因为:一是误将德国的应用技术大学(Fachhochschule)当作双元制的高等教育机构。事实上,在德国的教育体系中,应用技术大学并非属于职业教育。因此,它算不得职业教育领域的高等教育机构。另外,在办学特色上,应用技术大学尽管具有实践导向特色,然而这仅仅是相对于传统综合性大学而言的。传统综合性大学过于关注理论研究,相比之下,应用技术大学与企业界的联系更为紧密。但是,应用技术大学注重实践的程度远远比不上双元制高等职业教育。因此,无论从它在德国教育体系中的定位来看,还是从培养特色上来看,应用技术大学都不能算在职业教育的范畴之内。二是职业学院作为高等职业教育机构,其

---

① 在我国,高级应用型人才也称为高技能人才。但是在我国,高技能人才主要是高等职业教育机构培养的,拿到的学位是专科学位。而德国的高级应用型人才,虽然大部分也是职业教育机构培养的,然而他们拿到的是本科学位。因此,在此没有采用高技能人才的说法。另外,从德语文献来看,这类人才的两大突出特征是其学术修养和实践能力。按照德语原文,应当翻译为学术化的应用型人才。为了符合中文的表达习惯,统一将德国的这类人才称为高级应用型人才。

历史只有短短的几十年,并且它的办学规模远不及中等职业教育。因此,到目前为止,它的国际影响力有些不足。然而,对于我国职业教育而言,职业学院具有极大的研究价值。尤其是在现阶段,高等职业教育成为我国职业教育改革的重点。参考他国的做法,能为我们提供思路上的借鉴。

(一)大力发展高等职业教育

德国经验证明,高等职业教育有着良好的发展前景。就德国而言,双元制高等职业教育有着一种极为成功的办学模式。在整个德国范围内,双元制高等职业教育机构为数不少。最为成功的当数位于巴登符腾堡州的曼海姆双元制大学,即前文所提到的 DHBW。它在 2009 年从职业学院升格为大学,为职业学院的发展开创了先例。

曼海姆双元制大学设置有两个学院:经济学院和技术学院,下设共 9 个系,细分为 40 个专业方向。所有的专业方向最终都可以拿到 210 个欧洲学分。因此,它实现了与应用技术大学以及综合性大学本科学历的等值。

2009 年曼海姆职业学院升格为曼海姆双元制大学,是双元制高等职业教育受到社会高度认可的表现。德国高等教育一向以理论研究为宗旨,能够将应用性极强的职业教育纳入自身范畴,不得不说是职业教育的极大成功。

那么,双元制高等职业教育的成功之处表现在哪里呢?有数据为证:在过去的几年中,职业学院的毕业生在毕业之时,90%都已经签订了合同。担任要职的职业学院的历届毕业生在招聘员工之时,也愿意招收职业学院毕业生。这就像"滚雪球效应",形成了一种良性循环。并且,职业学院的毕业生拥有成功的职业生涯。和普通高校毕业生相比,他们就业时有着年轻化

的优势。到 35 岁时能踏上重要领导岗位的不在少数。在 IBM
和曼海姆双元制大学合作的项目中,这一群体能够占到 75%。
而且,职业学院的成功只是一个开端。根据人口数量发展趋势,
根据高级应用型人才存在缺口的状况,在未来几十年中,双元制
高等职业教育有着广阔的发展空间。[①]

听听来自于企业界的声音,可以获得直观的感受。

IBM 与曼海姆和美因茨大学项目的主管巴拉塞克
(Ralf Blasek):

从 1975 年开始,IBM 就是 DHBW 的合作伙伴。和
DHBW 的合作带来了积极的经验。我们高度认可这样的
双元高等职业教育模式。目前,IBM 和 DHBW 在三个专
业领域进行合作:应用信息技术(angewandte Informatik)、
经济信息技术(Wirtschaftsinformatik)、商务和信息技术的
国际管理(International Management for Business and In-
formation Technology)。日益加剧的国际化和全球化如何
在学科设置中体现出来,对于我们这样的跨国公司来说,是
一个极其重要的方面。

按照我们的实际需求,我们致力于为所有的大学生都
提供一个职位。如果招收的学生过多,那么,在毕业后,他
们也可以找到其他富有吸引力的工作。对于双元制大学的
毕业生来说,他们将尽早开始职业生涯,尽早开始踏上领导
岗位。

最近关于职业生涯的调查显示,70% 的双元制大学毕

---

① 2012 Studieninformationstag DHBW. 2012:10-12.

业生,在 35 岁之前走上领导岗位,甚至走上经理级别的岗位。在毕业之后,也可以继续在 IBM 项目中或者其他地方攻读硕士专业。

ABB 的培训部经理布朗纳特(Marcus Braunert):

从一开始,曼海姆双元制大学就是我们的合作伙伴。我们最为看重的,就是双元制高等教育的高水平和实践特色。另外,毕业生对于企业的忠诚度极高,这正是我们所需要的。在公司内部员工新老更替的时期,培养高素质的接班人,对于我们来说至关重要。这关系到我们产品的创新和复杂项目的实施。此外,在未来一段时间,ABB 每年都有近 300 个员工退休。因此,培养合格的新生劳动力成为我们的当务之急。我们所招聘的员工中有 80% 是高级应用型人才。目前,我们的双元培训项目共有 200 人,分属于9 个不同的专业。

IBM 和曼海姆双元制大学合作项目中的毕业生拥有良好的就业前景,大部分被 ABB 直接招聘。比如在 2011年的毕业生中有 89 名进入 ABB 公司,其中有几名甚至已经做到经理级别。

Sirona Dental Services GmbH 的培训经理坡范法(Reinhard Pfeifer):

在牙科领域,Sirona 是当之无愧的技术领头羊,有着超过 130 年的历史。在世界范围内,有着众多的牙医诊所、医院和牙科实验室的合作伙伴……从 1998 年开始,我们开始和曼海姆双元制大学进行合作。因为我们非常看重理论和实践并重的培养模式。我们可以参与课程设置,按照我们公司的实际需求来培养毕业生。这使得毕业生无需经历长时间的适应阶段,就能够直接上岗。

Sirona 和曼海姆双元制大学的合作项目中的毕业生面临众多的选择。他们可以留在国内或者是派出国外,他们可以担任重要岗位的工作,比如产品经理、区域销售经理、项目主管等。①

(二)高等职业教育应当坚持实践特色,有机结合理论学习和实践应用

从企业界的声音中,我们可以得出结论:高等职业教育坚持实践特色,是其具有吸引力的关键因素。以曼海姆双元制大学为例。曼海姆双元制大学和传统高校最为明显的区别就在于其实践环节。通过实践,学生绝不仅仅只是培养了专业能力。轮流去企业的各个部门实习,对于学生了解企业的内部结构有着极大的好处。在熟悉企业文化的过程中,学生得以形成符合企业文化的个人形象。另外,不同身份的转换对于提高学生的成熟度大有好处。学生具有双重身份,在学校里面是学生,在企业中是员工。这样的身份转换,有利于学生区分不同的机构文化,学会和同事、上司打交道的能力。并且,在真实工作岗位上的实践活动,有利于学生培养责任感和自主能力。这些都是传统的教育所不具有的优势。理论学习和实践应用的有机结合,是德国高等职业教育成功的关键。

那么,实践和理论如何统一起来呢?

---

① 2012 Studieninformationstag DHBW. 2012:10.

首先,端正对理论教学和实践教学关系的认识。

实践应用和理论知识的习得并非是一对矛盾。在我国对高等职业教育的研究当中,形成了一种固定的思维,认为实践应用和理论知识的习得此消彼长。这种认识只是基于学习时间的划分而形成的,未能看到深层次的东西。因为,实践环节并非排除了理论学习。

如前所述,对 1994 年开始对职业学院进行的评估显示,职业学院技术专业毕业生的理论修养丝毫不逊色于应用技术大学和综合性大学。这意味着,实践环节的教学并没有损伤理论知识的习得。

其次,实践环节以项目为导向。

项目导向的意义在于,将理论知识和实践知识密切地结合起来了。项目的实践维度毋庸赘言。事实上,项目也包含了极高的理论要求。完成项目的过程,也是学生对所习得的理论知识进行反思的过程。只有不断深化对理论知识的理解,才能将项目进行到底。这一过程,对于培养学生的理论修养意义重大。学生不仅习得知识,而且能够在应用中进行反思,并且进一步拓展理论的深度。反思环节和拓展环节,对于培养学生高水平的理论修养,是至为关键的因素。

事实上,要达到教学要求,对于项目设置有着严密的要求。项目必须是符合学生兴趣旨向的,其复杂程度是适合学生水平的。也就是说,设置的项目具备高度个性化的特征。并且,在项目实施的过程中,企业中的实训教师给予密集的指导和支持。

因此,在项目设置具备充足的教育因素的情况下,实践教学完全能够是理论教育的延伸。实践教学能够促进学生提高理论修养。两者是相互促进的关系。

再次,配置双元师资。

坚持实践特色,一个不可忽略的因素就是合理的师资匹配。对于实践应用,应当配置实践经验丰富的师资。对于理论学习,则应当配备理论修养极为深厚的师资。

曼海姆双元制大学的师资构成具有双元的特征。双元制大学的教授拥有丰富的实践经验。从综合性大学和应用技术大学外聘过来的教授则拥有深厚的理论知识。这样的师资匹配既保证了实践应用,也保证了高水平的理论知识的习得。

高级应用型人才的培养符合企业需求,具有广阔的发展空间。尽管我国高等职业教育无法照搬德国职业学院或者双元制大学的模式,但是我们可以参考德国高等职业教育的核心理念,将理论学习和实践应用有机结合起来。这是德国培养高级应用型人才模式给我们提供的最有价值的启示。

三、正确行使国家权力

如前所述,职业教育的政治需求构成职业教育发展的基本动力之一。政治合理化在很大程度上决定着职业教育的走向。一般来说,职业教育制度建设都会牵涉到这么几个问题,即国家权力是否有效发挥,国家参与职业教育的权重问题,以及全球化背景下职业教育制度如何与国际接轨。在这几个方面,德国的做法为我们提供了参考依据。

(一)国家权力的有效发挥

"按照三权分立的学说,国家的教育权力表现在三个方面:教育立法权、教育行政权和教育司法权。教育立法权,它所调整的对象,是国家管理教育中基本的、带全局性的问题。国家的教育行政权,其目的在于全面组织和发展教育事业。国家的教育司法权,其目的在于制裁违法行为,处理教育纠纷,保证法律规定的教育权利和义务的实施。综上所述,立法、行政和司法三权分立和制衡构成了现代资本主义国家教育权力的基本结构。"①一般来说,在职业教育体系中,立法和司法都属于直接体现国家权力的范围。在这两大领域,应当实现国家权力的有效发挥。

(二) 国家参与职业教育的权重问题

国家参与职业教育的权重问题,主要涉及的是行政领域。国家应当在多大程度上参与职业教育,这关系到职业教育制度的绩效高低。在德国,国家参与职业教育的权重问题体现出两大特点。

首先,国家权力充分下放。在中央层面,将权力放给行会组织。这是合作主义政治制度的特点。在地方层面,将权力放给地方政府。这体现了德国作为联邦制国家的特点。在德国,国家权力下放的形式比较复杂。因为在德国职业教育体系中,中央集权制和地方分权制两种制度形式都有体现。

一方面,对企业的管理有着中央集权制的特点。在"双元制"体系中,企业教育遵循的是《职业教育法》。"《职业教育法》是跨州、跨地区、跨教育部门的联邦层面的法律。"但是,企业遵循联邦层面的法律,并非意味着联邦政府是其主管机构。"根据《职业教育法》,具有举办职业教育资格的企业,其主管机构为全国性的行业协会,其咨询机构为全国性行业协会所设的职业教育部门(行业职业教育)和各州所设的州职业教育部门(地方职业教育),而其主管部门(执法部门)则为联邦教育与研究部和联

---

① 成有信等著.教育政治学[M].南京:江苏教育出版社,2000:172-176。

邦经济与劳动部。"①

　　另一方面,对职业学校的管理有着地方分权制的特点。在双元制体系中,职业学校遵循的是各个联邦州制定的职业学校法律。德国作为一个联邦制的国家,其教育管理形式较为复杂,体现为一种地方分权制。"地方分权制是指这样一种权力结构体制,即在机构设置上,中央机构和地方机构之间表现为一种平行的,或合作的,或讨价还价的对等关系,上层对下层权力范围内的事务不加干涉,由下层自主决定。"②也就是说,各个联邦州对职业学校事务具有自主权。

　　德国职业教育行政体制的分权性质既是德国政治制度直接决定的,也是历史形成的。在历史上,各个小邦国将教育看成是自己的责任。德国统一之后,由于各州的教育传统和实践彼此之间差别很大,因此联邦政府并未强行将教育权力进行集中,而是仍旧归各州所有。

　　总之,德国职业教育权力机构的分布格局是极其复杂的。在这样的背景下,国家下放职业教育权力有着独特的表现形式。一方面,联邦政府将职业教育权力放给中央集权的行会组织。以此,行会拥有了对职业教育自治的权力。在职业教育事务中,以行会为代表的企业占据绝对主导的地位。另一方面,联邦政府将职业教育权力放给地方集权的联邦州政府。以此,各个联邦州政府拥有举办职业学校的权力。在职业教育事务中,职业学校位居下位,是企业教育的补充。

　　其次,在现有职业教育制度部分失灵时,国家权力加强

---

① 姜大源.职业教育立法的跨界思考——基于德国经验的反思[J].教育发展研究,2009(19):33。

② 成有信等著.教育政治学[M].南京:江苏教育出版社,2000:182。

介入。

在全球化和服务型社会生成的过程中，行会办学能力减弱，导致现有职业教育制度部分失灵。具体表现在"双元制"培训位置不足、弱势群体处境不利等。国家权力加强介入，成为有效发挥政府职能的前提。在"双元制"职业教育制度之外，全日制职业教育学校的建设以及对弱势群体职业教育的促进，成为国家对职业教育加强支持力度的表现。

（三）全球化背景下国家权力的行使

在全球化的背景下，职业教育与国际接轨，成为职业教育不可回避的一个命题。对于德国来说，全球化最直接的表现就是欧盟一体化。欧洲一体化使得德国政府角色发生了变化。德国政府在采取行动时，应当和欧盟保持一致。因此，一方面，德国政府要行使主权，确保本国职业教育的特色，另一方面，要将权力部分放给欧盟委员会，积极寻求与他国接轨。

因此，在欧洲一体化的背景下，职业教育与国际接轨的问题成为德国职业教育改革的重点。尤其是德国职业资格框架的构建成为改革最为关键的环节。如前所述，在 2002 年 11 月，欧盟发表了《哥本哈根宣言》，提出大力发展欧洲纬度的职业教育和培训，促进和推动成员国间的教育交流及机构间的合作。为此，扫清职业资格证书认可的所有障碍，就成了首要任务。欧盟职业资格框架随之诞生。德国职教界以此为契机，积极构建国家职业资格框架。在德国职业资格框架构建的过程中，不仅兼顾了本国职业教育体系的固有特点，而且实现了和欧洲职业资格框架的有机对接。

（四）我国职业教育制度建设

按照韦伯的说法，政治合理化是现代性的一个重要的方面。

政治合理化的程度是职业教育良性发展的一个决定性因素。对我国来说,政府在立法方面没有发挥有效职能,政府对职业教育管得过多、过死,政府职能发挥不当,也阻碍了全球化背景下职业教育与国际接轨。

"自 1994 年以来,我国制定了《职业教育法》等法规,但总体来说,我国的职业教育法制很不完备,对国家、地方、企业、个人的权益和义务未能进行明确、合理的安排和规定,使得我国职业教育发展缺少一个良好、稳定的制度环境。"因此,必须加强职业教育法治建设。"国家和地方政府要尽快制定《职业教育促进法》《青年劳动保护法》《企业职业教育章程》《职业学校总协定》《失业对策法》《技能鉴定法》《企事业单位用人法》等法规,并使之构成一个有机体系,打造完备的制度文化。"①

我国采用国家主导的职业教育管理体制,造成了诸多弊端,严重影响了职业教育绩效。在新中国成立之初,国家主导的职业教育管理体制曾发挥了巨大的作用。这也是后发外生型现代化模式的特点。在启动现代化进程之时,国家的强力干预是必不可少的。"在其启动阶段非经济因素的作用大于经济因素的作用,其中最突出的是国家即中央政府在推进经济增长与社会变革中的重大作用。"②然而,国家主导的职业教育管理体制,"只能是一种发展的过渡形式,是不能持久下去的"。③ 现代化启动初期的历史条件早已发生了变化,所以"绝不能说国家即政治权力在经济落后的国家推行现代化的大变革进程中可以无限

① 转引自:何光辉.职业教育发展的文化视角[J].教育发展研究,2006(11):76.
② 罗荣渠.现代化新论[M].北京:北京大学出版社,1993:185。
③ 同上:191。

度地集中化与扩大化"。① 如果国家承担的角色与功能不相应地改变,就会引发发展性的危机。

另外,国家主导的职业教育管理体制也极大地阻碍了我国职业教育与国际接轨。在全球化背景下,各国政府应当逐步取消限制性的政策法规,以市场为导向。这对我国国家主导的职业教育体制提出了严峻挑战。

总之,如何有效行使政府权力,如何下放办学权力,如何在全球化背景下正确定位国家权力,在这方面,德国经验为我们提供了一定的借鉴。

四、构建积极的职业教育价值观

职业教育作为和经济发展密切相关的教育,人们一向赋予它许多工具特征。比如,职业教育解决经济问题,职业教育解决社会问题、缓解社会矛盾等。尤其在我国,职业教育工具化的价值取向特别明显。在儒家传统文化对职业教育的负面影响下,职业教育未能跻身于主流教育。而一旦被排除在主流教育之外,职业教育的教育功能被遮蔽,工具属性被过度强调就成为逻辑的必然。在我国现阶段,职业教育的工具价值被无限放大。职业教育的对象沦落为"机器人"、"动物人"和"次等人"。这样的职业教育价值观,完全忽略了职业教育的人本价值。而职业教育人本价值的实现正是树立积极的职业教育价值观的前提。另外,提升职业教育的话语权也是构建积极的职业教育价值观的一个重要方面。

---

① 转引自:何光辉.职业教育发展的文化视角[J].教育发展研究,2006(11):189。

（一）职业教育的人本价值

职业教育在满足各种需求的同时，也应当促进人的全面发展。人本属性的回归，是职业教育现代化的发展趋势。"对现代性的种种哲学诠释，无非是要得出一个结论，即现代性是人的现代性。这句话力图要说明的东西就是，现代性最终需要从精神的视野去考察，因为现代性的问题是人的存在问题，是个体的安身立命问题。"①

纵观德国职业教育现代化的历史，是一部越来越注重通过职业教育促进人格发展的历史。在德国职业教育走向现代化的过程中，逐渐完成了"人"的意义上的现代化。

我们可以回顾一下德国职业教育价值观构建的历史过程。职业教育价值观的构建，指的是学术界将特定的职业教育价值取向从学理上进行论证，赋予其学术上的合理性，并使之体系化。对于职业教育的发展来说，学术界主流的职业教育价值取向影响深远，它直接影响和规范着职业教育行为。解读德国职业教育价值构建的历史，能够为我国职业教育价值的构建提供借鉴作用。

德国职业教育的历史，实质上是一部职业教育为其教育性而辩护的历史。这一试图为在职业中进行教育作出学理性辩护的历史，是一个艰难的过程。职业内涵的不同变化，同时意味着在职业中进行教育，其学理性辩护的角度需要不断更新。

比如，在中世纪，主要职业形态表现为手工职业，路德从宗教的高度，为职业教育正了名分。在工业化时代，主要职业形态从手工业逐渐转变为工业。斯普朗格从文化的角度，为职业教

---

① 甘剑梅.德育现代性的哲学论辩——兼论中国德育的现代性问题[D].南京师范大学,2004(5):44-45。

育跻身教育领域扫清了障碍。凯兴斯坦纳从政治角度,论述了职业教育的政治教育功能。在进一步工业化后,李特和布朗克孜等人则从人格发展的角度,将职业教育和普通教育结合起来,从而为职业教育进行了合理性存在的辩护。来姆普特则从养成个体批判能力的角度,论证了职业教育促进人格发展的功能。在后工业时代,职业逐步失去了固定的专业界限,福斯等人对职业的个性化特征进行了阐述,论证了个性职业和人格发展之间的关系。

历史视角刻画出了德国职业教育价值观构建的轨迹。从中,我们可以清晰地看到,职业教育促进人格发展的功能不断地增强。

另外,促进人格发展的含义也发生着变化。米德把凭借追求顺应社会形成起来的个体,称为客体的自我(me),把凭借追求理念形成创造性和个性的个体,称为主体的自我(I)。① 纵观德国职业教育历史,职业教育价值观的变化:从追求客体的自我(me),逐渐转变到追求主体的自我(I)。

在没有职业选择自由的时代,职业教育如何促进人格的发展? 对于这个问题的回答,只能从顺应社会的意义上进行解读。当时的职业教育所培养的个体,是彻彻底底的"客体的自我(me)"。

古典职业教育理论将职业进行了拆分,职业从此具有客观和主观两重维度。职业中的主观维度和个体的人格发展能够有效地结合。正是在这个意义上,古典职业教育理论论证了职业教育能够促进人格的发展。古典职业教育理论的这一论断,建

---

① 筑波大学教育研究会编. 现代教育学基础[M]. 上海:上海教育出版社,1986:107。

立在职业选择自由的基础之上。正是职业选择的自由,使得职业主观维度和人格发展相结合变得可能。因此,可以说,职业教育所培养的个体,已经不再是彻彻底底的客体的自我(me),而有了一部分的主体的自我(I)的特征。

个性化职业为人提供了更多自由发展的空间。职业教育追求的价值是个性化的社会化。也就是说,社会化的过程中,包含有诸多富有创造性和个性的因素,进一步凸显主体的自我(I)的特征。

总之,从职业教育如何促进人格的发展,以及人格概念内涵的变化,我们可以得出结论,德国职业教育价值观的构建奉行以人为本的原则,并且在学理上进行了艰苦的论证。以此,德国职业教育价值观得以体系化。

(二) 职业教育的话语权

构建积极的职业教育价值观的另外一个方面是提升职业教育的话语权。职业教育只有拥有充分的话语权,才能彰显自身的价值。提升职业教育话语权的一个重要方面是深化职业教育理论研究,构建职业教育学科。在这方面,职业教育理论工作者任重而道远。其中,两个方面的工作最为重要。

首先,构建职业教育学科,必须突出学科特色。当前,我国职业教育理论研究的一个突出问题是缺乏学科特色。职业教育研究多数是普通教育学的翻版,缺乏职业教育学作为一门独立的学科应有的逻辑。事实上,职业教育和普通教育分属两个完全不同的体系。职业教育对口的是工作体系,而普通教育对口的是知识体系。如果职业教育研究连自身的话语尚且缺乏的时候,谈何话语权呢?

在这方面,德国职业教育学术界的做法为我们树立了榜样。

斯普朗格的文化哲学,为职业教育学科的形成构建了稳当的哲学基础。职业活动作为文化体验的必不可少的环节,和教育活动有着千丝万缕的联系。从此以后,职业、工作过程就成为职业教育研究理所当然的出发点和归宿点。无论是专业设置、课程体系、教学活动、考试标准、资格证书,还是职业教育体系各个层面上的质量评估,其参考的标准无一不是"职业导向"的。可以说,浓郁的"职业"特色,是德国职业教育理论成熟的标志。

其次,构建职业教育学科,必须清晰界定自己的研究边界,还要为它作为独立学科存在的逻辑进行合理的解释。职业教育学研究对象可以还原到若干问题上。逻辑严密的系统的构建绝非易事,但是通过基本的问题研究来确定职业教育学的研究对象,已经成为构建职业教育学科的基本任务。只有对职业教育的基本问题进行足够深入的分析,职业教育思想才能得以形成。德国职业教育思想的各个流派,对于职业教育的基本问题都作了深入细致的探讨。无论是文化教育学派、现实主义学派和解放教育学派,莫不如此。

近代以来,我国也出现了影响深远的职业教育思想,如蔡元培的实利主义教育、陶行知的生利主义教育、黄炎培的大职业教育主义等。尤其是黄炎培的职业教育思想,是其长期研究和实践的结果,具有相当的理论深度和完整性。学习德国学术界对于职业教育价值构建的艰苦探索的精神,在已有基础上积极构建我国职业教育价值观,是我国学术界的历史使命。

总之,目前,在社会大众对于职业教育认可度普遍低下的情况下,积极推进以人为本的职业教育,提升职业教育话语权,是构建积极的职业教育价值观的必由之路,是提高职业教育吸引力的重要举措。

五、建设职业教育系统

（一）明确职业教育系统的核心理念

建设职业教育系统，必须明确职业教育系统的核心理念。并且以核心理念为标准，来妥善处理各种冲突。系统只有具备了清晰的理念，各子系统才能进行协同工作。系统如果不具备清晰的理念，那么，系统各组成部分就无法妥善处理各种冲突以达到协同方案。也就是说，该系统功能将由于系统结构的缺陷而弱化，甚至产生负效应。

原因在于，系统整体功能的发挥有赖于各子系统的互相联系和相互作用。系统的整体功能不等于各子系统功能之和。如果各子系统彼此之间通过信息、能量、物质交换能协同工作，形成有序化的系统结构，那么，系统的整体功能可能大于各子系统功能之和。如果各个子系统之间缺少协同或根本不协同而产生负效应，呈现无序化系统结构，那么，系统的整体功能就会小于各子系统功能之和。

德国职业教育系统的核心理念很明确，即"职业性"的特征。"职业性"的特点贯穿于职业教育历史的始终。尽管"职业性"的内涵带有历史阶段特征，但是始终没有背离本质的东西。在中世纪，"职业性"的内涵是：职业教育的目的是培养手工业者。职业教育以手工职业为标准进行。职业教育由手工行会掌管。职业教育完全依托手工作坊进行。而到了19世纪末，工业化进程开始后，"职业性"的内涵有了嬗变。职业教育的目的是培养手工业者和专业工人，并且专业工人的比重日益增大。职业教育以教育职业为标准进行。职业教育由手工行会、工商行会、各类协会以及国家共同掌管。职业教育在手工作坊、工厂以及教学工场和学校中进行。到了 20 世纪 60 年代末,"职业性"的内涵有了升华。职业教育的目的是培养服务人才。职业教育标准灵活化了。职业教育以工作过程为依托进行。尽管国家管理职业教育事务的权力比重增加了,但职业教育仍旧以行会为办学主体。概括起来,"职业性"表现在:职业教育是以职业为标准的,举办者以行会为主,教学过程主要在工作岗位上展开。

也就是说,以"职业性"为特征的德国职业教育模式,以其强大的生命力贯穿了整个职业教育历史。无论是从手工业教育模式转变为工业教育模式,还是从工业教育模式转变为服务业教育模式,职业教育系统都未曾背离其核心理念即"职业性"。

德国职业教育之所以获得成功,与其明确的系统理念是分不开的。尽管在职业教育历史上,有着众多的偶然因素,促成了"职业性"的延续。然而,从客观上看,德国职业教育系统的历次改革,都不曾有过莽撞的尝试。在英法两国,在工业化时期,职业教育原有的发展逻辑被斩断,职业教育产生跳跃式的发展。相比之下,在德国,人们对于职业教育改革的态度是相当谨慎的。

背离职业教育体系的核心理念,盲目进行改革所造成的人力物力的浪费,对于发展中国家而言,是一笔不小的负担。另外,职业教育是一项关乎人才培养的事业,改革不当,受教育者即沦为牺牲品。因此,在我国职业教育现代化的过程中,尤其应当避免盲目的改革。

对于我们国家来说,明确系统的核心理念,是职业教育研究的首要任务。事实证明,职业教育系统是无法人为设计的。职业教育理论研究者所能做的,就是明晰职业教育系统的核心理念。并在此基础上,从系统的角度上考虑清除各系统层次上的障碍因素,使内部由无序转换为有序,使系统达到协同状态。因此,明晰并尊重职业教育系统的核心理念,才能对职业教育实践进行科学的引导和管理。只有明确了职业教育系统理念,各项改革才是有意义的。

比如说,按照戴辛阿对于职业教育的分类,可以粗略地将我国职业教育归到"科学导向"的类型。职业教育学术化倾向较为明显。那么,我们的各项改革应当尊重这样的事实。在加强实践环节的时候应当同时尊重理论学习,而不应当简单粗暴地否定理论学习。一方面,这不符合我们的价值观,另一方面,将实践活动和理论学习对立起来的做法,也不尽科学。德国的职业学院就是一个生动的例子。职业学院的毕业生在拥有极强的实践应用能力的同时,能够打下扎实的理论基础。两者不仅不是一对此消彼长的矛盾,而且还是互相促进的关系。按照我国职业教育体系的特点,我们应当重点研究如何在学术化倾向浓厚的职业教育体系中引入更多的实践环节,如何有机结合理论研究和实践活动,而不是简单地否定理论学习。

(二)优化职业教育系统和环境之间的关系

职业教育系统的环境是不断变化的。不断变化着的环境为职业教育系统传递着各种能量、物质和信息。职业教育要得到良好的发展,必须优化职业教育系统和环境之间的关系。如前所述,职业教育环境牵涉到社会、政治、文化因素,具有客观性。职业教育系统和环境之间的关系是否良好,体现在两个方面。一是职业教育的发展是否顺应环境,二是人们在多大程度上能改善环境,使之更加适合职业教育的发展。

首先,职业教育的发展应当顺应环境。

比如职业教育能力标准与社会需求之间的吻合程度,是人们可以把握的一个方面。在德国职业教育历史上，正是不断的改革创新，使得职业能力标准和社会需求之间能够无缝对接。我们可以简单回顾一下这段历史。

德国工业化达到一定程度后，引进了泰勒模式。和传统手工业要求劳动者具有全面的专业技能不同，泰勒模式只要求人像机器一样准确地行使某个单一的功能。因此，在泰勒模式中，任何具体的工作岗位在教育意义上都有着较大的局限性。在这种情况下，如何保证职业教育的教育性？此时，德国职业教育界天才般地提出了教育职业的概念。教育职业的设置是德国职业教育历史上一个伟大的创新。教育职业的设置，使得古老的手工业职业教育模式得以重新焕发活力。

服务产业的蓬勃发展，新的交际手段和信息技术的使用，带来了德国劳动力市场结构性的转变。那么，如何克服僵化的教育职业和新型工作模式之间的矛盾？教育职业的存废成为人们讨论的焦点。最后，人们对教育职业进行了灵活化的改革。教育职业除了保留最为核心的部分以外，为个人留下了自主设计的空间，体现出个性化的特征。以此，德国职业教育不仅保留了最本质的特征，又顺应了新形势发展的需要。

总之，在工业化过程中，正是职业能力标准的适时调整，保证了德国职业教育人尽其才，才尽其用。职业教育在满足社会需求的同时，也促成了自身的良性发展。

又比如，政治需求是利益集团之间的博弈的结果，职业教育系统只有在顺应利益集团利益博弈格局的基础上，才有可能获得最大的生存空间。德国合作主义制度正是德国各利益集团博弈的结果。这一制度极大地调动了各利益集团参与职业教育的积极性，直接促成了德国职业教育的成功。

其次,职业教育的发展应当改善环境。

比如文化需求作为一种精神活动,在某种程度上具有一定的可控性。因此,培育文化需求为积极的职业教育价值观提供支撑,是职业教育系统和环境关系维护的另外一个重要方面。

职业形态的变化,使得在职业中寻求教育意义的方法各个不同。职业中到底包含有什么样的教育意义? 对于这一问题的解答是否圆满,关系到职业教育价值观的构建,关系到职业教育在整个教育体系中的地位。德国古典职业教育学派三位代表人物所提出的理论及其实践,全面论证了职业教育的价值,为职业教育的蓬勃发展奠定了基础。古典职业教育学派的所作所为堪称空前绝后。在古典职业教育学派的努力下,职业教育获得了极大的发展。

总之,上述例子为我们生动地刻画了一种上下求索的精神。在德国职业教育历史上,面对新出现的变化,人们总是富有创造性地去顺应环境,或者改善环境。正是在各方面的努力下,职业教育系统和环境的关系得以持续优化。

我国职业教育环境的建设还处在起步阶段,人们有着施展才能的广阔空间。面对风云变幻的经济形势,面对日新月异的技术发展,如何结合我国国情的特点,优化职业教育的发展环境,期待着人们的积极作为。

如果说,职业教育系统核心理念代表的是一种永恒性,那么,积极有为地优化职业教育系统和环境的关系则代表了变动性。永恒性与变动性是教育的两大主题。"教育发展是永无止境的,谋求教育进步,必须掌握教育的'永恒性'与'变动性'。"[1]

---

[1] 吴清山.教育理念与问题研究[M].高雄:高雄复文图书出版社,1984:序。

对于我国职业教育的发展而言,应当坚守职业教育系统的核心理念,通过不断的研究与创新,来优化职业教育的发展环境。

第三节　本章小结

从发展动力的角度来看,双元制作为一种职业教育制度移植到我国是不成功的。但是,德国职业教育制度所蕴含的理念带给我们诸多启发,这是本章阐述的重点。

如何剖析德国职业教育制度所蕴含的精神,来进一步推动我国职业教育事业的发展呢? 在这点上,合理的研究视角显得尤其重要。时代的主旋律决定了我国职业教育的发展所面临的现代化需求。因此,本章从现代化视角来解读德国职业教育制度所蕴含的理念及其启示。

通过对职业教育现代化模式的解读,结合外生后发型国家职业教育现代化的特点,德国职业教育成功经验可以给我们带来如下启示:培养宽广的职业资质;培养高级应用型人才;正确行使国家权力;构建积极的职业教育价值观;建设职业教育系统。

我们应当从深层次上吸纳西方发达国家职业教育现代化的理念,参照其实践模式,走出一条有中国特色的职业教育现代化道路。职业教育现代化的过程,既是由传统走向现代的过程,也是中西方理念相互渗透、融合的过程,如何抓住时机,积极推进职业教育现代化进程,是我们发展职业教育的关键问题。

参考文献

一、中文类著作

[1] 埃德蒙·金著,王承绪等译.别国的学校和我们的学校[M].北京:人民教育出版社,1989。

[2] 爱弥儿·涂尔干著,李康译,渠东校.教育思想的演进[M].上海:上海人民出版社,2003。

[3] L.贝塔朗菲.一般系统论[M].北京:清华大学出版社,1987。

[4] 成有信等著.教育政治学[M].南京:江苏教育出版社,2000。

[5] 辞海:教育心理分册[M].上海:上海辞书出版社,1980。

[6] 恩格斯著,中共中央马克思恩格斯列宁斯大林著作编译局译.家庭、私有制和国家的起源[M].北京:人民出版社,2003。

[7] 范捷平.德国教育思想概论[M].上海:上海译文出版社,2003。

[8] 弗兰茨-克萨韦尔·考夫曼著,王学东译.社会福利国家面临的挑战[M].北京:商务印书馆,2004。

[9] 关晶.西方学徒制研究[D].华东师范大学博士论文,2010。

[10] 顾明远主编.教育大辞典(第 1 卷)[M].上海:上海教育出版社,1990。

[11] 何维凌,邓英淘.经济控制论[M].成都:四川人民出版社,1987。

[12] 凯兴斯坦纳著,郑惠卿选译.凯兴斯泰纳教育论著选[M].北京:人民教育出版社,2003。

[13] 理查德·D.范斯科德等著,北京师范大学外国教育研究所译.美国教育基础——社会展望[M].北京:教育科学出版社,1984。

[14] 李弘祺.中国传统教育的特色与反省[J].北京大学教育评论.2012(4)。

[15] 里夏德·范迪尔门著,王亚平译.欧洲近代生活:村庄与城市[M].北

京:东方出版社,2004。

[16] 刘惠敏.论中国传统文化与中国教育现代化[J].理论观察,2002(4)。

[17] 马克思·韦伯著,简惠美,康乐译.新教伦理与资本主义精神[M].桂林:广西师范大学出版社,2010。

[18] 马克思·韦伯著,林荣远译.经济与社会(上卷)[M].北京:商务印书馆,1997。

[19] 马克思.资本论:第一卷[M].北京:人民出版社,1975。

[20] 马克思恩格斯选集(卷一)[M].北京:人民出版社,1995。

[21] 马庆发,唐林伟.中国职业教育研究新进展(2006)[M].上海:华东师范大学出版社,2008。

[22] 马早明.技术革命与职业技术教育制度的演变[D].北京大学博士论文,2003。

[23] 钱民辉.教育社会学概论(第三版)[M].北京:北京大学出版社,2010。

[24] 青木昌彦著,周黎安译.比较制度分析[M].上海:上海远东出版社,2001。

[25] 翟海魂.发达国家职业技术教育历史演进[M].上海:上海教育出版社,2008。

[26] 单中惠,杨汉麟.西方教育学名著提要[M].台北:台北昭明出版社,2002。

[27] 沈越.德国社会市场经济探源——多种经济理论的综合产物[M].北京:北京师范大学出版社,1999。

[28] 石伟平.比较职业技术教育[M].上海:华东师范大学出版社,2001。

[29] 舒志定.教育哲学引论[M].北京:中国社会出版社,2007。

[30] 孙玫璐.职业教育制度分析[D].华东师范大学博士论文,2008。

[31] 王承绪主编.比较教育学史[M].北京:人民教育出版社,1998。

[32] 吴清山.教育理念与问题研究[M].高雄:高雄复文图书出版社.1984:序。

[33] 徐平利.职业教育的历史逻辑和哲学基础[M].桂林:广西师范大学出版社,2010。

[34] 赵志群.职业教育与培训学习新概念[M].北京:科学出版社,2003。

[35] 郑金洲.教育文化学[M].北京:人民教育出版社,2000。

[36] 周明星等.中国职业教育学科发展30年[M].上海:华东师范大学出版社,2009。

[37] 邹进.现代德国文化教育学[M].太原:山西教育出版社,1992。

[38] 严璇.欧盟职业资格证书一体化发展研究[D].华东师范大学硕士论文,2007。

二、中文类学术论文

[39] 柏贵喜.文化系统论[J].恩施职业技术学院学报,2002(2)。

[40] 陈莹.德国职业资格框架的构建[J].职教论坛,2010(21)。

[41] 陈莹,马庆发.比较视野下的德国青年弱势群体职业教育[J].职教论坛,2011(34)。

[42] 陈莹,李树林.论德国劳动力市场"去职业化"趋势及对其职业教育的影响[J].河北师范大学学报,2007(11)。

[43] 姜大源.职业教育立法的跨界思考——基于德国经验的反思[J].教育发展研究,2009(19)。

[44] 蒋凯.比较教育研究方法的相关问题分析[J].教育研究,2007(4)。

[45] 李建忠.全国教育科学"十五"规划教育部重点课题"中国和欧盟国家职业教育比较研究"成果公报[J].当代教育论坛,2010(2)。

[46] 刘大椿.比较方法论[J].中国文化书院内刊,1987。

[47] 刘邦祥,程方平.中国职业教育与中德职教合作的发展趋势[DB/OL]. http://www. cnier. ac. cn/snxx/xsjl/snxx _ 20070109150507 _ 1896. html,2007 - 01 - 09。

[48] 欧美同学会.中德国际职业教育研讨会[EB/OL]. http://www. wr-sa. net/36/2010/07/28/34@8942. htm,2010.07.28。

[49] 钱学森,许志国,王秦云.组织管理的技术——系统工程[N].文汇报.1978.09.27。

[50] 特征[DB/OL].http://baike.baidu.com/view/1069886.htm。

[51] 徐国庆.英德职业教育体系差异的政策分析[J].职业技术教育,2006(21)。

[52] 徐国庆.职业教育发展的设计模式、内生模式及其政策意义[J].教育研究,2005(8)。

[53] 王博.现代社会职业存在的模式探析[J].职教通讯,2010(3)。

[54] 王春梅.建立现代职业教育制度的研究[J].辽宁教育学院学报,2002(4)。

[55] 吴全全.终身教育导向的德国"双证"一体化模式分析[J].中国职业技术教育,2005(6)。

[56] 吴晓天.德国职教新模式——跨企业培训中心研究及对我国的启示[J].中国培训,2008(4)。

[57] 赵志群,王炜波.德国职业教育设计导向的教育思想研究[A].姜大

源,吴全全.当代德国职业教育主流教学思想研究[C].北京:清华大
学出版社,2007。

[58] 中德职教合作 30 年. 人民日报海外版. 2009 - 12 - 4(06)[EB/OL].
http://frankfurt. china-consulate. org/chn/sbwl/t631687. htm。

[59] 张成涛.在"职业性"与"教育性"之间——论职业教育价值取向[J].
职教通讯,2010(4)。

[60] 钟艳华,陈莹.德国设计导向职业教育思想中的能力问题[J].职教论
坛,2009(6)。

[61] 朱晓斌.文化形态与职业教育——德国双元制职业教育模式的文化
分析[J].外国教育研究,1997(3)。

三、外文主要参考文献

[62] Abraham, Karl. *Der Betrieb als Erziehungsfaktor. Die funktionale Erziehung durch den modernen wirtschaftlichen Betriebs* [Z]. Habilitationsschrift. 1953.

[63] Baethge, Martin. *Ordnung der Arbeit-Ordnung des Wissens: Wandel und Widersprüche im betrieblichen Umgang mit Humanressourcen* [J]. SOFI-Soziologisches Forschungsinstitut Göttingen, Mitteilungen, 2004(32).

[64] Baethge, Martin. Staatliche Berufsbildungspolitik in einem korporatistischem System [A]. In Weingart, P. & N. C. Taubert (Hrsg.). *Das wissensministerium. Ein halbes Jahrhundert Forschungs-und Bildungspolitik in Deutschland* [C]. Weilerswist: Velbrück Wissenschaft, 2006.

[65] BIBB. A7 *Regelangebote und Maßnahmen der Benachteiligtenförderung* [DB/OL]. http://datenreport. bibb. de/html/75. htm. 2009.

[66] Bruchhäuser, Hanns-Peter. *Handelsschulen in Preußen* [M]. Bd 2. Oldenburg, 2006.

[67] Bücher, Karl. *Die gewerbliche Bildungsfrage und der industrielle Rückgang* [M]. Eisenach: J. Bacmeister Verlag, 1877.

[68] Büchele, Ute. *Lernen im Arbeitsprozess: Entdeckend, erfahrungsgeleitet, nachhaltig* [R]. http://www. werkstatt-frankfurt. de/fileadmin/ Frankfurter_Weg/Fachtagung/Vortrag_Ute_Büchele_zur_Fachtagung. pdf. 2006.

[69] Bundesministerium für Bildung und Forschung (BMBF). *Grundsätze zur Neuordnung der beruflichen Bildung* [S]. Bonn, 1973 - 11 - 05.

[70] Bundesministerium für Bildung und Forschung (BMBF). *Gutachten zur Systematisierung der Fördersysteme, - instrumente und - maßnahmen in*

der beruflichen Benachteiligtenförderung [R]. Band 3 der Reihe Berufsbildungsforschung. Bielefeld: W. Bertelsmann Verlag, 2009.

[71] Campe, Joachim Heinrich. über die große Schädlichkeit einer allzu frühen Ausbildung der Kinder [A]. In der selbe (Hrsg.). *Allgemeine Revision des gesamten Schul-und Erziehungswesens* [C]. Bd. 5. Wolfenbüttel, 1786.

[72] Conze, Werner. Einleitung zu: Handwerker in der Industrialisierung [Z]. In Engelhardt, Ulrich (Hrsg.). *Handwerker in der Industrialisierung* [M]. Stuttgart, 1984.

[73] Deißinger, Thomas. *Beruflichkeit als „Organisierendes Prinzip" der deutschen Berufsausbildung* [M]. Markt Schwaben: Eusl-Verlagsgesellschaft MBH, 1998.

[74] Deißinger, Thomas. *Berufliche Bildung zwischen nationaler Tradition und globaler Entwicklung. Beiträge zur vergleichenden Berufsbildungsforschung* [C]. Baden-Baden: Nomos Verlagsgesellschaft, 2001.

[75] Deißinger, Thomas. Das Konzept der Qualifizierungsstile als Kategoriale Basis idealtypischer Ordnungsschemata zur Charakterisierung und Unterscheidung von Berufsbildungssystemen [J]. *Zeitschrift für Berufs- und Wirtschaftspädagogik*, 91. Band. Heft 4. Stuttgart: Franz Steiner Verlag Wiesbaden GmbH, 1995.

[76] Deißinger, Thomas. *Die Englische Berufserziehung im Zeitalter der Industriellen Revolution. Ein Beitrag zur Vergleichenden Erziehungswissenschaft* [M]. Würzburg: Verlag Königshausen & Neumann, 1992.

[77] Dehnbostel, Peter. Lernumgebungen gestalten [A]. In Felix Rauner (Hrsg.). *Handbuch Berufsbildungsforschung* [C]. Bielefeld: Betelsmann Verlag, 2005.

[78] Deutscher Ausschuss für das Erziehungs-und Bildungswesen. *Empfehlungen und Gutachten Folge* 7/8 [R]. Stuttgart: Ernst Klett Verlag, 1965.

[79] Deutscher Bundesrat. *Empfehlungen der Bildungskommission: Zur Neuordnung der Sekundarstufe* II. *Konzept für eine Verbindung von allgemeinen und beruflichen Lernen* [S]. Bonn, 1974.

[80] Dostal, Werner. Der Berufsbegriff in der Berufsforschung des IAB [A]. Gerhard Kleinhenz (Hrsg.). *IAB-Kompendium Arbeitsmarkt-und Berufsforschung. Beiträge zur Arbeitsmarkt-und Berufsforschung. BeitrAB*

250[C]. Nürnberg: IAB, 2002.

[81] Edwards, Richard. *Herrschaft im modernen Produktionsprozeß* [M]. Frankfurt a. M. : Campus-Verlag, 1981.

[82] Erpenbeck, John. *Die Bedeutung von Kompetenzfindung Kompetenzmessung Kompetenzerfassung* [DB/OL]. 2007. www.gsi-consult.de/download/Erpenbeck_FFM_M? rz_07.pdf.

[83] Fend, Helmut. *Theorie der Schule* [M]. München: Urban & Schwarzenberg, 1980.

[84] Fischer, Aloys. Entwicklung, Aufgabe und Aufbau der Berufserziehung [A]. In Nohl Herman & Pallat Ludwig (Hrsg.). *Handbuch der Pädagogik* [C]. Bd. 3. Langensalza: Beltz, 1930.

[85] Fischer, Aloys. Die Humanisierung der Berufsschule [A]. In Kreitmair Karl (Hrsg.). *Aloys Fischer. Leben und Werk* [C]. Bd. 2. München: Karl Kreitmair, 1950.

[86] Fischer, Martin & Felix Rauner (Hrsg.). *Lernfeld: Arbeitsprozess. Ein Studienbuch zur Kompetenzentwicklung von Fachkräften in gewerblich-technischen Aufgabenbereichen* [C]. Baden-Baden: Nomosverlagsgesellschaft, 2002.

[87] Fischer, Wolfram. Bergbau, Industrie und Handwerk 1850 – 1914 [A]. In Aubin, Hermann & Zorn Wolfgang (Hrsg.). *Handbuch der deutschen Wirtschafts-und Sozialgeschichte* [C]. Bd. 2. Stuttgart, 1976.

[88] Francke, August Hermann. *Kurzer und einfältiger Unterricht wie Kinder zur wahren Gottseligkeit und christlichen Klugheit anzuführen sind* (1702) [M]. In derselbe. Pädagogische Schriften (besorgt von Lorenzen Hermann). 2. Auflage. Paderborn, 1964.

[89] Georg, Walter. Kulturelle Tradition und berufliche Bildung. Zur Problematik des internationalen Vergleichs [A]. In Greinert, W.-D. et al. (Hrsg.). *Vierzig Jahre Berufsbildungszusammenarbeit mit Ländern der dritten Welt* [C]. Baden-Baden: Nomos Verl.-Ges., 1997.

[90] Georg, Walter & Sattel, Ulrike. Arbeitsmarkt, Beschäftigungssystem und Berufsbildung [A]. In Arnold, R. & Lipsmeier, A. (Hrsg.). *Handbuch der Berufsbildung* [C]. Opladen: Leske + Budrich, 1995.

[91] Georg, Walter & Sattel, Ulrike. Berufliche Bildung, Arbeitsmarkt und Beschäftigung [A]. In Rolf Arnold, Antonius Lipsmeier (Hrsg.). *Handbuch der Berufsbildung* [C]. Wiesbaden: VS Verlag für Sozialwiss-enschaft, 2006.

［92］ Gonon，Philipp & Holger Reinisch & Fiedhelm Schütte. Zur Ideenge-schichte der Berufs-und Wirtschaftspädagogik ［A］. In Reinhold，N. & Pätzold，G. & Reinisch，H. & Tramm，T. (Hrsg.). *Handbuch Berufs-und Wirtschaftspädagogik* ［C］. Stuttgart: UTB，2010.

［93］ Greinert.，W-D. Berufsbildungsforschung ohne historische Orientierung — statt eines Nachrufes ［A］. In Eveline Wuttke & Klaus Beck (Hrsg.). *Was heisst und zu welchem Ende studieren wir die Geschichte der Berufserziehung?* ［C］. Opladen & Farmington Hills: Budrich Uni-Press Ltd，2010.

［94］ Greinert，W-D. *Berufsqualifizierung und dritte Industrielle Revolution : eine historisch-vergleichende Studie zur Entwicklung der klassischen Ausbildungssysteme* ［M］. Baden-Baden: Nomosverlagsgesellschaft，1999.

［95］ Greinert， W-D. Die Übertragbarkeit des Dualen Systems in Entwicklungsländer-Möglichkeiten und Begrenzungen einer politischen Strategie ［A］. In Thomas Deißinger (Hrsg.). *Berufliche Bildung zwischen nationaler Tradition und globaler Entwicklung* ［C］. Baden-Baden: Nomos Verlagsgesellschaft，2001.

［96］ Greinert，W-D. Der Beruf als ein Anker deutscher Arbeitskultur — oder wie erkläre ich einem Engländer unsere besondere Berufsausbildungsphilosophie? ［A］. In Ulrike Buchmann & Richard Huisinga & Martin Kipp (Hrsg.). *Lesebuch für Querdenker* ［C］. Frankfurt am Main: G. A. F. B.-Verlag，2006.

［97］ Greinert，W-D. *Erwerbsqualifizierung jenseits des Industrialismus. Zu Geschichte und Reform des deutschen Systems der Berufsbildung* ［M］. Frankfurt am Main: G. A. F. B.-Verlag，2008.

［98］ Greinert，W-D. Et al. *Vierzig Jahre Berufsbildungszusammenarbeit mit Ländern der Dritten Welt* ［M］. Baden-Baden: Nomos Verl.-Ges.，1997.

［99］ Hägermann，Dieter. Technik im frühen Mittelalter zwischen 500 und 1000 ［A］. In König Wolfgang (Hrsg.). *Propyläen Technikgeschichte* ［C］. Bd. 1. Berlin，1997.

［100］ Harney，Klaus. *Die Preußische Fortbildungsschule* ［M］. Weinheim/Basel: Beltz Weinheim Verlag，1980.

［101］ Heinz，R. Walter. *Arbeit，Beruf und Lebenslauf. Eine Einführung in die berufliche Sozialisation* ［M］. Weinheim: Juventa Verlag，1995.

[102] Holger, Reinisch. *Ökonomisches Kalkül und kaufmännisches Selbstbild* [Z]. Unveröffentlichte Habilitationsschrift. Universität Oldenburg, 1991.

[103] Howe, Falk & Thomas Berben. Lern-und Arbeitsaufgaben [A]. In Felix Rauner (Hrsg.). Handbuch *Berufsbildungsforschung* [C]. Bielefeld: Bertelsmann Verlag, 2005.

[104] Jankuhn, Herbert. Wirtschafts-und Sozialgeschichte der Vor-und Frühzeit Mitteleuropas [A]. In Aubin, Hermann & Zorn, Wolfgang (Hrsg.). *Handbuch der Deutschen Wirtschafts-und Sozialgeschichte* [C], Bd. 1. Stuttgart, 1971.

[105] Kern, H. & Schumann, M. *Das Ende der Arbeitsteilung? Rationalisierung in der industriellen Produktion* [M]. München: C. H. Beck Verlag, 1984.

[106] Kerschensteiner, Georg. *Das Grundaxiom des Bildungsprozesses* [M] (1917). Berlin: Union Deutsche Verlagsgesellschaft, 1924.

[107] Kerschensteiner, Georg. *Theorie der Bildung* [M]. (1926). Leipzig und Berlin: Teubner Verlag, 1931.

[108] *Korporatismus* [DB/OL]. http://de. wikipedia. org/wiki/Korporatismus.

[109] Körzel, Randolf. *Berufsbildung zwischen Gesellschafts-und Wirtschaftspolitik* [M], Frankfurt a. M. : G. A. F. B.-Verlag, 1996.

[110] Kulischer, Josef. *Allgemeine Wirtschaftsgeschichte des Mittelstandes und der Neuzeit* [M]. 4. Auflag. München und Wien, 1971.

[111] Kutscha, Günter. Das System der Berufsausbildung [A]. In Blankertz, H. et al. (Hrsg.). *Enzyklopädie Erziehungswissenschaft*, Bd. 9. 1: *Sekundarstufe* II *-Jugendbildung zwischen Schule und Beruf* [C]. Stuttgart: Klett-Cotta, 1982.

[112] Lenger, Friedrich. *Sozialgeschichte der deutschen Handwerker seit* 1800 [M]. Frankfurt am Main, 1988.

[113] Lütge, Friedrich. *Deutsche Sozial-und Wirtschaftsgeschichte* [M]. 3. Auflage. Berlin, 1976.

[114] Martin, Hans. *Computergestützteerfahrungsgeleitete Arbeit (CeA)* [A]. In Felix Rauner (Hrsg.). *Handbuch Berufsbildungsforschung* [C]. Bielefeld: Betelsmann Verlag, 2005.

[115] Maurice, Marc. Methodologische Aspekte internationaler Vergleiche:

Zum Ansatz des gesellschaftlichen Effekts [A]. In Martin Heidenreich, Gert Schmidt (Hrsg.). *International vergleichende Organisationsforschung — Fragestellungen, Methoden und Ergebnisse ausgewählter Untersuchungen* [C]. Opladen: Westdeutscher Verlag, 1991.

[116] Maurice, Marc. & Sellier, F. & Silverster, J.-J. Die Entwicklung der Hierarchie im Industrieunternehmen: Untersuchung eines gesellschaftlichen Effektes [J]. *Soziale Welt*, 1979(30).

[117] Maurice, Marc. & Sorge, A. & Warner, M. Societal Differences in Organizing Manufacturing Units: A Comparison of France, West Germany, and Great Britain [J]. *Organization Studies*, 1980 (Vol. 1, No. 1).

[118] Niethammer, Friedrich Immanuel. *Der Streit des Philanthropinismus und Humanismus in der Theorie des Erziehungs-Unterrichts unserer Zeit* (1808)[M]. Weinheim: J. Beltz, 1968.

[119] Parsons, Talcott. *Sozialkultur und Persönlichkeit* [M]. Frankfurt a. M.: Suhrkamp, 1968.

[120] Rauner, Felix. 'Arbeit und Technik'-Forschung [A]. In Felix Rauner (Hrsg.). *Handbuch Berufsbildungsforschung* [C]. Bielefeld: Bertelsmann Verlag, 2005.

[121] Rauner, Felix. *Duale Berufsbildung. Qualität rechnet sich* [R]. http://www. ibb. uni-bremen. de/fileadmin/user/Arbeitstagung/ Rauner_Vortrag22.02.2007IBB2010. pdf.2007(2).

[122] Rauner, Felix. *Praktische Wissen und berufliche Handlungskompetenz*. ITB-Forschungsberichte 2004(14) [DB/OL]. http://www. itb. uni-bremen. de/downloads/Publikationen/Forschungsberichte/fb _ 14 _ 04. pdf.

[123] Rauner, Felix & Philipp Grollmann & Georg Spöttl. Den Kopenhagen-Prozess vom Kopf auf die Füße stellen [A]. In Philipp Grollmann, Georg Spöttl, Felix Rauner (Hrsg.). *Europäisierung Beruflicher Bildung — eine Gestaltungsaufgabe* [C]. Hamburg: Lit Verlag, 2006.

[124] Rauner, Felix & Philipp Grollmann & Thomas Martens. *Messen beruflicher Kompetenz (entwicklung). ITB-Forschungsberichte* [R]. http:// www. itb. uni-bremen. de/downloads/Forschung/FB_ 21 _ final. pdf. 2007(21).

[125] Reichwein, Georg. Grundlinien einer Theorie der Schule [A]. In

Georg Reichwein. *Kritische Umrisse einer geisteswissenschaftlichen Bildungstheorie* [C]. Bad Heilbrunn: Klinkhardt Verlag, 1963.

[126] Rinneberg, K.-J. *Das betriebliche Ausbildungswesen in der Zeit der industriellen Umgestaltung Deutschlands* [M]. Köln/Wien: Böhlau Verlag, 1985.

[127] Sachße, Christoph & Tennstedt, Florian. *Geschichte der Armenfürsorge in Deutschland* [M]. Stuttgart u. a., 1980.

[128] Schlieper, Friedrich. *Allgemeine Berufspädagogik* [M]. Freiburg, 1963.

[129] Sengenberger, Werner. *Arbeitsmarktstruktur. Ansätze zu einem Modell des segmentierten Arbeitsmarkts* [M]. 2. Aufl. Frankfurt a. M: Campus Verlag, 1978.

[130] Sengenberger, Werner. *Struktur und Funktionsweise von Arbeitsmärkten. Die Bundesrepublik Deutschland in internationalen Vergleich* [M]. Frankfurt a. M: Campus Verlag, 1987.

[131] Severing, Eckart. Entberuflichung der Erwerbsarbeit: Folgerungen für die Betriebliche Bildung [J]. *Arbeitsgemeinschaft betriebliche Weiterbildungsforschung*. Münster, 2001.

[132] Smith, Adam. *Der Wohlstand der Nationen* (1776) [M]. 5. Auflage 1789. Herausgegeben und übersetzt von Recktenwald, Horst Claus. München, 1974.

[133] Sombart, Werner. *Der moderne Kapitalismus* [M]. Bände 1 – 3. München und Leipzig, 1928.

[134] Sonderdruck aus: *Staatslexikon*, Görres-Gesellschaft (Hrsg.), 7. Auflage, BD. 1. Freiburg/Basel/Wien: Verlag Herder, 1985(1).

[135] Spranger, Eduard. *Lebensformen. Geisteswissenschaftliche Psychologie und Ethik der Persönlichkeit* [M]. Halle: Max Niemeyer, 1921.

[136] Spranger, Eduard. Berufsbildung und Allgemeinbildung [A]. In Kühne Alfred (Hrsg.). *Handbuch für das Berufs-und Fachschulwesen* [C]. Leipzig: Verlag von Quelle & Meyer, 1923.

[137] Stratmann, K. & Schlösser, M. *Das duale System der Berufsbildung. Eine historische Analyse seiner Reformdebatten* [M]. Frankfurt a. M. : G. A. F. B.-Verlag, 1990.

[138] Thissen, Otto. *Beiträge zur Geschichte des Handwerks in Preußen* [M]. Tübingen, 1901.

[139] Voß,G. & Pongratz, H. J. Der Arbeitskraftarbeitnehmer. Eine neue Grundform der Ware Arbeitskraft [J]. *Kölner Zeitschrift für Soziologie und Sozialpsychologie*, 1998(50).

[140] Weber, Max. Die Protestantische Ethik und der Geist des Kapitalismus [A]. In Max Weber. *Gesammelte Aufsätze zur Religionssoziologie I* [C]. Tübingen: Mohrsiebeck Verlag, 1920.

[141] Wilhelm von Humboldt. Bericht der Sektion des Kultus und Unterrichts an den König (1809) [A]. In Flinter, A. & Giel, k.˙(Hrsg.). *Schriften*, *Bd.*5[C]. Stuttgart, 1964.

[142] Winkler, Heinrich-August. *Mittelstand*, *Demokratie und Nationalsozialismus* [M]. Köln, 1972.

[143] Wiarda, Howard J. *Corporatism and Development*. *The Portuguese Experience* [M]. Massachusetts: The University of Massachusetts Press, 1977.

[144] Wolff, Christian. *Vernünftige Gedanken von der Menschen Thun und Lassen zur Beförderung ihrer Glückseligkeit* (1720)[M]. Zitiert Ethik. nach der 4. Auflage (1733). Herausgegeben von Hans Werner Arndt. Hildesheim und New York, 1976.

[145] Zabeck, Jürgen. Allgemeinbildung und Berufsbildung — über den Widersinn der Restauration eines Gegensatzes mit der Absicht, ihn zu überwinden [A]. In Schanz, Heinrich (Hrsg.). *Grundfragen der Berufsbildung* [C]. Bd. 1. Stuttgart, 1974.

[146] Zabeck, Jürgen. Berufsbildungsidee im Zeitalter der Globalisierung der Märkte und des Sharenholder Value [A]. In Hoffmann, Dietrich (Hrsg.). *Rekonstruktion und Revision des Bildungsbegriffs* [C]. Weinheim, 1999.

[147] Zabeck, Jürgen. Berufsbildungsreform in der Krise [A]. In Schlaffke, Winfried & Zabeck, Jürgen (Hrsg.). *Bildungsreform — Illusion und Wirklichkeit* [C]. Köln, 1975.

[148] Zabeck, Jürgen. Berufspädagogische Aspekte einer Sozialgeschichte des Berufs [A]. In Lothar Beinke (Hrsg.). *zwischen Schule und Berufsbildung*. *Schriftenreihe der Bundeszentrale für politische Bildung* [C]. Band 198. Bonn: Bundeszentrale für politische Bildung, 1983.

[149] Zabeck, Jürgen. *Die Bedeutung des Selbstverwaltungsprinzips für die Effizienz der betrieblichen Ausbildung : Untersuchung im Auftrage des Minis-*

ters für Wirtschaft, *Mittelstand und Verkehr des Landes Nordrhein-West-falen* [M]. Mannheim: Selbstverlag, 1975.

[150] Zabeck, Jürgen. Die dualistische deutsche Berufsausbildung als wissenschaftliche Herausforderung [A]. In Seyd, Wolfgang & Witt, Rolf (Hrsg.). *Situation – Handlung – Persönlichkeit* [C]. Hamburg, 1996.

[151] Zabeck, Jürgen. Berufserziehung im Spannungsfeld von Ökonomie und Ökologie in europäische Sicht [J]. *Pädagogische Rundschau*, 1995 (49).

[152] Zabeck, Jürgen. Die Institutionalisierung der Berufserziehung als Gegenstand kritischer Geschichtsschreibung [A]. In Eveline Wuttke & Klaus Beck (Hrsg.). *Was heisst und zu welchem Ende studieren wir die Geschichte der Berufserziehung?* [C]. Opladen & Farmington Hills: Budrich UniPress Ltd., 2010.

[153] Zabeck, Jürgen. *Geschichte der Berufserziehung und ihrer Theorie* [M]. Paderborn: Eusl-Verlagsgesellschaft mbH, 2009.

[154] Zabeck, Jürgen. Geschichtsschreibung zwischen Rekonstruktion und Konstruktivismus. Methodologische Überlegungen im Kontext der Berufs-und Wirtschaftspädagogik [J]. In *Zeitschrift für Berufs-und Wirtschaftspädagogik*, 2000(96).

[155] Zabeck, Jürgen. über den rechten Umgang der berufs-und wirtschaftspädagogischen Historiographie mit der Theorie der Beruflichen Bildung [A]. In Ingrid Lisop (Hrsg.). *Vom Handlungsgehilfen zur Managerin — Ein Jahrhundert der kaufmännischen Professionalisierung in Wissenschaft und Praxis am Beispiel Frankfurt am Main* [C]. Frankfurt am Main: G. A. F. B.-Verlag, 2001.

[156] Juergen Zabeck & Thomas Deissinger. Die Berufsakademie Baden-Württemberg als Evaluationsobjekt: ihre Entstehung, ihre Entwicklung und derzeitige Ausgestaltung sowie ihr Anspruch auf bildungspolitische Problemlösung. In: Juergen Zabeck & Mattias Zimmermann M. (Hrsg.). Anspruch und Wirklichkeit der Berufsakademie Baden-Württemberg[C]. Weinheim: Deutsche Studien Verlag, 1995.

[157] Zimmermann M.& Zabeck J. Berufsakademie und Wissenschaft.-Zur Wissenschaftlichkeit im Profil der Berufsakademie Baden-Württemberg. In: Juergen Zabeck & Matthias Zimmermann M. (Hrsg.). Anspruch und

Wirklichkeit der Berufsakademie Baden-Württemberg. Weinheim: Deutscher Studien Verlag, 1995:279 - 297.

[158] Zorn, Wolfgang. Sozialgeschichte 1648 - 1800 [A]. In Aubin, Hermann & Zorn, Wolfgang (Hrsg.). *Handbuch der deutschen Wirtschafts- und Sozialgeschichte* [C]. Bd. 1. Stuttgart, 1971.

后 记

本书由我的博士论文修改而成。答辩至今,已有两年多的时间。按照普遍经验,将研究成果搁置一段时间后,再进行重新审视,往往会有更为深刻的理解。这同样适用于我。在重新思考后,我对博士论文进行了删减、补充和深化,在此基础上形成了本书。

回顾治学的过程,问题的提出缘于下述思考。我国职业教育的发展现状堪忧,与发达国家差距较大。比较职业教育因而具有特别重要的意义。那么,如何学习借鉴国外职业教育的成功经验呢?我国一向奉德国职业教育模式为圭臬,因此,我将问题限定为如何学习借鉴德国职业教育的成功经验。在职业教育实践中,开发德国职业教育"双元制"的试点项目,并且试图通过这样的试点项目,来进行大规模的职业教育改革,从效果上来说,并不尽如人意。这样的情况并非仅限于我国,德国职业教育模式在其他国家同样难以推广,即使欧洲邻国也不例外。这促使我思考这么一个问题:德国职业教育的本质特征和发展动力是什么。

对于这一问题的解答,系统视角不可或缺,同时,借助于历史研究,可以得出结论:德国职业教育的本质特征是"职业性",

并且它离不开相关发展动力,即社会需求、政治需求和文化需求的支撑。因此,要借鉴德国职业教育成功经验,凭借制度的抄袭是完全行不通的。换句话说,借鉴德国职业教育成功经验具有极大的局限性。另外,德国职业教育成功经验在理念层面上能够给我们一定的启示。行文至此,实现了对"双元制"较为彻底的认知,并在一定程度上回答了如何借鉴德国职业教育成功经验的问题。

回首论文的撰写过程,深深体会到做学问之寂寞与艰辛。选题的难度,远远超过我的想象。尤其是史实的梳理,工程浩大。千头万绪,纷繁复杂。衣带渐宽终不悔,为伊消得人憔悴,这是做学问的常态。然而,在这一过程中,我体会到更多的是人情的温暖。我得到的支持和帮助,成为留存我心底的感动。

我要感谢我的导师华东师范大学教育学院马庆发教授。导师的宽容,促进了我专业上的成长。对于论文的选题,导师给予了充分的肯定。在论文撰写过程中,导师高屋建瓴式的指点往往使我茅塞顿开。从导师身上,我看到了一代学者的风貌:严谨、钻研和永不停歇。愿我能追随导师的脚步,在学术的道路上走得更远。

我要感谢德国职业教育专家查贝克(J. Zabeck)教授。查贝克教授德高望重,是德国职业教育界的学术泰斗。查贝克教授对我的帮助是实实在在的。他和我反复斟酌论文的选题和目录,并且给出了中肯和详尽的意见。一旦想到有我需要的资料,他会立刻邮寄给我。对我提出的每一个问题,他都给予极其详尽的回答。我真的不知该如何感谢他。2014年3月,他因病与世长辞。我更是感到无以回报。

我要感谢我的家人。我的母亲,细致周到地做各种家务,统筹全局,为我省却诸般烦恼。我的父亲一人留在浙江老家一边工作,一边照顾我年迈的祖母,毫无怨言。我的爱人,对我一如既往地呵护与关心,滋润着我的生命。还有我年幼而懂事的孩子,他的童真,每天都深深地感染着我。

我要感谢我所引用的文献的作者和译者。我怀着敬意引用他们的真知灼见。但愿我对外文文献的理解符合作者的原意。

要感谢的人很多,无法一一列举。我只能在心里默默记着。我的人生,正是因这些可敬、可爱的人,而倍感温暖。

我愿积极进取,不断进步,来回报我的恩师、前辈、家人和朋友,来回报这个社会。由于水平和时间有限,本书不足之处在所难免,敬请专家、同行和其他读者朋友不吝指正。

陈　莹

2015 年 2 月

再版后记

经过这些年的读书和沉淀,我对于职业教育的认识也逐步加深。再版之际,重读此书,不禁将理论与实践、历史与当下、本土与国际更多地联系在了一起。

本书主要是基于鲜活的漫长的德国职业教育实践,探讨了职业教育一些基本理论问题。从世界范围来看,德国职业教育发展得最为成熟。它采用职业导向的职业教育模式,最大程度凸显了职业教育作为类型教育的特征。无论是传统的双元制职业教育还是现代的双元制大学专业,德国都提供了典型的模板和样本。本书不仅研究了德国职业教育的本质特征,而且采用系统视角剖析了其背后的发展逻辑。各个国家职业教育的组织形式带有特殊的社会文化印记。社会文化因素并非空泛的背景,而是已经内化在职业教育具体行为当中,并为之打上了不可磨灭的烙印。

就我国而言,职业教育受到前所未有的重视,但也面临极大挑战。如何推进产教融合,凸显职业教育类型特征?如何应对工业化和信息化需求,提升职业教育适应性?如何通过职业教育体系建设促进教育公平,为每个人的发展提供机会?在我国职业教育发展尚不成熟的今天,多重挑战交织在了一起。回答上述问题,需要基于职业教育基础理论的探讨,开拓更宏观和更深刻的视角。

学术研究的内容尤其是基础理论部分,常读常悟,常悟常进。重读职业教育基本理论,可以为现实热点问题的解决提供有效的思维辅助。比如关于如何推进产教融合,首先还是要回答职业当中是否包含有教育因素的问题。产教融合是否值得无条件地追求,什么样的产教融合才值得追求,工作岗位的设计是否能够促进人格的发展,如果这些方面未能考虑清楚就去盲目追求产教融合,恐怕是混淆了目标和手段。在工业化和信息化背景下,在层出不穷的 AI 应用场景中,职业导向是否依然值得追求,抑或如何坚守?职业教育与普通教育之间的关系如何重塑?这些需要从根本上进行思考。德国职业教育的本质特征即职业导向,走过历史不同阶段,在信息化时代背景下作出了不同的诠释。对于我国而言,职业导向和学科导向到底如何抉择,这是奠基性的问题。它从根本上决定了就业和升学的制度安排、职教本科的准确定位以及三教协同的依据。

本书于 2015 年初次出版后,受到同行的肯定和鼓励。借此再版之际,也由衷地表示感谢。如有不当之处,敬请不吝赐教。

陈 莹

2024 年 3 月 30 日

图书在版编目(CIP)数据

论德国职业教育本质特征及其发展动力/陈莹著. —2版—上海:上海三联书店,2024.4
ISBN 978-7-5426-8461-5

Ⅰ.①论⋯　Ⅱ.①陈⋯　Ⅲ.①职业教育-研究-德国
Ⅳ.①G719.516

中国国家版本馆 CIP 数据核字(2024)第 075184 号

论德国职业教育本质特征及其发展动力

著　者 / 陈　莹

责任编辑 / 杜　鹃
装帧设计 / 一本好书
监　制 / 姚　军
责任校对 / 王凌霄

出版发行 / 上海三联书店

(200041)中国上海市静安区威海路 755 号 30 楼
邮　箱 / sdxsanlian@sina.com
联系电话 / 编辑部：021-22895517
　　　　　　发行部：021-22895559
印　刷 / 上海颛辉印刷厂有限公司

版　次 / 2024 年 4 月第 2 版
印　次 / 2024 年 4 月第 1 次印刷
开　本 / 890mm×1240mm　1/32
字　数 / 220 千字
印　张 / 8.875
书　号 / ISBN 978-7-5426-8461-5/G·1717
定　价 / 68.00 元

敬启读者,如发现本书有印装质量问题,请与印刷厂联系 021-56152633